CURSO DE
UDF
USO DIFERENCIADO DA FORÇA

Dados Internacionais de Catalogação na Publicação (CIP)
(Câmara Brasileira do Livro, SP, Brasil)

Betini, Eduardo Maia
 Curso de UDF: Uso Diferenciado da Força / Eduardo Maia Betini, Claudia Tereza Sales Duarte. – 1. ed. – São Paulo: Ícone, 2013.

 Conteúdo: v. 1. Portaria interministerial 4226-10. – Modelos de uso da força. – Os direitos humanos e o uso da força. – Instrumentos de menor potencial ofensivo.
 Bibliografia.
 ISBN 978-85-274-1211-7

 1. Direitos humanos. 2. Polícia. 3. Segurança – Medidas. 4. Segurança pública. 5. Uso da força – Leis e legislação – Brasil. I. Duarte, Claudia Tereza Sales. II. Título.

12-08296   CDU-34:351.78

Índices para catálogo sistemático:

1. Uso da força pelos agentes de segurança pública:
Código de conduta: Direito   34:351.78

EDUARDO MAIA BETINI
CLAUDIA TEREZA SALES DUARTE

CURSO DE UDF

USO DIFERENCIADO DA FORÇA

Volume I:
Portaria Interministerial 4226/10
Modelos de Uso da Força
Os Direitos Humanos e o Uso da Força
Instrumentos de Menor Potencial Ofensivo

1ª edição
Brasil – 2013

Ícone editora

© Copyright 2013
Ícone Editora Ltda.

Capa e diagramação
Richard Veiga

Revisão
Juliana Biggi
Saulo C. Rêgo Barros

Proibida a reprodução total ou parcial desta obra, de qualquer forma ou meio eletrônico, mecânico, inclusive por meio de processos xerográficos, sem permissão expressa do editor (Lei nº 9.610/98).

Todos os direitos reservados à:
ÍCONE EDITORA LTDA.
Rua Anhanguera, 56 – Barra Funda
CEP 01135-000 – São Paulo – SP
Tel./Fax.: (11) 3392-7771
www.iconeeditora.com.br
iconevendas@iconeeditora.com.br

*O que sabemos é uma gota,
o que ignoramos é um oceano.*

Isaac Newton

*A violência faz-se passar sempre
por uma contraviolência, quer dizer,
por uma resposta à violência alheia.*

Jean-Paul Sartre

Agradecimentos

Agradeço a Deus; a meus pais, irmãos e sobrinhos pelo apoio constante, a minha esposa Adriana que sempre está a meu lado; ao mestre Rogério Greco, pelas lições de vida; a todos os policiais deste País que, incansavelmente, lutam para que as futuras gerações tenham como legado um Brasil mais justo e seguro; aos companheiros da Nova União e da RKT pelos ensinamentos e pelo companheirismo nos momentos de preparação; ao melhor turno da história! O COEsP 2006-1 – *Si vis pacem, para bellum*.

Eduardo Maia Betini
betini.emb@gmail.com

Sumário

Prefácio, 15

Autores, 17

PARTE 1
USO DIFERENCIADO DA FORÇA, 21

1. Uso Diferenciado da Força, 23

    1.1. Conceito de UDF, **23**

    1.2. Portaria Interministerial 4226 de 31 de dezembro de 2010, **25**
        Anexo I – Diretrizes sobre o uso da Força e Armas de Fogo pelos Agentes de Segurança Pública, **32**
        Anexo II – Glossário da Portaria 4.226/2010, **45**

    1.3. Análise Criminal, **47**

    1.4. Conceito de polícia e policiamento moderno, **53**

    1.5. Força *versus* Violência, **58**

    1.6. Níveis de força, **71**
        Nível 1 – Presença policial, **74**
        Nível 2 – Comandos verbais ou verbalização, **75**
        Nível 3 – Controle manual, **77**
        Nível 4 – Instrumentos de Menor Potencial Ofensivo (IMPO), **79**
        Nível 5 – Força letal, **80**

    1.7. Princípios do uso da força, **82**

    1.8. Modelos de Uso Diferenciado da Força, **89**

PARTE 2
OS DIREITOS HUMANOS E O USO DIFERENCIADO DA FORÇA, 113

1. Direitos Humanos, 115

    1.1. A Constituição Federal de 88 e os Direitos Humanos, **119**

2. Direitos Fundamentais, 123

    2.1. Classificação dos direitos fundamentais, **128**

    2.2. Direitos individuais em espécie, **129**
        A) Direito à vida, **129**
        B) Direito à liberdade, **132**
        C) Direito à igualdade, **133**
        D) Direito à privacidade, **134**
        E) Direito à propriedade, **137**

3. Princípios Constitucionais, 139

    3.1. Conceito de Princípio, **139**

    3.2. Classificação dos Princípios Fundamentais, **142**
        A) Princípio Republicano, **142**
        B) Princípio Federativo, **143**
        C) Princípio da Indissolubilidade do pacto federativo, **143**
        D) Princípio do Estado Democrático de Direito, **143**
        E) Princípio da Separação dos Poderes, **146**

4. Fundamentos do Estado Brasileiro, 149

    A) Soberania, **149**
    B) Cidadania, **150**
    C) Dignidade Humana, **151**
    D) Valores sociais do trabalho e da livre-iniciativa, **152**
    E) Pluralismo político, **153**

5. Princípios Penais e Processuais Penais, 155

5.1. Princípios Penais, **155**
A) Princípio da Legalidade, **155**
B) Princípio da Exclusiva Proteção dos Bens Jurídicos, **157**
C) Princípio da Intervenção Mínima, **157**
D) Princípio da Subsidiariedade, **159**
E) Princípio da Fragmentariedade, **159**
F) Princípio da Insignificância, **160**
G) Princípio da exteriorização ou materialização do fato, **161**
H) Princípio da lesividade ou ofensividade, **162**
I) Princípio da Culpabilidade, **163**

5.2. Princípios Processuais Penais, **164**
A) Princípio da Presunção de Inocência, do estado de inocência ou da não culpabilidade, **164**
B) Princípio da Ampla Defesa, **165**
C) Princípio do Contraditório, **166**
D) Princípio do Juiz Natural, **167**
E) Princípio ou Direito da Não Autoacusação ou do *Nemo Tenetur se Detegere*, **169**
F) Princípio da Verdade Real, **171**

6. Poder de Polícia, 173

6.1. Conceito, **173**

6.2. Diferença entre Polícia Administrativa e Polícia Judiciária, **175**

6.3. Atuação policial preventiva e repressiva, **176**

7. Situações de excesso e suas consequências, 183

7.1. Homicídio, **187**
A) Mediante paga, promessa de recompensa ou outro motivo torpe (inciso I), **192**
B) Por motivo fútil – inciso II, **193**

7.2. Lesão Corporal, **194**

7.3. Abuso de Autoridade, **195**

7.4. Tortura, **200**

8. O Direito Penal e as Excludentes de Antijuridicidade, 205
- A) Estado de necessidade, 206
- B) Legítima Defesa, 208
- C) Estrito Cumprimento de Dever Legal, 210
- D) Exercício Regular de Direito, 211

8.1. As Excludentes de Ilicitude sob a ótica da Teoria da Tipicidade Conglobante, 213

PARTE 3
INSTRUMENTOS DE MENOR POTENCIAL OFENSIVO, 221

1. Técnicas de Menor Potencial Ofensivo (TeMPO) e Instrumentos de Menor Potencial Ofensivo (IMPO) debilitantes e incapacitantes, 223

2. Equipamentos de Condutividade Elétrica – ECE, 227

   2.1. Características dos ECE, 230
      ECE atordoantes, 231
      ECE causadores de INM, 232

   2.2. Tipos de ECE, 235
      2.2.1. Taser, 235
      2.2.2. Stinger, 242
      2.2.3. Raysun, 244
      2.2.4. Spark, 246
      2.2.5. Dispositivo de choque periférico, 248
      2.2.6. Outros dispositivos, 249
         2.2.6.1. Taser X3, 249
         2.2.6.2. Taser XREP, 251
         2.2.6.3. Taser X12, 252
         2.2.6.4. Taser Shockwave, 253

3. Uso da Luz, 255

   3.1. Especificações da lanterna, 256
   3.2. Domínio com a luz, 257

4. Outros Instrumentos, técnicas e tecnologias de MPO, 261

4.1. Tecnologia antimaterial, **264**
    4.1.1. Agentes Químicos Antimateriais, **265**
    4.1.2. Sistemas de Bloqueio Físico (Redes, etc.), **266**
    4.1.3. Guerra da informação, **267**

4.2. Tecnologia antipessoal, **267**
    4.2.1. *Lasers*, **267**
    4.2.2. Espuma aderente, **269**
    4.2.3. "Malodorantes", **271**
    4.2.4. Sistemas acústicos, **271**
        A) Instrumentos de infrassom, **272**
        B) Instrumentos acústicos de onda de choque, **272**
        C) Instrumentos de ondas eletromagnéticas, **273**

6. Considerações finais, 275

ANEXO I, 277

Código de conduta para os funcionários responsáveis pela aplicação da lei, **283**

ANEXO II, 287

Princípios básicos sobre a utilização da força e de armas de fogo pelos funcionários responsáveis pela aplicação da lei, **293**

    Disposições gerais, **297**
    Disposições especiais, **299**
    Manutenção da ordem em caso de reuniões ilegais, **300**
    Manutenção da ordem entre pessoas detidas ou presas, **300**
    Habilitações, formação e aconselhamento, **301**
    Procedimentos de comunicação hierárquica e de inquérito, **302**

BIBLIOGRAFIA, 299

Prefácio

Vivemos em um mundo em que os avanços tecnológicos são evidentes. Como era de se esperar, a tecnologia invadiu todas as áreas, não ficando de fora, desse contexto, a Justiça Penal. O monitoramento eletrônico já é uma realidade; as penitenciárias mais modernas, nos países desenvolvidos, necessitam de pouco material humano, pois todo o controle é realizado, rigorosamente, por computadores.

Como não poderia deixar de ser, a força policial também está se valendo dos recursos tecnológicos, principalmente com a utilização de armas de menor potencial ofensivo, a exemplo dos Equipamentos de Condutividade Elétrica.

Em boa hora, e atendendo às determinações contidas na Portaria Interministerial 4226, de 31 de dezembro de 2010, que estabelece diretrizes sobre o uso de força pelos agentes de segurança pública, Eduardo Maia Betini, um dos mais respeitados e experientes policiais federais, com atuação na CAOP e no COT, além de instrutor da matéria no CAT (Curso de Ações Táticas) e no COESP (Curso de Operações Especiais), promovidos pelo Batalhão de Operações Policiais Especiais – BOPE, da Polícia Militar do Rio de Janeiro, dentre outras instituições policiais, e Claudia Tereza Sales Duarte, uma das mais conceituadas professoras de direito, pertencente a uma nova e importante safra de penalistas, trazem ao conhecimento do público toda sua experiência no que diz respeito ao uso diferenciado da força, sempre atentos, principalmente, ao princípio da dignidade da pessoa humana.

O homem erra. No entanto, o Estado deve saber dosar sua força no que diz respeito ao infrator. Não pode utilizá-la como forma de vingança, de revanchismo. O Estado, em respeito à dignidade da pessoa humana, mesmo diante daquele que praticou uma infração penal grave, deve valer-se dos meios menos lesivos para impor seu regime de força.

Assim, mais uma vez, Eduardo Maia Betini e Claudia Tereza Sales Duarte nos brindam com seus conhecimentos e experiências, trazendo ao público o que de melhor existe sobre o tema. Suas lições, a partir de agora, servirão de base para a instrução de todos os que exercem a atividade policial e, no seu dia a dia, utilizam, muitas vezes, o uso da força para fazer valer seus comandos.

O livro, único no mercado, discorre minuciosamente sobre cada situação enfrentada por aqueles que fazem parte das forças policiais, servindo de norte para que suas condutas sigam orientadas com a melhor doutrina sobre o tema. Não uma doutrina simplesmente acadêmica, mas sim aquela prelecionada por aqueles com uma vasta experiência no combate à criminalidade.

Mais do que um livro, o presente texto é um manual de observância obrigatória por todos os agentes que atuam nessa empolgante e, ao mesmo tempo, perigosa e essencial atividade policial.

Aos meus queridos amigos Betini e Claudia, ficam aqui registrados os meus agradecimentos por trazerem ao público essa obra espetacular, que engrandecerá, com toda certeza, os estudos na área do uso diferenciado da força.

Rogério Greco
Procurador de Justiça
Doutor pela Universidade de Burgos (Espanha)
Mestre em Ciências Penais pela UFMG

Autores

EDUARDO MAIA BETINI, Agente de Polícia Federal, Bacharel em Direito, Engenheiro Agrônomo, licenciado em Biologia, Mestre em Química do Solo pela Universidade Estadual de Maringá/PR. Atualmente lotado na CAOP (Coordenação de Aviação Operacional), em Brasília, Distrito Federal, na Seção de Doutrina e Instrução do Setor de Operações Aerotáticas. Iniciou sua carreira policial na Delegacia da Polícia Federal de Corumbá, no Mato Grosso do Sul, atuando na área de entorpecentes entre os anos de 2001 e 2004. Atuou no combate ao crime organizado e em operações de inteligência. De 2004 a 2010 foi lotado no COT (Comando de Operações Táticas), onde integrou o grupo de atiradores de precisão. É instrutor de tiro e defesa pessoal da Academia Nacional de Polícia; Tiro Tático; Armamento e Munição; Imobilizações Táticas; Tecnologias de Menor Potencial Ofensivo e Controle de Distúrbio Civil na Força Nacional de Segurança Pública; instrutor de Uso Diferenciado da Força e de Patrulha da Secretaria Nacional de Segurança Pública e de Combate Corpo a Corpo no BOPE/PMERJ. Atuou como coordenador e instrutor do Curso de Atirador Designado Aerotático instituído pela ANP e ministrado pela CAOP.

Realizou vários cursos na área de segurança pública, entre eles o Curso de Formação de Agente de Polícia Federal (ANP), Curso de Operações Táticas (COT/DPF), Curso de Capacitação em Técnicas e Meios Especiais para Estrangeiros (GEO/Espanha), Combatente de Montanha (Exército Brasileiro), Curso de Operações Especiais Policiais - COESP (BOPE/PMERJ), Curso Expedito de Mergulho Autônomo – CExpMAUT (Marinha do Brasil), Curso de Atirador de Precisão (COT/ANP), Curso de Instrutor de Armamento e Tiro (ANP), Curso de Instrutor de Defesa Pessoal (ANP), Curso de Análise de Evidências Digitais (Serviço Secreto dos EUA – USSS), Curso de Socorrismo de Combate (*Tactical Casuality Combat Care*)

ministrado pelo US Army, Estágio de Operações Aéreas no SAER-
-PCERJ, programa de treinamento com o grupo GSG9, da Polícia
Federal da Alemanha e programa de intercâmbio entre a CAOP, os
US Navy SEALS, o SAER/CORE/PCERJ e o BOPE/PMERJ.

Atuou em diversas operações de vulto nacional, como Anaconda, Farol da Colina, Têmis, Carro Forte, Cia. do Extermínio, Contranicot, Xeque-Mate, Poeira no Asfalto, Águia, Pista Livre, Terra Nostra, Caronte, Curupira, Cevada, Cavalo de aço, Upatakon, Trojan, TNT, Pacificação do Complexo do Alemão, Pacificação do Complexo do São Carlos e operação Guilhotina, entre outras. Participou na segurança de diversos eventos internacionais, como a Cúpula das Américas, Cúpula ASPA, Mercosul, Jogos Pan-Americanos, Rio + 20, entre outros. Trabalhou na segurança de presidentes estrangeiros em visita ao país (China, EUA, Alemanha, Rússia, Israel, Arábia Saudita, Egito, Jordânia, Líbano, Marrocos, Síria, Argélia, Chile, Colômbia, Argentina, Uruguai, Paraguai, Equador, Venezuela, Peru, Bolívia).

CLAUDIA TEREZA SALES DUARTE, graduada em Direito e Psicologia pelo Centro Universitário de Brasília – UNICEUB, Advogada inscrita na OAB/DF sob o nº 20.825, com atuação nas áreas criminal, cível e administrativa, com escritório na SHIS QI 09, Conjunto 15, Casa 03, Lago Sul, Brasília/DF e na Rua Álvaro Anes, 46, Pinheiros, Ed. Skyline, Conjunto 63, São Paulo/SP, Professora do Magistério Superior nas Faculdades Processus e Unieuro, no Distrito Federal, onde ministra as disciplinas de D. Penal, D. Processual Penal, Prática Jurídica Penal e Recursos nos Tribunais Superiores. Assistente das 7ª e 8ª Promotorias de Entorpecentes do Ministério Público do Distrito Federal e Territórios no período de 2002 a 2009, autora de vários artigos jurídicos como: "Breves Considerações sobre o interrogatório por videoconferência", "Tipicidade sob nova ótica" e "Breves considerações a respeito da Lei 12.015/09 (Lei dos Crimes contra a Dignidade Sexual)".

Conteúdo especial

Baixe gratuitamente no *site* da Ícone Editora
(www.iconeeditora.com.br)
caderno especial de 28 páginas com
todas as figuras deste livro em cores!

Parte 1

USO DIFERENCIADO DA FORÇA

1. Uso Diferenciado da Força

1.1. Conceito de UDF

Podemos dizer que, entre o agente da lei e a situação que exige sua atuação, existe uma ferramenta que determinará as técnicas ou níveis de força a serem empregados para solucionar, da melhor maneira possível e dentro dos princípios da Necessidade, Legalidade, Proporcionalidade, Moderação e Ética, o conflito entre, de um lado o elemento volitivo individual, e, de outro, a "vontade" do Estado. A este "ferramental", a este conjunto de instrumentos e técnicas, damos o nome de Uso Diferenciado da Força.

O estudo sobre o uso da força e suas consequências tem se desenvolvido ao longo das últimas três décadas. De acordo com Thomas Aveni[1], são ferramentas conceituais e, como tal, apresentam deficiências. Algumas destas dificuldades podem ser atribuídas à natureza mutável dos costumes e das próprias leis e pela percepção pública sobre policiamento. O mesmo autor alerta para o risco e para a tendência humana de tomar uma nova técnica como panaceia para todos os males. Com o uso da força não haveria de ser diferente. E finaliza com lucidez: "o uso destes dispositivos tem sido dificultado pela tentativa de se criar um 'menu de opções em preto e branco' para um mundo de fatos e circunstâncias em tons de cinza".

A polícia mantém a ordem social por meio do uso legítimo da força (Instituto Nacional de Justiça[2], EUA). O uso da força, por sua vez, é definido pela Associação Internacional dos Oficiais de Polícia

---

[1] Thomas J. Aveni, M.S. *The Force Continuum Conundrum*. Disponível em: <www.theppsc.org.>

[2] Disponível em: <http://www.ojp.usdoj.gov/nij>.

(IACP[3]) como o esforço necessário, aplicado pela polícia, para obter a cooperação de um sujeito. Este esforço pode ser representado simplesmente pela presença policial, ou pelo uso da força em níveis mais extremos, dependendo da situação apresentada. De acordo com a SENASP[4], o Uso Diferenciado da Força "consiste na seleção adequada de opções de força pelo policial em resposta ao nível de submissão do indivíduo suspeito ou infrator a ser controlado", considerando-se força "toda intervenção compulsória sobre o indivíduo ou grupos de indivíduos, reduzindo ou eliminando sua capacidade de autodecisão" e Nível de Uso da Força é compreendido "desde a simples presença policial em uma intervenção até a utilização de arma de fogo, em seu uso extremo (uso letal)".

De acordo com a história da evolução técnica policial dos EUA[5], no "início dos anos 60 ocorreu uma 'explosão' tecnológica com a invenção de novos instrumentos criados como resposta à 'era dos protestos' e tumultos generalizados". Inicia-se assim uma tendência de se aplicar a tecnologia às questões relacionadas à Segurança Pública, com vistas a resolver problemas sociais. Iniciavam-se, ainda, nesta época, alguns trabalhos científicos que, pela primeira vez, comprovavam a relação entre aumento da criminalidade e desordem. O psicólogo Philip Zimbardo possui papel preponderante neste processo, produzindo, por meio de pesquisa, artigos que revolucionaram a Segurança Pública e a sua abordagem nos EUA. O mais famoso deles é o experimento que deu origem à famosa "Teoria das Janelas Quebradas", elaborada por James Wilson e George Kelling, mais tarde aperfeiçoada por Catherine Cole, entre outros. Zimbardo contribuiu ainda com outros trabalhos científicos de importância ímpar, como o "Experimento da Prisão de Stanford". Em 17 de dezembro de 1979, no âmbito da ONU, nasce a Resolução 34/169, ou Código de Conduta dos Encarregados de Aplicar a Lei (CCEAL, Anexo I), que propõe termos gerais para a atividade policial alinhada com os

---

[3] Disponível em: <http://www.theppsc.org>.

[4] Secretaria Nacional de Segurança Pública. Ministério da Justiça. *Apostila de Uso Legal da Força*. Curso de Uso Progressivo da Força. Sistema EAD. 2008.

[5] Seaskate Inc. *The Evolution and Development of Police Technology*. Washington, DC. National Institute of Justice. US Department of Justice, 1998, p. 39.

princípios de Direitos Humanos. Mais tarde, uma outra Resolução, a 45/165, adotada pelo Oitavo Congresso das Nações Unidas para a Prevenção do Crime e o Tratamento dos Delinquentes, realizado em Havana, Cuba, de 27 de agosto a 7 de setembro de 1999, estabelece alguns parâmetros para o uso da força pela polícia, são os Princípios Básicos do Uso da Força e Armas de Fogo (PBUFAF, anexo II). O uso da força deveria, então, calcar-se nos princípios da Legalidade, Necessidade, Proporcionalidade e Ética. Além disso, estabelece padrões de atuação para os agentes da lei de todos os países signatários. O Brasil é um deles. Prosseguindo na evolução histórica do Uso Diferenciado da Força, foram elaborados os Princípios Orientadores para os Funcionários Responsáveis pela Aplicação da Lei, adotados pelo Conselho Econômico e Social das Nações Unidas na sua Resolução 1989/61, de 24 de maio de 1989 e na Convenção Contra Tortura e outros Tratamentos ou Penas Cruéis, Desumanos ou Degradantes, adotado pela Assembleia Geral das Nações Unidas, em sua XL Sessão, realizada em Nova York em 10 de dezembro de 1984 e promulgada pelo Decreto n. 40, de 15 de fevereiro de 1991.

No Brasil, a adequação a esta sequência de tratados, resoluções e normas de Direito Internacional Público é levada a cabo finalmente em 31 de dezembro de 2010, por meio da publicação da Portaria Interministerial 4226 que trata das Diretrizes do Uso da Força e Armas de Fogo.

1.2. Portaria Interministerial 4226 de 31 de dezembro de 2010

No início de 2009 foi formado um grupo de trabalho, estabelecido no âmbito da Secretaria Especial de Direitos Humanos (SEDH) da Presidência da República, com o intuito de se criar diretrizes básicas sobre o uso da força no Brasil. Denominado de "Grupo de Trabalho para Elaboração de Políticas sobre Uso da Força", era composto por representantes da Polícia Federal, Polícia Rodoviária Federal, Polícias Militares e Civil dos Estados, Guardas Municipais, Sociedade Civil Organizada e Instituições de Ensino e Pesquisa, como, por exemplo, uma representante no NEVI, o Núcleo de Estudos da Violência da USP. Entre tantas outras, chegou-se à conclusão sobre a viabilidade de se utilizar o termo Diferenciado em lugar de Progressivo. Justamente porque a palavra "diferenciado" traz consigo um significado de proporcionalidade e necessidade mais evidenciado em relação ao termo "progressivo". Este último, por sua vez, pode passar a impressão de que o uso da força deverá ser sempre progressivo, nunca regressivo. Esta e outras questões semânticas foram abordadas durante os encontros e a maioria das deliberações estão incorporadas no corpo da presente obra, como forma de solidificar e popularizar aquilo que foi deliberado na ocasião.

Mas não foi tão simples quanto possa parecer, passávamos dias inteiros discutindo sobre qual termo seria mais adequado. Menos letal, não letal, menos que letal, subletal, de baixa letalidade, de menor potencial ofensivo, um a um discutíamos todos os pontos a respeito de cada denominação. Em alguns momentos aquilo parecia mais uma aula de semântica do que uma reunião técnica sobre o uso da força. Mas a linguagem possui uma importância fundamental no processo educacional e não poderíamos correr o risco de transmitir uma mensagem de duplo sentido. Ocorre que o termo "Menor Potencial Ofensivo", sugerido por um Delegado da Polícia Civil de Minas Gerais, se mostrou o mais adequado. Uma das propostas que levávamos ao grupo, como representantes da Polícia Federal e sob orientação da Direção Geral, era de oferecer a estrutura de polícia científica da PF para estruturar um sistema de homologação e certificação para os instrumentos de menor potencial ofensivo. Este, aliás, é um dos grandes problemas que os profissionais da área encontram ao lidar com os "IMPOs[6]". De forma resumida, não dispomos de um sistema que proporcione a necessária certeza sobre a qualidade e o conteúdo de, por exemplo, espargidores de "pimenta". Ninguém sabe ao certo, a não ser a fabricante, quanto de *Oleoresin Casaicina* existe em um equipamento como este. O representante do INC/DPF[7] reiteradamente nos alertava sobre a impossibilidade

---

[6] Instrumentos de Menor Potencial Ofensivo.

[7] Instituto Nacional de Criminalística.

de se mensurar o que é "letal" e o que não é. Ele usou um exemplo simples, mas elucidativo. Perguntou ao grupo: "vocês bebem água?". Todos responderam que sim. Ele continuou: "todos precisamos de água, algumas pesquisas apontam que dificilmente um ser humano sobrevive ao 3º dia sem hidratação". E prosseguiu: "contudo, se eu colocar sua cabeça dentro de um balde cheio de água, você vai morrer". Desta forma ele explicava o poder da intenção no processo que estávamos tentando compreender. E como poderíamos certificar e homologar algo como não letal? Qualquer objeto pode ser utilizado de maneira letal pelo ser humano. Afirmar, taxativamente, que algo era ou não letal poderia se transformar num verdadeiro "tiro no pé". Para todos, desde operadores, que poderiam ter sua conduta questionada à semelhança de uma verdadeira Inquisição caso, por exemplo, uma pessoa alérgica, que ao entrar em contato com algum agente químico lacrimogêneo, aplicado de maneira moderada e dentro de uma concentração meramente inquietante, viesse a morrer. Por outro lado, havia o receio de que, ao dizer que um instrumento fosse não letal, pudesse ocorrer uma indução do agente da lei a utilizar com mais frequência e menor atenção aos riscos esses instrumentos. Nosso problema era então a palavra "letal" e a dificuldade que o termo encerrava no bojo do assunto que estávamos tratando. Por unanimidade resolvemos que seria de bom-senso utilizarmos "menor potencial ofensivo", mesmo havendo o risco real de alguma confusão com a lei dos crimes de menor potencial ofensivo (Lei n. 9099/1999). De qualquer maneira tratávamos de momentos distintos. No primeiro tentávamos estabelecer normativas que auxiliassem a elaboração de POPs (Procedimentos Operacionais Padronizados), legislação sobre o tema Uso da Força, processos de certificação e homologação de IMPO[8], além de políticas de indução em relação ao Governo Federal

---

[8] Na realidade nossa participação no grupo à época possuía como principal meta a criação de diretivas com objetivo de utilizarmos a estrutura do Instituto Nacional de Criminalística (INC) como uma espécie de catalisador deste processo. Por meio de seus valorosos recursos humanos e materiais a unidade celebraria convênios com Universidades e Centros de Pesquisa para a efetiva certificação e homologação dos IMPOs. Outro objetivo era o maior controle desses Instrumentos (armas, equipamentos e munições) por meio de um sistema nos moldes do SINARM (Sistema Nacional de Armas, por onde é feito o cadastramento e controle de todas as armas de fogo de uso civil e da Polícia Federal no Brasil). Existia ainda um outro ponto amplamente defendido por nós, ou seja, a formação de um órgão

e as Unidades da Federação. A intenção do grupo de trabalho era muito boa, contudo, a constituição altamente heterogênea em relação à ideologia dos participantes e o sectarismo demonstrado por alguns representantes dificultou sobremaneira o andamento dos trabalhos. Em vários momentos as discussões se perdiam em detalhes sem significância ou partia para rumos extremamente teóricos, praticamente apartados da realidade policial. Contudo, na maioria dos casos, com a continuidade das reuniões o processo de diálogo se mostrou, além de possível, interessante por suas conclusões muitas vezes inesperadas. Não é a toa que, em 1952, Charles Reith[9] declarou que "a discrepância entre a importância da polícia na sociedade e a atenção dada a esta instituição pelo meio acadêmico é impressionante". Lentamente, a passos miúdos, continuamos a caminhar. O resultado dos trabalhos está sintetizado, de alguma maneira, neste livro, ao menos de acordo com nossa maneira de interpretar aqueles acontecimentos e mais precisamente na Portaria Interministerial 4626 de 31 de dezembro de 2010, a qual estabelece Diretrizes sobre o Uso da Força pelos Agentes de Segurança Pública, talvez o principal resultado obtido pelo Grupo de Trabalho, reproduzida e comentada.

Logo após a publicação da Portaria, mostrou-se interessante a quantidade de mensagens que recebia, via *e-mail*, criticando-a, principalmente quando as críticas se referiam a partes dela que foram mal interpretadas. Recomendamos a leitura atenta da normativa, de modo a observar que não se trata de um instrumento de perseguição ou impeditivo da atuação policial. Antes disso, temos nela um recurso

---

colegiado com o intuito de promover a dotação de armas letais, munições letais e IMPO para as agências de segurança pública, no âmbito do Ministério da Justiça. Esta dotação atualmente é feita no âmbito do Ministério da Defesa, por intermédio do DFPC do Exército Brasileiro, pelo R-105. Acreditamos que as escolhas sobre as necessidades em relação a armamentos, equipamentos e munições para os policiais devem ser feitas levando-se em consideração a opinião dos policiais e mesmo da sociedade, pela participação e representação desta. Apesar de nosso apreço e admiração pela instituição e pelos componentes do Exército Brasileiro, pensamos que as entidades envolvidas na segurança pública possuem maior legitimidade para escolher os meios necessários para a segurança pública, em relação a uma instituição que, a despeito de sua excelência e imprescindibilidade, possui como vocação primeira a defesa nacional.

[9] Reith, Charlie. *The Blind Eye of History:* A Study of the Origins of the Present Police Era. Faber and Faber. Londres. 1952.

de suma importância na consolidação das boas práticas policiais. Nosso objetivo é colocá-la na posição que deve ocupar, ou seja, um passo importante em direção à profissionalização das instituições de segurança pública brasileiras.

A parte inicial da Portaria nos remete a uma dívida histórica do governo brasileiro com relação à sedimentação de políticas públicas que visem a balizar o uso da força pelo Estado, no sentido de padronizar e orientar as condutas dos agentes de segurança em conformidade com uma série de acordos, tratados e resoluções internacionais dos quais o País é signatário:

> *CONSIDERANDO o disposto no Código de Conduta para os Funcionários Responsáveis pela Aplicação da Lei, adotado pela Assembleia Geral das Nações Unidas na sua Resolução 34/169, de 17 de dezembro de 1979, nos Princípios Básicos sobre o Uso da Força e Armas de Fogo pelos Funcionários Responsáveis pela Aplicação da Lei, adotados pelo Oitavo Congresso das Nações Unidas para a Prevenção do Crime e o Tratamento dos Delinquentes, realizado em Havana, Cuba, de 27 de agosto a 7 de setembro de 1999, nos Princípios orientadores para a Aplicação Efetiva do Código de Conduta para os Funcionários Responsáveis pela Aplicação da Lei, adotados pelo Conselho Econômico e Social das Nações Unidas na sua resolução 1989/61, de 24 de maio de 1989, e na Convenção contra a Tortura e outros Tratamentos ou Penas Cruéis, Desumanos ou Degradantes, adotado pela Assembleia Geral das Nações Unidas, em sua XL Sessão, realizada em Nova York em 10 de dezembro de 1984 promulgada pelo Decreto nº 40, de 15 de fevereiro de 1991;*
>
> *CONSIDERANDO a necessidade de orientação e padronização dos procedimentos da atuação dos agentes de segurança pública aos princípios internacionais sobre o uso da força;*
>
> *CONSIDERANDO o objetivo de reduzir paulatinamente os índices de letalidade resultantes de ações envolvendo agentes de segurança pública.*

A seguir o texto faz menção ao Grupo de Trabalho sobre o qual falamos anteriormente:

CONSIDERANDO as conclusões do Grupo de Trabalho, criado para elaborar proposta de Diretrizes sobre Uso da Força, composto por representantes das Polícias Federais, Estaduais e Guardas Municipais, bem como com representantes da sociedade civil, da Secretaria de Direitos Humanos da Presidência da República e do Ministério da Justiça, resolvem:

A Portaria em si é extremamente curta, são somente cinco artigos, vejamos um a um:

Art. 1º. Ficam estabelecidas Diretrizes sobre o Uso da Força pelos Agentes de Segurança Pública, na forma do Anexo I desta Portaria.
Parágrafo único. Aplicam-se às Diretrizes estabelecidas no Anexo I as definições constantes no Anexo II desta Portaria.

Tanto o *caput* como o parágrafo único do artigo 1º nos remetem para os anexos, onde efetivamente se encontram tanto as Diretrizes sobre o Uso da Força (Anexo I), quanto o glossário sobre a terminologia utilizada nas diretrizes (Anexo II).

Art. 2º. A observância das diretrizes mencionadas no artigo anterior passa a ser obrigatória pelo Departamento de Polícia Federal, pelo Departamento de Polícia Rodoviária Federal, pelo Departamento Penitenciário Nacional e pela Força Nacional de Segurança Pública.
§ 1º. As unidades citadas no caput deste artigo terão 90 dias, contados a partir da publicação desta portaria, para adequar seus procedimentos operacionais e seu processo de formação e treinamento às diretrizes supramencionadas.
§ 2º. As unidades citadas no caput deste artigo terão 60 dias, contados a partir da publicação desta portaria, para fixar a normatização mencionada na diretriz nº 9 e para criar a comissão mencionada na diretriz nº 23.
§ 3º. As unidades citadas no caput deste artigo terão 60 dias, contados a partir da publicação desta portaria, para instituir Comissão

responsável por avaliar sua situação interna em relação às diretrizes não mencionadas nos parágrafos anteriores e propor medidas para assegurar as adequações necessárias.

O artigo 2º elenca as instituições obrigadas a observarem a Portaria, enquanto os parágrafos seguintes delimitam datas para a adequação aos procedimentos operacionais e ao processo de formação e treinamento das referidas forças em 90 dias, o que pensamos ser insuficiente e em 60 dias para a edição de atos normativos disciplinando o uso da força por seus agentes (Diretriz nº 9) e para a criação das comissões internas de controle e acompanhamento da letalidade, com o objetivo de monitorar o uso efetivo da força pelos seus agentes (Diretriz nº 23), que também pensamos ser um prazo insuficiente.

Art. 3º. *A Secretaria de Direitos Humanos da Presidência da República e o Ministério da Justiça estabelecerão mecanismos para estimular e monitorar iniciativas que visem à implementação de ações para efetivação das diretrizes tratadas nesta portaria pelos entes federados, respeitada a repartição de competências prevista no art. 144 da Constituição Federal.*

Aqui podemos perceber que, mesmo limitada pelo pacto federativo que confere autonomia aos Estados membros, a União tende a adotar políticas indutivas para forçar a adesão dos Estados à Portaria, por meio, por exemplo, do condicionamento à assinatura de convênios e repasse de verbas e equipamentos, como podemos observar no artigo 4º.

Art. 4º. *A Secretaria Nacional de Segurança Pública do Ministério da Justiça levará em consideração a observância das diretrizes tratadas nesta portaria no repasse de recursos aos entes federados.*

Como dissemos, anteriormente, a Portaria em si é bem resumida. O último artigo, o 5º, simplesmente determina que a normativa entra em vigor a partir da data de sua publicação.

Anexo I – Diretrizes sobre o uso da Força e Armas de Fogo pelos Agentes de Segurança Pública

Abaixo, teremos o Anexo I, da Portaria 4.226/2010, ou seja, as Diretrizes sobre o Uso da Força e Armas de Fogo pelos Agentes de Segurança Pública propriamente dita. São 25 itens, alguns se dividindo em subitens que passaremos a tratar um a um.

1. *O uso da força pelos agentes de segurança pública deverá se pautar nos documentos internacionais de proteção aos direitos humanos e deverá considerar, primordialmente:*
   a) *ao Código de Conduta para os Funcionários Responsáveis pela Aplicação da Lei, adotado pela Assembleia Geral das Nações Unidas na sua Resolução 34/169, de 17 de dezembro de 1979;*
   b) *os Princípios orientadores para a Aplicação Efetiva do Código de Conduta para os Funcionários Responsáveis pela Aplicação da Lei, adotados pelo Conselho Econômico e Social das Nações Unidas na sua resolução 1989/61, de 24 de maio de 1989;*
   c) *os Princípios Básicos sobre o Uso da Força e Armas de Fogo pelos Funcionários Responsáveis pela Aplicação da Lei, adotados pelo Oitavo Congresso das Nações Unidas para a Prevenção do Crime e o Tratamento dos Delinquentes, realizado em Havana, Cuba, de 27 de agosto a 7 de setembro de 1999;*
   d) *a Convenção contra a Tortura e outros Tratamentos ou Penas Cruéis, Desumanos ou Degradantes, adotada pela Assembleia Geral das Nações Unidas, em sua XL Sessão, realizada em Nova York em 10 de dezembro de 1984 e promulgada pelo Decreto nº 40, de 15 de fevereiro de 1991.*

Logo de início as diretrizes apontam para a aplicabilidade e obrigatoriedade de observância dos documentos internacionais de proteção aos Direitos Humanos, elencando aqueles anteriormente citados como os que deram origem às Diretrizes ora analisadas.

2. O uso da força por agentes de segurança pública deverá obedecer aos princípios da legalidade, necessidade, proporcionalidade, moderação e conveniência.

Aqui podemos observar a inclusão de mais um princípio do uso da força, o da Moderação, aos já conhecidos. A nosso ver trata-se de uma redundância, um excesso de zelo, já que na própria definição de proporcionalidade e necessidade está incluído o que seja a moderação. De toda sorte, cada princípio tratado na Diretriz nº 2 está descrito no Anexo II, o Glossário.

3. Os agentes de segurança pública não deverão disparar armas de fogo contra pessoas, exceto em casos de legítima defesa própria ou de terceiro contra perigo iminente de morte ou lesão grave.

Tem-se, na realidade, uma repetição do inciso II do artigo 23 do Código Penal, que trata da exclusão de ilicitude no caso de legítima defesa.

4. Não é legítimo o uso de armas de fogo contra pessoa em fuga que esteja desarmada ou que, mesmo na posse de algum tipo de arma, não represente risco imediato de morte ou de lesão grave aos agentes de segurança pública ou terceiros.

Algumas pessoas entendem que, no caso de pessoa em fuga, poderiam efetuar disparo com amparo na excludente de ilicitude (Artigo 23 do Código Penal) do estrito cumprimento do dever legal (Inciso II); entretanto, este não é o melhor entendimento, tendo em vista que o cumprimento do dever legal, no caso em tela, seria a utilização de outros meios para se evitar a fuga. Meios esses que não se constituam naqueles letais (arma de fogo), já que haveria afronta aos princípios elencados na Diretriz nº 2.

5. Não é legítimo o uso de armas de fogo contra veículo que desrespeite bloqueio policial em via pública, a não ser que o ato represente um risco imediato de morte ou lesão grave aos agentes de segurança pública ou terceiros.

Novamente a vedação aplica-se aos casos em que o desrespeito a bloqueios policiais não constituam risco de morte ou lesão grave. Em muitas situações, um veículo pode ser utilizado como verdadeira arma, o que possibilitaria o uso de força letal. Por outro lado, a mera desobediência não configura elemento autorizador do uso de força letal, haja vista as consequências funestas que este tipo de reação, por parte da polícia, tem proporcionado, causando muito mais dano à sociedade e a pessoas inocentes do que solucionando conflitos.

6. Os chamados "disparos de advertência" não são considerados prática aceitável, por não atenderem aos princípios elencados na Diretriz nº 2 e em razão da imprevisibilidade de seus efeitos.

Existe um ditado Zen que diz que algumas coisas não têm volta: a flecha lançada, a palavra dita e a oportunidade perdida. Podemos adicionar mais um item ao ditado, que seria o projétil disparado, ou seja, o disparo de arma de fogo. Costumo sempre dizer que, após você puxar o gatilho da sua arma, não existe força alguma no mundo que fará com que o projétil volte ao cano da arma. Por isso existem as regras de engajamento. Só podemos atirar no que estamos vendo, e desde que represente uma ameaça real a nós mesmo ou a terceiros. Atentamos ainda para a possibilidade de adequação ao tipo penal elencado no artigo 15 da Lei n. 10.826/2003 (Estatuto do Desarmamento), ou seja, o crime de disparo de arma de fogo em via pública.

7. *O ato de apontar arma de fogo contra pessoas durante os procedimentos de abordagem não deverá ser uma prática rotineira e indiscriminada.*

Entre todas as diretrizes, lembro-me que esta foi uma das mais criticadas quando a Portaria foi publicada. Novamente acredito que o motivo da indignação seja simplesmente a falta de atenção na leitura. Em momento algum a Diretriz diz que o policial não pode apontar sua arma de fogo em uma abordagem. Ao contrário, acreditamos que ele deva sim fazer isso, sempre que a situação pedir, a depender do ambiente onde a abordagem está ocorrendo, da pessoa abordada e das circunstâncias envolvendo a ação. O que é colocado, por outro lado, é que se deve evitar apontar a arma de fogo contra pessoas durante os procedimentos de abordagem, não transformando este procedimento em uma prática rotineira e indiscriminada. Em nenhum momento é afirmado que o policial não pode, por exemplo, estar empunhando a sua arma (Posição 3). Busca-se, tão somente, evitar que a arma seja indiscriminadamente apontada (Posição 4) contra pessoas. Do ponto de vista técnico, a afirmação consiste em verdadeiro dogma do uso da arma de fogo. Nas instruções de armamento e tiro costumamos incuti-lo nos policiais, numa tentativa de inocularmos neles uma espécie de "antídoto" contra o acidente. E os dois dogmas são: jamais aponte sua arma contra alguém, para alguém, a menos que queira matá-lo e mantenha sempre seu dedo fora da tecla do gatilho. Dessa forma, mantendo o que chamamos de "soberania sobre o cano da arma", ou controle de cano e dedo fora do gatilho, pode até ser que venha a ocorrer um incidente de tiro (evento não deliberado, não desejado e sem vítima), mas jamais um acidente (evento não deliberado, não desejado e com vítima).

8. *Todo agente de segurança pública que, em razão da sua função, possa vir a se envolver em situações de uso da força, deverá portar no mínimo 2 (dois) instrumentos de menor potencial ofensivo e equipamentos de proteção necessários à atuação específica, independentemente de portar ou não arma de fogo.*

Insta-nos observar que esta diretriz é fundamentalmente voltada para as instituições, no sentido de que proporcionem aos agentes da lei recursos alternativos ao uso da arma de fogo dentro do rol de possibilidades de emprego do Uso Diferenciado da Força. Lembramos ainda que a Lanterna Tática é considerada um Equipamento de Menor Potencial Ofensivo (EMPO). Tratamos desse assunto no Capítulo 5 do livro *Lanterna Tática – atividade policial em situações de baixa visibilidade*[10]:

> De acordo com a doutrina de Uso Diferenciado da Força, os instrumentos de menor potencial ofensivo consistem em gênero que comporta três espécies, quais sejam, munições, armamento e equipamento. Dentre estes, podemos classificar a lanterna tática como um equipamento de menor potencial ofensivo. A sua capacidade de incapacitar momentaneamente um agressor, retirando dele o importante sentido da visão, aliado ao fator de atuar de maneira totalmente reversível, transformam a lanterna tática em um poderoso aliado no trabalho policial.

Mais adiante, a obra trata específicamente do Princípio do Domínio com a luz:

> Dentre os dez princípios apresentados neste livro, este é o que está sendo mais discutido na atualidade. Isto porque a aplicação deste princípio apresenta dois pontos interessantes. O primeiro é que o ofuscamento produzido no agressor proporciona ao policial tempo suficiente para reagir, efetuando o saque da sua pistola e disparando, se for o caso. O segundo é justamente o fato de que este ofuscamento momentâneo e a confusão mental que pode provocar favorecem a utilização de técnicas de menor potencial ofensivo em detrimento do uso exclusivo da arma de fogo. Este é o principal motivo pelo qual inserimos a lanterna tática no rol dos instrumentos de menor potencial ofensivo.

---

[10] BETINI, Eduardo, Maia. *Lanterna Tática – atividade policial em situações de baixa visibilidade*. Niterói: Editora Ímpetus, 2010.

Busca-se, portanto, proporcionar um leque de opções compatível com a doutrina do UDF, diversificado ao ponto de permitir uma dosimetria correta no quesito aplicação da força.

9. *Os órgãos de segurança pública deverão editar atos normativos disciplinando o uso da força por seus agentes, definindo objetivamente:*
a) *os tipos de instrumentos e técnicas autorizadas;*
b) *as circunstâncias técnicas adequadas à sua utilização, ao ambiente/entorno e ao risco potencial a terceiros não envolvidos no evento;*
c) *o conteúdo e a carga horária mínima para habilitação e atualização periódica ao uso de cada tipo de instrumento;*
d) *a proibição de uso de armas de fogo e munições que provoquem lesões desnecessárias e risco injustificado; e*
e) *o controle sobre a guarda e utilização de armas e munições pelo agente de segurança pública.*

Como podemos ver, os prazos referidos na Diretriz n° 9 foram fixados no parágrafo 2° do artigo 2° da Portaria 4226/2010 em 60 dias a partir da data da sua publicação.

10. *Quando o uso da força causar lesão ou morte de pessoa(s), o agente de segurança pública envolvido deverá realizar as seguintes ações:*
a) *facilitar a prestação de socorro ou assistência médica aos feridos;*
b) *promover a correta preservação do local da ocorrência;*
c) *comunicar o fato ao seu superior imediato e à autoridade competente;*
d) *preencher o relatório individual correspondente sobre o uso da força, disciplinado na Diretriz n. 22.*

A facilitação de prestação de socorro ou assistência médica visa justamente à redução dos efeitos do uso da força, buscando, sempre que possível, a reversão destes efeitos. A preservação do local de ocorrência visa à coleta e preservação de elementos de prova e demais constituintes do corpo de delito, assim como facilitar o processo de apuração, investigação e ação da perícia, promovendo a transparência às ações dos profissionais de segurança pública.

11. *Quando o uso da força causar lesão ou morte de pessoa(s), o órgão de segurança pública deverá realizar as seguintes ações:*
   a) *facilitar a assistência e/ou auxílio médico dos feridos;*
   b) *recolher e identificar as armas e munições de todos os envolvidos, vinculando-as aos seus respectivos portadores no momento da ocorrência;*
   c) *solicitar perícia criminalística para o exame de local e objetos, bem como exames médico-legais;*
   d) *comunicar os fatos aos familiares ou amigos da(s) pessoa(s) ferida(s) ou morta(s);*
   e) *iniciar, por meio da Corregedoria da instituição, ou órgão equivalente, investigação imediata dos fatos e circunstâncias do emprego da força;*
   f) *promover a assistência médica às pessoas feridas em decorrência da intervenção, incluindo atenção às possíveis sequelas;*
   g) *promover o devido acompanhamento psicológico aos agentes de segurança pública envolvidos, permitindo-lhes superar ou minimizar os efeitos decorrentes do fato ocorrido; e*
   h) *afastar temporariamente do serviço operacional, para avaliação psicológica e redução do estresse, os agentes de segurança pública envolvidos diretamente em ocorrências com resultado letal.*

Agora tem-se uma descrição das ações que deverão ser levadas a cabo pelo órgão de segurança pública e não somente pelo agente. Neste ponto, causa-nos certa preocupação a maneira como a alínea h da Diretriz nº 11 será colocada em prática. Acreditamos que o acompanhamento psicológico seja realmente importante, fundamental para reduzir os efeitos do estresse pós-trauma, muito comum nos eventos violentos. Contudo, o afastamento do serviço operacional tem de ser feito de modo a não se proporcionar maior estresse, na medida em que modifica a rotina do policial, retirando-o do convívio de amigos e demais integrantes de equipe. Há que se ter muita cautela neste processo para simplesmente não se aplicar um determinado teste psicológico (muitas vezes tais testes são de fidedignidade duvidável), impondo alguma restrição operacional, o que muitas vezes se transforma simplesmente em um tipo de punição para o agente da lei, aumentando os efeitos do estresse pós-trauma, como bem explicado no livro *Matar! Um estudo sobre o ato de matar*[11] do psicólogo e coronel da reserva do exército dos Estados Unidos da América Dave Grossman.

12. *Os critérios de recrutamento e seleção para os agentes de segurança pública deverão levar em consideração o perfil psicológico necessário para lidar com situações de estresse e uso da força e arma de fogo.*

O controle das emoções é fundamental para aqueles que atuam em situações críticas.

13. *Os processos seletivos para ingresso nas instituições de segurança pública e os cursos de formação e especialização dos agentes de segurança pública devem incluir conteúdos relativos a direitos humanos.*

Atentamos para o fato de que os conteúdos relativos aos direitos humanos devem ser incluídos no processo. Uma questão que provoca fortes críticas quando da elaboração das grades curriculares nos cursos de formação de profissionais de segurança pública é a mera substituição do conteúdo operacional em detrimento das disciplinas teóricas, como, por exemplo, direitos humanos. Muitas vezes o que observamos é que, ao invés de adicionar o conteúdo pretendido, o que é feito é substituir disciplinas práticas fundamentais para o desenvolvimento das habilidades e atitudes desejáveis nos

---

[11] GROSSMAN, Dave. *Matar! Um estudo sobre o ato de matar.* Rio de Janeiro: Biblioteca do Exército Editora, 2007.

futuros profissionais por outras de conteúdo teórico. Neste caso, a solução que apontamos é no sentido de que a inclusão dos conteúdos relativos aos direitos humanos não seja feita à custa da exclusão de carga horária originária de disciplinas procedimentais, operacionais e práticas.

> **14.** *As atividades de treinamento fazem parte do trabalho rotineiro do agente de segurança pública e não deverão ser realizadas em seu horário de folga, de maneira a serem preservados os períodos de descanso, lazer e convivência sociofamiliar.*

A ética no serviço público prevê que não é razoável se exigir do servidor (hipossuficiente) sacrifícios no sentido de se corrigir falhas estruturais da própria Administração Pública. Se a quantidade de policiais é insuficiente, que seja realizado um certame público no sentido de se preencher quantas vagas sejam necessárias. O que não é admissível, afrontando-se o princípio da Moralidade, insculpido no artigo 37 da Constituição Federal, é subtrair do agente público tempo que seria destinado ao seu descanso e lazer para obrigá-lo a permanecer no trabalho períodos além daqueles para os quais foi contratado. Não estamos dizendo que um policial não pode ser acionado em seu período de folga, não se trata disso. O que defendemos e que agora é consolidado na diretriz acima é que tais acionamentos não podem ser considerados como períodos de descanso. Caso haja necessidade de serviço, o período de descanso não gozado deve ser fruído tão logo cesse o acionamento. Isto, infelizmente, não é o que ocorre normalmente. Em muitas instituições o policial cumpre uma escala de plantão, retornando às atividades no seu último dia da folga, seja para atividades de treinamento, seja para cumprimento de expediente ordinário.

> **15.** *A seleção de instrutores para ministrarem aula em qualquer assunto que englobe o uso da força deverá levar em conta análise rigorosa de seu currículo formal e tempo de serviço, áreas de atuação, experiências anteriores em atividades fim, registros funcionais,*

formação em direitos humanos e nivelamento em ensino. Os instrutores deverão ser submetidos à aferição de conhecimentos teóricos e práticos e sua atuação deve ser avaliada.

Com certeza, um dos pontos limitantes da formação de nossos profissionais de segurança pública é a falta de "experiências anteriores em atividades fim" de alguns instrutores que se aventuram a ministrar conteúdos para os quais não desenvolveram a necessária consciência situacional obtida por meio da atuação prática, de campo. No filme *Missão Impossível*, em determinado momento, um amigo provoca o protagonista Ethan, que havia se tornado instrutor e abandonado as operações de campo, dizendo que "quem sabe faz, quem não sabe, ensina". Trata-se de uma ótica sinistra que infelizmente ainda é realidade em muitas academias e escolas de segurança pública. Como David Bayley afirmou, o "trabalho policial é essencialmente situacional", tornando-se impossível alguém ensinar a outra pessoa como se portar em determinada situação, sem ter passado por experiências similares, parecidas, afins.

16. *Deverão ser elaborados procedimentos de habilitação para o uso de cada tipo de arma de fogo e instrumento de menor potencial ofensivo que incluam avaliação técnica, psicológica, física e treinamento específico, com previsão de revisão periódica mínima.*

É inaceitável que um profissional de segurança pública tenha uma permissão temporária para dirigir um veículo e outra vitalícia para portar uma arma de fogo. O treinamento correto leva à perfeição. Para que nossos policiais tenham mais habilidade no uso das armas de fogo e demais instrumentos de menor potencial ofensivo é fundamental que seja possibilitado a eles o treinamento mínimo. Uma maneira de se forçar este treinamento, seja fundado na disciplina individual consciente, seja na disciplina corporativa, é a necessidade de habilitação para o uso de armas de fogo.

17. *Nenhum agente de segurança pública deverá portar armas de fogo ou instrumento de menor potencial ofensivo para o qual não esteja devidamente habilitado, e sempre que um novo tipo de arma ou instrumento de menor potencial ofensivo for introduzido na instituição deverá ser estabelecido um módulo de treinamento específico com vistas à habilitação do agente.*

Em algumas escolas de formação, os futuros profissionais de segurança pública são habilitados ao uso de pistolas e carabinas, por exemplo. Contudo, quando iniciam suas atividades profissionais, muitas vezes, estes policiais acabam manuseando armamentos para os quais nunca receberam qualquer tipo de treinamento, como fuzis e espingardas calibre 12. Este tipo de descuido vem provocando uma série de acidentes envolvendo o uso de armas de fogo e de instrumentos de menor potencial ofensivo.

18. *A renovação da habilitação para uso de armas de fogo em serviço deve ser feita com periodicidade mínima de 1 (um) ano.*

Observamos a ressalva da palavra "em serviço", o que possibilita ao policial utilizar sua arma de fogo como instrumento de legítima defesa, mesmo sem a renovação da habilitação.

19. *Deverá ser estimulado e priorizado, sempre que possível, o uso de técnicas e instrumentos de menor potencial ofensivo pelos agentes de segurança pública, de acordo com a especificidade da função operacional e sem se restringir às unidades especializadas.*

Por muitos anos, o conhecimento necessário para a utilização e a disponibilização dos meios relacionados aos instrumentos de menor potencial ofensivo tem se restringido aos grupos de operações especiais ou demais unidades especializadas no âmbito dos órgãos de segurança pública. Um exemplo é a utilização dos agentes químicos, restrita às unidades de choque.

20. *Deverão ser incluídos nos currículos dos cursos de formação e programas de educação continuada conteúdos sobre técnicas e instrumentos de menor potencial ofensivo.*

Como parte do rol elencado no Uso Diferenciado da Força, a acessibilidade a tais técnicas e instrumentos deve ser estendida às demais unidades, sobretudo às denominadas convencionais, onde o contato com o público e com as ocorrências é diário.

21. *As armas de menor potencial ofensivo deverão ser separadas e identificadas de forma diferenciada, conforme a necessidade operacional.*

O cuidado na identificação e separação dos instrumentos de menor potencial ofensivo das armas de fogo e munições letais visa a maior segurança no emprego destas.

22. *O uso de técnicas de menor potencial ofensivo deve ser constantemente avaliado.*

23. *Os órgãos de segurança pública deverão criar comissões internas de controle e acompanhamento da letalidade, com o objetivo de monitorar o uso efetivo da força pelos seus agentes.*

Os prazos para a criação destas comissões internas foram de 60 dias da data da publicação da Portaria, de acordo com o parágrafo 2º do artigo 2º do diploma legal.

24. *Os agentes de segurança pública deverão preencher um relatório individual todas as vezes que dispararem arma de fogo e/ou fizerem uso de instrumentos de menor potencial ofensivo, ocasionando lesões ou mortes. O relatório deverá ser encaminhado à comissão interna mencionada na Diretriz nº 23 e deverá conter no mínimo as seguintes informações:*

a) *circunstâncias e justificativa que levaram ao uso da força ou de arma de fogo por parte do agente de segurança pública;*

b) *medidas adotadas antes de efetuar os disparos/usar instrumentos de menor potencial ofensivo, ou as razões pelas quais elas não puderam ser contempladas;*

c) *tipo de arma e de munição, quantidade de disparos efetuados, distância e pessoa contra a qual foi disparada a arma;*

d) *instrumento(s) de menor potencial ofensivo utilizado(s), especificando a frequência, a distância e a pessoa contra a qual foi utilizado o instrumento;*

e) *quantidade de agentes de segurança pública feridos ou mortos na ocorrência, meio e natureza da lesão;*

f) *quantidade de feridos e/ou mortos atingidos pelos disparos efetuados pelo(s) agente(s) de segurança pública;*

g) *número de feridos e/ou mortos atingidos pelos instrumentos de menor potencial ofensivo utilizados pelo(s) agente(s) de segurança pública;*

h) *número total de feridos e/ou mortos durante a missão;*

i) *quantidade de projéteis disparados que atingiram pessoas e as respectivas regiões corporais atingidas;*

j) *quantidade de pessoas atingidas pelos instrumentos de menor potencial ofensivo e as respectivas regiões corporais atingidas;*

k) *ações realizadas para facilitar a assistência e/ou auxílio médico, quando for o caso;* e

l) *se houve preservação do local e, em caso negativo, apresentar justificativa.*

A Diretriz visa primordialmente ao maior controle sobre as atividades envolvendo o uso da força, assim como a maior respeitabilidade dos dados disponíveis sobre estes eventos, o que favorece o processo de estudo estatístico e o procedimento de análise criminal futuro.

25. *Os órgãos de segurança pública deverão, observada a legislação pertinente, oferecer possibilidades de reabilitação e reintegração ao trabalho aos agentes de segurança pública que adquirirem deficiência física em decorrência do desempenho de suas atividades.*

O que se buscou neste ponto foi proteger o profissional de segurança pública da aposentadoria compulsória, assim como proporcionar que este figure nos quadros da instituição repassando sua experiência e conhecimentos adquiridos ao longo de sua carreira, conhecimentos estes que muitas vezes são caros aos novos policiais.

Anexo II – Glossário da Portaria 4.226/2010

Finalizando o estudo da Portaria Interministerial 4.226 de 31 de dezembro de 2010 temos o Glossário, que traz algumas definições sobre termos relacionados à doutrina de Uso Diferenciado da Força, vejamos:

- **Armas de menor potencial ofensivo:** Armas projetadas e/ou empregadas, especificamente, com a finalidade de conter, debilitar ou incapacitar temporariamente pessoas, preservando vidas e minimizando danos à sua integridade.

- **Equipamentos de menor potencial ofensivo:** Todos os artefatos, excluindo armas e munições, desenvolvidos e empregados com a finalidade de conter, debilitar ou incapacitar temporariamente pessoas, para preservar vidas e minimizar danos à sua integridade.

- **Equipamentos de proteção:** Todo dispositivo ou produto, de uso individual (EPI) ou coletivo (EPC), destinado à redução de riscos à integridade física ou à vida dos agentes de segurança pública.

- **Força:** Intervenção coercitiva imposta à pessoa ou grupo de pessoas por parte do agente de segurança pública com a finalidade de preservar a ordem pública e a lei.

- **Instrumentos de menor potencial ofensivo:** Conjunto de armas, munições e equipamentos desenvolvidos com a finalidade de preservar vidas e minimizar danos à integridade das pessoas.

- **Munições de menor potencial ofensivo:** Munições projetadas e empregadas, especificamente, para conter, debilitar ou incapacitar temporariamente pessoas, preservando vidas e minimizando danos à integridade das pessoas envolvidas.

- **Nível do Uso da Força:** Intensidade da força escolhida pelo agente de segurança pública em resposta a uma ameaça real ou potencial.
- **Princípio da Conveniência:** A força não poderá ser empregada quando, em função do contexto, possa ocasionar danos de maior relevância do que os objetivos legais pretendidos.
- **Princípio da Legalidade:** Os agentes de segurança pública só poderão utilizar a força para a consecução de um objetivo legal e nos estritos limites da lei.
- **Princípio da Moderação:** O emprego da força pelos agentes de segurança pública deve sempre que possível, além de proporcional, ser moderado, visando sempre reduzir o emprego da força.
- **Princípio da Necessidade:** Determinado nível de força só pode ser empregado quando níveis de menor intensidade não forem suficientes para atingir os objetivos legais pretendidos.
- **Princípio da Proporcionalidade:** O nível da força utilizado deve sempre ser compatível com a gravidade da ameaça representada pela ação do opositor e com os objetivos pretendidos pelo agente de segurança pública.
- **Técnicas de menor potencial ofensivo:** Conjunto de procedimentos empregados em intervenções que demandem o uso da força, por meio do uso de instrumentos de menor potencial ofensivo, com intenção de preservar vidas e minimizar danos à integridade das pessoas.
- **Uso Diferenciado da Força:** Seleção apropriada do nível de uso da força em resposta a uma ameaça real ou potencial visando limitar o recurso a meios que possam causar ferimentos ou mortes.

1.3. Análise Criminal

A inclusão do tema Análise Criminal no capítulo que trata a respeito do Uso Diferenciado da Força se dá em virtude da necessidade de racionalizarmos o uso da força, raciocínio depreendido da Diretriz nº 24. Para tanto, pensamos ser fundamental a utilização da Análise Criminal como método capaz de traçar um panorama, facilitando a visualização de quando o profissional de segurança irá atuar, proporcionando o adequado aporte de recursos, sejam logísticos, humanos ou financeiros, além de disponibilizar uma massa de dados confiáveis e suficiente para a elaboração de um planejamento eficaz, atrelado à necessidade operacional específica.

Análise criminal é um "conjunto de técnicas e procedimentos cuja finalidade é processar informações relevantes para a prevenção ou a repressão ao crime[12]". "Constitui-se no uso de uma coleção de métodos para planejar ações e políticas de segurança pública, obter dados, organizá-los, analisá-los, interpretá-los e deles tirar conclusões". Para tanto, a Análise Criminal utiliza-se das ferramentas disponibilizadas pela estatística, cada vez mais utilizada para o estudo da dinâmica que envolve o crime e a atuação das forças de segurança.

Podemos dizer que no Brasil o assunto é relativamente novo, praticamente embrionário; contudo, em países como os Estados Unidos da América, o uso da estatística e da Análise Criminal tem se mostrado fundamental para a coordenação e o planejamento das ações policiais, sejam elas preventivas ou repressivas. A disponibilização dos relatórios LEOKA[13] (*Law Enforcement Officers Killed and Assaulted* – agentes da lei mortos e abordados em ações criminosas) elaborados anualmente pelo FBI[14], com dados compilados dos últimos 10 anos sobre características específicas

---

[12] Fonte: www.mp.sp.gov.br

[13] Disponível em: <http://www.fbi.gov/page2/oct08/leoka_101408.html>.

[14] *Federal Bureau of Investigation* – Agência Federal de Investigação.

destes eventos, auxilia sobremaneira a modificação e a adoção de técnicas visando à sobrevivência policial[15].

Em uma interessante análise sobre o caso Hazelwood, decidido em junho de 1977, em St. Louis, os pesquisadores Meier, Sacks e Zabell (1984)[16] resumem:

> *Testes estatísticos de significância têm sido utilizados, cada vez com mais frequência, em casos envolvendo discriminação racial, desde que a Suprema Corte Norte-americana decidiu no caso Hazelwood. Na situação, a Corte decidiu que se tratava de um caso apropriado em que as evidências estatísticas poderiam provar, prima facie, a existência de discriminação racial no caso concreto. A Corte também discutiu o uso de um teste de significância binomial para avaliar se a diferença entre a proporção de professores negros empregados pela Escola do Distrito de Hazelwood e a proporção de professores negros em uma amostra significativa do mercado de trabalho seria suficiente para indicar estar ocorrendo discriminação racial. A Comissão pela Igualdade de Oportunidades de Emprego (CIOE) havia proposto um padrão um pouco rigoroso para avaliar quão substancial a diferença deveria ser para constituir uma evidencia da discriminação.*

No artigo citado, a conclusão dos pesquisadores é que a "regra dos 80%" proposta pela CIOE seria muito rígida, o que poderia mascarar os resultados obtidos. Para a decisão, a Corte levou em consideração que 15,4% dos professores eram negros na cidade de St. Louis, enquanto, na escola Hazelwood nos anos de 1972-1973 e 1973-1974, as estatísticas mostravam, respectivamente, 1,4 e

---

[15] Destacamos a existência de uma gama de *sites* e *blogs* que, de alguma forma, tratam sobre os temas Análise Criminal ou sobrevivência policial, como, por exemplo: <http://www.leoka.org>; <www.operacoesespeciais.com.br>; <www.charlieoscartango.com.br>; <www.sobrevivenciapolicial.blogspot.com>.

[16] MÉIER, Paul; SACKS, Jerome; ZABELL, L.. *What Happened in Hazelwood: Statistics, Employment Discrimination, and the 80% Rule*. Extraído de: DEGROOT, Morris H.; FIENBERG, Stephen E.; KADANE, Joseph B. *Statistics and the Law*. A Wiley-Interscience Publication. New York, 1994.

1,8% de professores negros na escola. A importância deste caso é, portanto, tratar-se da primeira decisão judicial que foi fundamentada em estudos estatísticos e não simplesmente em fatos.

Além de auxiliar o planejamento operacional, a Análise Criminal mostra-se altamente eficaz como instrumento da otimização dos gastos públicos. Na medida em que favorece a adoção de políticas públicas regionais e ações estatais planejadas de modo pontual, de acordo com os fatores limitantes identificados no processo de diagnóstico dos dados coletados, tabulados e analisados estatisticamente, mostra-se uma poderosa ferramenta na melhor utilização dos recursos públicos com fulcro nas denominadas "manchas criminais".

Os economistas definem a economia como a "ciência da escassez", pois vivemos em uma realidade onde as demandas são infinitas e os recursos, escassos. Podemos dizer que no ambiente da segurança pública, a Análise Criminal identifica e quantifica os pontos a serem tratados, assim como o retorno obtido em bem-estar social, racionalizando o uso do bem público.

Seja na vertente estratégica, tática ou operacional, a Análise Criminal atrela-se ao processo de planejamento que, da mesma forma, poderá ser estratégico, tático ou operacional.

Segundo Luiz Carlos Magalhães[17] (2007[18]), a "Análise Criminal Estratégica trata da produção do conhecimento voltado para o estudo dos fenômenos e suas influências no longo prazo". A Análise Criminal Tática trata da "produção do conhecimento voltada para o estudo dos fenômenos e suas influências no médio prazo. Essa vertente estuda o fenômeno criminal visando fornecer subsídios para os operadores de segurança pública que atuam diretamente 'nas ruas'. A Análise Criminal Administrativa trata da atividade de produção do conhecimento voltada para o público-alvo".

---

[17] Luiz Carlos Magalhães é Agente de Polícia Federal, especialista em Análise Criminal. Atual Secretário Municipal de Segurança Pública em São Luís, Maranhão.

[18] MAGALHÃES, L.C. *Análise Criminal e Mapeamento da Criminalidade – GIS – Anais do Fórum Internacional de Gabinetes de Gestão Integrada*, São Luís, Maranhão. Nov. 2007.

O processo de planejamento, por sua vez, pode ser dividido em tipos, de acordo com seu nível de abrangência na organização. No nível institucional temos o planejamento estratégico, com conteúdo genérico e sintético, prazos longos e características de macro-orientação. No nível intermediário temos o planejamento tático, com conteúdo menos genérico e mais detalhado, prazos médios e característica de abordar cada unidade de trabalho ou cada unidade gestora separadamente. Finalmente, o nível operacional, para o qual temos o planejamento operacional, com conteúdo detalhado e analítico, a ser desenvolvido no curto prazo, micro-orientado, abordando cada tarefa ou operação isoladamente.

No processo de planejamento, particularmente no planejamento operacional, os dados obtidos pela Análise Criminal Administrativa ou Operacional, como preferimos chamá-la, são de vital importância na fase de "Estudo da Situação", fornecendo dados e informação sobre a realidade onde se desenvolverão as ações da polícia. Borges (2008[19]) destaca a importância de se definir corretamente os ângulos objeto de avaliação, para a consecução de um projeto, em relação à escolha dos indicadores:

Eficiência: *boa utilização dos recursos.*

Eficácia: *se as ações do projeto permitiram alcançar os resultados previstos.*

Efetividade: *em que medida os resultados do projeto estão incorporados à realidade da população atingida.*

Impacto: *as mudanças em outras áreas não trabalhadas pelo projeto, demonstrando seu poder de influência e irradiação.*

---

[19] BORGES, Doriam. *Coletando e extraindo informações dos bancos de dados criminais: a lógica das estatísticas das organizações policiais.* Extraído de: MIRANDA, Ana Paula M.; GUEDES, Simoni L.; BEATO, Cláudio; SOUZA, Elenice de; TEIXEIRA, Paulo Augusto S. *A Análise Criminal e o Planejamento Operacional – Volume 1.* Rio de Janeiro, 2008. Coleção Instituto de Segurança Pública. Série Análise Criminal.

E é exatamente a Análise Criminal que vai poder, com fulcro nestes indicadores, fornecer elementos para avaliar as estratégias, táticas e ações policiais, assim como proporcionar a obtenção dos melhores resultados, tanto no combate à criminalidade, como na manutenção da ordem pública, favorecendo a adoção de técnicas e procedimentos operacionais que estejam de acordo com os padrões estabelecidos nas convenções e tratados sobre Direitos Humanos, aumentando a confiança da população no trabalho policial, otimizando recursos e elevando o nível de confiança e autoestima do agente da lei em serviço.

Alguns fenômenos, como o da "concentração espacial do crime", dão conta do fato de, quando se trata do estudo do crime na sociedade, um grupo pequeno de locais é responsável por grande parte da proporção total de crimes que ocorrem. Esta dinâmica resulta de características sociodemográficas, econômicas, históricas, geográficas, urbanísticas, além de fatores macrossociais (como automatização, políticas governamentais, globalização) e microssociais ou intermediários (como família e escola).

A Análise Criminal comunica-se com o conhecimento obtido com as ciências sociais. De acordo com a SENASP[20], "dentre as várias abordagens que podem ser utilizadas no trabalho de análise criminal, destaca-se a ecológica do crime". Esta, por sua vez, "analisa os processos sociais, por meio da perspectiva comunitária, enfatizando conceitos epidemiológicos, biológicos e geográficos na explicação da distribuição das taxas de crime".

A Teoria das Atividades Rotineiras propõe que a vítima apresente um papel a ser considerado na determinação das circunstâncias do crime, de acordo com a SENASP:

> *A existência do crime está baseada na conjugação espacial e temporal de três elementos: ofensores motivados, disponibilidade e vulnerabilidade dos alvos potenciais. A vulnerabilidade teria como*

---

[20] SENASP – Secretaria Nacional de Segurança Publica. Sistema EAD. *Curso de Análise Criminal*, 2010.

principal determinante a ausência da vigilância informal capaz de conter o crime. (...) Os princípios da escolha racional são utilizados na construção da cena do crime. (...) segundo seus princípios, as pessoas tendem a seguir o caminho mais curto, gastar o menor tempo possível e utilizar os meios mais fáceis para alcançar seus objetivos. O raciocínio dos criminosos constitui basicamente em buscar alvos mais fáceis e óbvios, enquanto as vítimas buscam as formas mais simples de reduzir suas chances de vitimização. Concluindo, o princípio do menor esforço levaria ao princípio da escolha do alvo mais óbvio. (...) Essa teoria lida com as causas da situação imediata para a ocorrência dos crimes e estipula que um crime resulta da conjugação de três elementos: uma vítima disponível, um agressor em potencial e a ausência de guardiões.

A Teoria dos Lugares Desviantes, por sua vez:

Parte do pressuposto de que as características das populações não conseguem, por si só, explicar a variação das taxas de crime entre as diferentes regiões, sendo necessário levar em conta as condições físicas delas. Existem cinco aspectos que caracterizam as áreas urbanas como lugares desviantes: densidade demográfica, pobreza, mistura do tipo de utilização da área urbana, variação na composição da vizinhança e a degradação da área urbana. A conjugação desses cinco fatores chega a quatro processos sociais diferentes: cinismo moral entre os residentes de uma mesma área; aumento nas oportunidades de crime, aumento na motivação para a ação desviante e diminuição no controle social. (SENASP.)

Segundo a Teoria da Desorganização Social, são três os principais fatores estruturais relacionados com a criminalidade, que na realidade são fatores macrossociais de desigualdade social: baixo *status* socioeconômico, heterogeneidade étnica e mobilidade residencial. De acordo com a SENASP:

O conceito de desorganização social está ligado à incapacidade de uma comunidade de garantir a realização de valores comuns de seus membros, resultando na incapacidade de realizar um controle social efetivo. (...) Está baseada num modelo sistêmico onde a base das redes sociais é a vida familiar e o processo de socialização. A organização e a desorganização social são fins opostos de um mesmo continuum formado pelas redes de controle social. (...) Pobreza, heterogeneidade, anonimato, descrédito mútuo e instabilidade institucional impedem a comunicação entre os membros de uma comunidade, intensificando o processo de diversificação cultural e obstruindo o processo de formação de valores comuns e de identidade no grupo.

Ressalta-se, pois, a importância da interpretação dos dados coletados, analisados e apresentados pela análise criminal e da participação ativa de profissionais com uma "visão macro" do sistema social, capaz de interpretar os dados de acordo com a correlação ecológica entre o ser humano e o ecossistema em que está inserido.

1.4. Conceito de polícia e policiamento moderno

De acordo com Bayley (2006), podemos definir polícia como as "pessoas autorizadas por um grupo para regular as relações interpessoais dentro deste grupo por meio da aplicação de força física". Segundo o autor, "esta definição possui três partes essenciais: força física, uso interno e autorização coletiva". O autor refere-se aos policiais como os "agentes executivos da força". E, ainda, afirma que "a diferença entre força policial e criminosos é uma questão de discernimento".

O conceito de polícia moderna, desenvolvido a partir de mudanças implementadas na Polícia Metropolitana de Londres, em 1829, pelo político londrino Sir Robert Peel engloba, tradicionalmente, três características marcantes, definidas com precisão por David Bayley como: atividade pública, especializada e profissional.

Os Nove Princípios de Robert Peel[21] são:

1º. A missão básica para qual a polícia existe é de prevenir o crime e a desordem;

2º. A habilidade da polícia em executar sua missão depende da aprovação pública das ações policiais;

3º. A polícia deve atuar de maneira solícita para com o público de forma a cumprir com observância os ditames legais com vistas a conquistar e manter o respeito do público;

4º. Quanto maior a cooperação do público, menor a necessidade do uso de força física pela polícia;

5º. A polícia não conquista o respeito da população pelas prisões que executa, mas pelas demonstrações constantes de imparcialidade a serviço da lei;

6º. A polícia usa a força física na quantidade necessária para assegurar a observância da lei ou para restaurar a ordem quando a prática da persuasão, aviso e advertência não se mostraram suficientes;

7º. A polícia, o tempo todo, deve manter uma relação entre o público que dê a exata dimensão de que a polícia é a sociedade e a sociedade é a polícia, e os policiais são apenas membros da sociedade que são pagos para realizar, em tempo integral, um serviço que é mantido no interesse da comunidade, do seu bem-estar e da sua existência;

8º. A polícia deve sempre direcionar suas ações estritamente no cumprimento de suas funções e nunca usurpando os poderes do judiciário;

9º. O teste da eficiência policial é a ausência de crime ou desordem, que não podem ser considerados uma evidência visível da ação policial.

---

[21] Extraído de: <www.newwestpolice.org/peel.html>.

Em um interessante ensaio, Susan Lentz e Robert Chaires[22] afirmam que:

> *Apesar da importância do Ato da Polícia Metropolitana de Londres para as origens do denominado policiamento moderno, livros sobre a história policial comumente incluem uma lista identificada como "Princípios de Peel". Contudo, pesquisando as origens desta lista e dos princípios, comprovamos que não passam de uma invenção dos autores do século 20.*

Invenção ou não, sabemos que Robert Peel foi o principal personagem na formatação da Polícia Metropolitana de Londres, a partir de 1829, conferindo a esta uma roupagem típica das polícias que atualmente conhecemos. E na história da polícia londrina estão contemplados de maneira contextualizada[23]:

> *Até 1829, as forças policiais não eram organizadas. Como Londres cresceu muito durante os séculos 18 e 19, o problema da manutenção da lei e da ordem se tornou uma questão de ordem pública. Em 1812, 1818 e 1822, Comitês Parlamentares foram designados para investigar a questão do crime e do policiamento. Mas somente em 1828 sir Robert Peel sugeriu uma solução para a questão, que necessariamente passaria pela estruturação de uma polícia organizada em Londres.*

De qualquer maneira, salta aos olhos a preocupação, elencada entre as máximas dos nove princípios, com a questão da opinião pública e da necessidade de se atuar não somente contra o crime, mas também contra a desordem. Tal preocupação pode ser confirmada com a simples observação da posição que o assunto ocupa entre os princípios, sendo topograficamente mantida em situação de

---

[22] LENTZ, Susan A.; CHAIRES, Robert H. *The invention of Peel's principles:* A study of policing "textbook" history. Science Direct, 2007.

[23] Extraído do site: <www.met.police.uk>.

destaque. Já em 1985, Eliud Pereira e João Batista[24] destacaram, em um interessante ensaio acerca da administração policial e do planejamento operacional, a proximidade entre as ações da polícia e o interesse da mídia:

> *Em seu trabalho, contudo, a Polícia nunca está sozinha. Alguém muito importante a vigia incansável, seguindo-lhe o itinerário, estorvando-lhe muitas vezes os passos, registrando, severa, o mais leve tropeço. A imprensa. Não a imprensa elevada e nobre da minoria esclarecida. A imprensa dos problemas do Estado, da política interna e externa, da bolsa de valores, das artes e da cultura; mas a imprensa das massas. Poderosa. A imprensa das notícias sangrentas, dos delinquentes passionais, dos impactos coletivos, de tudo enfim que distrai o povo.*

E finaliza: "A massa popular não gosta da polícia. Sempre relaciona com tragédias suas, de amigos, parentes e conhecidos seus". Independentemente de gostar ou não da polícia, esta existe para servir e proteger o povo. Destarte, incumbe aos agentes da lei adotar, sempre que possível, técnicas, táticas e estratégias que causem o menor impacto à comunidade, preservando sua imagem junto à população e cultivando um relacionamento calcado na confiança e honestidade. Afinal de contas, de acordo com o Cel. John Alexander[25], "o policial tem pleno conhecimento de que suas ações serão detalhadamente analisadas, toda vez que fizer o uso da força".

Sempre que abordo este tema, lembro-me de uma situação que ocorreu logo no início de minha carreira na polícia, quando trabalhei na Delegacia da Polícia Federal de Corumbá, no Mato Grosso do Sul. Estávamos em uma "barreira" de rotina, em um posto de fiscalização da Receita Estadual denominado "Lampião Aceso". Estava, com outros três colegas, fiscalizando um ônibus de passageiro que

---

[24] PEREIRA, Eliude Gonçalves; MOREIRA, João Batista Gomes. *Administração Policial e Planejamento Operacional*. Brasília-DF: Cultura, 1985.

[25] ALEXANDER, John B. *Armas Não Letais:* alternativas para os conflitos do século XXI. Rio de Janeiro: Editora Lidador, 2003.

iria para o Rio de Janeiro, em busca de entorpecentes. Havia um garotinho, de uns quatro ou cinco anos, que não parava de chorar. Sua mãe, irritada, disse ao menino:

— Pare de chorar agora, senão o policial vai te pegar!

Esse tipo de coisa é normal, já havia acontecido várias vezes conosco. Mas aquele não estava sendo um bom dia para mim, e tive que intervir.

— Senhora! Não faça isso...assim seu filho vai associar polícia com coisa ruim! Por isso que tem tanta gente que não gosta de nós.

Aproximei-me do garoto e disse que não iria fazer mal nenhum a ele, que sua mãe estava somente brincando. Com o olhar deixei bem claro para sua mãe que não concordava com este tipo de "educação".

No conceito de policiamento moderno, caracterizado por ações desenvolvidas com o emprego de recursos públicos, especializado e profissional, não cabe mais a postura do policial truculento, que tenta se impor pela força, priorizando o sentimento do medo nas pessoas, em detrimento do respeito.

Sempre que ministro instruções, utilizo um exemplo para que o policial perceba a diferença entre medo e respeito. Escolho alguém da plateia e pergunto:

— Qual a diferença entre seu pai e um câncer?

— Meu pai é bom... o câncer é ruim – Geralmente respondem assim.

— Você sente medo do seu pai?

— Não.

— E o que você sente a respeito do seu pai?

— Gratidão, respeito, amor. Entre outros.

— E sobre o câncer... descreva em uma palavra o que você sente a respeito dele.

— Medo!

— Então podemos dizer que a diferença entre um câncer e seu pai é que aquele você teme, e este você respeita?

— Sim!

Do mesmo modo, pensamos que a polícia não deve buscar ser temida, mas sim respeitada. E não há outra maneira de lograrmos êxito nesta empreitada senão respeitando a todos, agindo de maneira honesta, austera, firme e proporcional, seguindo os princípios fundamentais de direitos humanos e estreitando os laços com a comunidade.

Para tanto, pensamos ser de extrema utilidade a atuação dos profissionais de segurança pública na docência, na pesquisa e nos diversos temas desenvolvidos e prospectados nos ambientes acadêmicos, onde as opiniões são, além de formadas, lapidadas e postas, diuturnamente, em confronto, por meio da crítica e da dialética.

1.5. Força *versus* Violência

É praticamente impossível tentarmos definir ou conceituar o que seja força e violência pela elaboração de proposições restritivas, tendo como objetivo a simples tabulação de novos mandamentos. Contudo, tal conceituação mostra-se extremamente profícua quando aliada à investigação de determinados fenômenos sociais. Tanto o conceito de força quanto o de violência se apresentam de diversas maneiras, como nuances entre o preto e o branco.

Força, para a Física, é aquilo que pode alterar o estado de repouso ou de movimento de um corpo, ou deformá-lo. De acordo com a segunda lei de Newton a força pode ser definida como o produto da massa de um corpo pela aceleração dele e, na regra da Terceira Lei de Newton, "toda ação provoca uma reação de igual intensidade, mesma direção e em sentido contrário", conhecida como lei da ação e reação.

Podemos ainda conceituar força pela capacidade de concentração, persistência e resiliência de uma pessoa, ou seja, estamos falando de força mental. Desde garotos escutamos nossos pais nos aconselharem a respeito da importância da "força de vontade".

Nos dizeres de Barbosa e Ângelo (2001)[26], força trata de "toda intervenção compulsória sobre o indivíduo ou grupos de indivíduos, quando reduz ou elimina sua capacidade de autodecisão".

A violência, por sua vez, pode ser classificada como física, psicológica ou mesmo simbólica.

Chesnais[27], citado por Belli[28] (2004), propõe a seguinte definição, no caso, restritiva ao teor físico da violência:

> *A violência em sentido estrito, a única violência mensurável e incontestável, é a violência física. É o atentado direto, corporal, contra as pessoas; ela se reveste de um triplo caráter: brutal, exterior e doloroso. O que a define é o uso material da força.*

Para Benoni Belli, "muitas definições de violência são possíveis, dependendo dos critérios utilizados na elaboração do conceito". Yves Michaud[29] propõe um conceito mais amplo acerca da violência:

> *Há violência quando, numa situação de interação, um ou vários autores agem de maneira direta ou indireta, maciça ou esparsa, causando danos a uma ou várias pessoas em graus variáveis, seja em sua integridade física, seja em sua integridade moral, em suas posses, ou em suas participações simbólicas e culturais.*

---

[26] BARBOSA, Sérgio Antunes; ÂNGELO, Ubiratan de Oliveira. *Disturbios Civis: controle e uso da força pela polícia.* Volume 5. Coleção Polícia Amanhã – textos fundamentais de polícia. Rio de Janeiro: Editora Freitas Bastos, 2001.

[27] CHESNAIS, Jean-Claude. *Histoire de La Violence.* Paris: Editions Robert Laffont, 1981, p. 12.

[28] BELLI, Benoni. *Tolerância Zero e Democracia no Brasil:* visões da segurança pública na década de 90. São Paulo: Editora Perspectiva, 2004.

[29] MICHAUD, Yves. *A Violência.* São Paulo: Editora Ática, 1989.

Este, todavia, não nos parece o melhor conceito, justamente por atrelar à definição de violência uma ação. Buscamos amparo no Direito Penal, na tentativa de provarmos que uma violência pode ser desencadeada por uma omissão. No próprio conceito de crime observamos a possibilidade da ação criminosa consistir justamente em não praticar uma conduta. Ou por meio de uma conduta negativa (omissão). É o não fazer. A inércia. Tanto as condutas positivas (ação) como negativas (omissão) compõem a estrutura do crime. De acordo com Rogério Greco[30]:

> Os tipos incriminadores podem proibir ou impor condutas sob a ameaça de uma sanção de natureza penal. (...) Quando proíbem estamos diante de normas proibitivas, existentes nos chamados crimes comissivos (...). Por outro lado, pode o tipo penal conter mandamentos, imposições, ou seja, determinações de condutas que, se não realizadas, caracterizarão uma infração penal. As normas, portanto, existentes nesses tipos penais que contêm imposições de comportamentos são chamadas de mandamentais, características dos crimes omissivos próprios. (...) nos crimes omissivos próprios, a norma contida nos tipos penais que preveem essa modalidade de omissão será sempre mandamental. O tipo penal narrará um comportamento que, se for deixado de lado, importará na responsabilidade penal daquele que estava obrigado, pelo tipo penal, a fazer alguma coisa, a exemplo do que ocorre com o artigo 135 do Código Penal. (...) Por outro lado, temos os crimes omissivos impróprios, também chamados de comissivos por omissão ou omissivos qualificados. Neles, a norma constante do tipo penal é de natureza proibitiva, ou seja, contém uma proibição, prevê um comportamento comissivo. Entretanto, em virtude de o agente gozar do status de garantidor, aplica-se a norma de extensão prevista no § 2º do art. 13 do Código Penal, respondendo o agente pela sua inação, como se tivesse feito alguma coisa.(...) O tipo penal, portanto, prevê um comportamento comissivo que será equiparado à omissão do agente em virtude da sua posição de garantidor, com a aplicação da norma de extensão.

---

[30] GRECO, Rogério. *Curso de Direito Penal, parte especial*. Volume II. Niterói: Editora Ímpetus, 2009.

Portanto, temos na lição do mestre Greco que a violência pode ser cometida também por omissão, o que torna a definição de Michaud carecedora de um pouco mais de precisão, embora mais concisa em relação à definição anterior.

Sobre a relação entre crime e violência, Benoni Belli (p. 5) é sutil e esclarecedor:

> *Para simplificar, poder-se-ia dizer que a violência compreende atos de diferente natureza de acordo com suas motivações, circunstâncias, legitimidade e legalidade. Mas não é preciso ir tão longe nas definições. Basta assinalar que a violência pode ser legal ou ilegal. A violência ilegal pode ser considerada sinônimo de crime. Este é todo ato que, não necessariamente violento, contraria norma penal e, portanto, é passível de sanção ou punição previamente estabelecida pela legislação. Esta definição jurídica do crime deve levar em conta que nem todo crime é violento, mas toda violência ilegal é crime (uma violência considerada legal poderia ser, por exemplo, a legítima defesa ou aquela de que faz uso a polícia no estrito cumprimento do dever legal).*

De acordo com Plácido e Silva[31], 2008, o sentido jurídico, violência, do latim *violentia*:

> *É o resultado da ação ou força irresistível, praticadas na intenção de um objetivo que não se teria sem ela... juridicamente, a violência é espécie de coação ou forma de constrangimento, posto em prática para vencer a capacidade de resistência de outrem, ou para demovê-la à execução do ato, ou a levar a executá-lo, mesmo que contra a sua vontade... a violência pode ser: material e moral. A violência material* (vis physica) *resulta da agressão física, do atentado físico ou do emprego da força, necessária à submissão da pessoa, impossibilitando-a ou dificultando a resistência dela. Em relação às coisas, é o ato de força que fere fisicamente, danificando-a, ou que a traz às mãos do violentador, contra a vontade do seu dono.*

---

[31] DE PLÁCIDO e SILVA. *Vocabulário Jurídico*. São Paulo: Editora Forense. 28ª ed., 2008.

> Em relação às pessoas, a violência é dita propriamente agressão. Em relação à propriedade é esbulho, ou turbação... Por fim, violência moral (vis compulsiva) são os atos praticados com ameaça, medo, intimidação etc.

Segundo Lorichio[32] (2004), de acordo com a concepção da criminologia:

> Para a concretização da violência, usam-se os meios de execução, ou seja, instrumentos de que se serve o agente para a prática da conduta criminosa (arma, veneno, fogo, etc.). Já o modo de execução são as diversas formas de conduta empregadas pelo agente, que, conforme o caso, podem modificar o tipo penal ou também constituir em qualificadoras ou causas de aumento de pena (emprego de violência, de ameaça, de fraude, etc.).

Para Dom Odilo P. Scherer[33], o mais intrigante em relação à violência é a maneira como ela acomete o dia a dia das pessoas, muitas vezes passando despercebidamente por nossas vidas. Segundo o religioso, o cotidiano de violência causa perplexidade:

> (...) Não se trata da violência da guerra, de grupos de extermínio ou do crime organizado: é violência comum, da vida privada, por motivos fúteis. E nem é porque há muita arma de fogo na mão do povo: um veículo, uma faca de cozinha e até um cadarço podem virar armas letais, quando a vontade é assassina!

A ação das autoridades de segurança e os rigores da lei não assustam nem impedem os crimes. Muita tensão nas relações sociais

---

[32] LORICHIO, João Demétrio. *Vítima!? Nunca mais.* 2ª ed. São Paulo: Mundo Maior Editora, 2004.

[33] SCHERER, Dom Odilo Pedro, arcebispo da arquidiocese de São Paulo, escreveu o artigo "Quanta Violência! Por Quê?" Publicado no Jornal *Folha de S. Paulo* de 23 de março de 2011.

e motivos banais levam a perder a cabeça, a fazer justiça com as próprias mãos e a cometer as maiores violências contra o próximo. E corremos todos o risco de nos habituarmos com notícias e imagens brutais, com a mesma indiferença sonolenta com que assistimos a cenas de um filme.

E continua, na tentativa de explicar as causas da violência, assim como possíveis soluções para o problema:

> *Alguém logo apontará para a urgência de um rigor maior da lei e para a ação mais eficaz das autoridades que a representam e aplicam.*
> *Todos esperam, certamente, que os responsáveis cumpram o seu dever e as leis sejam mais conhecidas e respeitadas, porém não é por falta de leis que os crimes acontecem. E, se a grande garantia para a inibição do crime fosse a autoridade que representa a lei, estaríamos muito mal e não haveria policiais em número suficiente para vigiar todos os potenciais criminosos. A ausência da autoridade encarregada da aplicação da lei não legitima o crime.*
> *O alastrar-se da violência está sinalizando para uma desorientação cultural, em que há pouca adesão a referenciais éticos compartilhados, ou mesmo a falta deles. Valores altamente apreciáveis, como a vida humana, a dignidade da pessoa, o bem comum, a justiça, a liberdade e a honestidade caem por terra quando outros "valores" lhes são sobrepostos, como a vantagem individual a qualquer custo, a satisfação das paixões cegas, como o ódio, a avareza, a luxúria, a vaidade egocêntrica...*

A questão também pode ser posta como um tipo de carência de cidadania sistematizada em que a falta de consciência situacional coloca cada um como senhor de si, vivendo de acordo com suas próprias "leis" em um sistema de mais-valia individualista:

> *Princípios éticos tão elementares quanto essenciais, como "não faças aos outros o que não queres que te façam", ou os da invio-*

labilidade da vida humana, do respeito pela pessoa, do senso da justiça e da responsabilidade compartilhada perdem cada vez mais seu espaço para algo que se poderia qualificar como "pragmatismo individualista sem princípios".

Sua conclusão sinaliza para a necessidade urgente de valoração e reflexão sobre o alicerce sobre os quais estamos, como sociedade, construindo nosso futuro:

> *A conduta reta, ou o seu contrário, depende da educação; virtude e vício têm mestres e currículos próprios. Valores e princípios são ensinados e apreendidos; e a inteligência humana é capaz de reconhecê-los, de distinguir entre o que é bom e o que é mau. Por sua vez, a consciência pessoal e a vontade, quando bem esclarecidas e motivadas, inclinam-se para o bem e rejeitam o mal.*
> *A lei exterior, por si, é constritiva, porque vem acompanhada pela ameaça, não muito eficaz, do castigo e da pena. Eficácia maior da lei é garantida pela adesão interna e livre ao valor protegido por ela.(...) Por outro lado, há uma progressiva desconstrução dos referenciais éticos da conduta pessoal e coletiva. E contribuem para a erosão dos valores e para a desorientação da ética no convívio social a exaltação dos "heróis bandidos" e do "valentão mau caráter"; a espetacularização da violência; o mau exemplo que vem do alto; a impunidade, que leva a crer que o crime compensa; e também a exploração econômica da corrupção dos costumes e a capitulação do poder constituído diante do crime organizado, que ganha muito dinheiro com o comércio letal da droga.*

Mas ainda não conseguimos conceituar violência de modo satisfatório. Não passamos de alguns "riscos no verniz". Conseguimos problematizá-la, mostrar suas causas e suas consequências funestas, mas em nenhum momento chegamos próximos de traduzi-la.

Na realidade, seria muita pretensão de nossa parte tentarmos, em um capítulo, definir o que é violência. Talvez porque a violência seja mais facilmente sentida e observada do que definida. Talvez ela seja mais facilmente traduzida, por termos como, por exemplo, desesperança, ou por motivos, tais como a vingança, também chamada eufemisticamente de "justiça retributiva". Neste sentido, considero, entre tantos estudos sobre a violência, o ensaio de James Gilligan[34] o mais abrangente, desafiador, conclusivo e inovador. Logo no início de seu trabalho coloca, de maneira provocativa, a questão da moralidade:

> Se nos limitarmos ao modelo de discurso do processo criminal dos tribunais, somente duas questões sobre violência são admissíveis: como distinguir os inocentes dos culpados (os "homens bons" dos "homens maus"); e a culpa daqueles considerados insanos criminalmente (os "homens bons" dos "homens loucos"). O problema deste discurso é que limita nossa capacidade, seja de entender a violência, seja para preveni-la. (...) Cheguei à conclusão da necessidade de se trazer a discussão da violência para a arena interpretativa das tragédias, com a consciência de que toda tragédia encerra em violência e de que a violência em si é trágica. (...) A moralidade tenta reduzir a questão em "inocentes" versus "culpados" (os "homens bons" contra os "homens maus"). Isto é uma simplificação da complexidade humana em duas categorias morais, ou seja, o "bem" e o "mau". (...) A primeira lição que a tragédia ensina (e onde a moralidade comete um erro) é que toda violência é uma tentativa de alcançar a justiça (...) portanto, a busca para alcançar e manter a justiça, ou então para prevenir a injustiça, é uma das causas universais da violência.

Impressiona a serenidade das afirmações de Gilligan. O conceito de justiça por si carrega forte significado moral. Pessoas fazem "justiça com as próprias mãos" quando se sentem injustiçadas, desrespeitadas em seus direitos, na sua dignidade e nas suas convicções ideológicas. No *Dicionário Aurélio*[35], encontramos a definição segundo a qual justiça é a "virtude moral pela qual se atribui a cada indivíduo o que lhe compete: praticar a justiça".

---

[34] GILLIGAN, James. *Violence:* reflections on a national epidemic. New York: Vintage Books, 1996.

[35] Fonte: <www.dicionariodoaurelio.com>.

Gilligan continua, ainda mais provocativo:

> *Crime e punição são convencionalmente tratados como se fossem opostos, ainda que ambos sejam cometidos em nome da moralidade e da justiça, e ambos utilizem a violência como o meio pelo qual se obtêm os fins desejados. Não somente seus fins são idênticos, como também seus meios o são.*

O conceito de justiça é por demais subjetivo, atrelado à moralidade para ser aplicado nas situações cotidianas, no "calor dos acontecimentos" e por personagens envolvidos nas situações de restabelecimento da ordem e combate ao crime. Por isso mesmo existem as leis. Elas são as "balizas" daqueles que atuam nas "pontas de lança" do sistema. No livro *Charlie Oscar Tango – Por dentro do grupo de operações especiais da Polícia Federal*[36] procuramos abordar o tema de uma maneira prática:

> *O policial existe para reagir a uma violência e não para gerá-la. A sociedade espera que esse profissional de segurança pública resolva problemas e não crie mais instabilidade nas zonas onde atua. A palavra que me vem à mente é profissionalismo. Cumprir com seu dever sem ter a falsa ilusão de que é o grande tutor da sociedade, porque não é. Para julgar existe o Judiciário, para acusar existe o Ministério Público. Polícia faz cessar a agressão, prende, investiga, apresenta provas, restabelece a normalidade à sociedade e ponto final. A figura do vingador não combina com profissionalismo, com ética, moral e com a tão sonhada paz social. Para haver paz tem que haver justiça e não existe justiça sem lei. Seguimos a lei, ela é o trilho que nos conduz na ausência de luz.*

Para que não paire dúvidas sobre nosso ponto de vista, reforçamos que a ideia sobre o justo e o injusto é o mote de atitudes

---

[36] BETINI, Eduardo Maia; TOMAZI, Fabiano. *Charlie Oscar Tango – Por Dentro do Grupo de Operações Especiais da Polícia Federal*. São Paulo: Ícone Editora, 2009.

violentas, cabendo, pois, aos agentes da lei, evitar a aplicação da justiça na prática. Para estes, incumbe o dever de aplicar a lei e não o de fazer justiça. Esta, por sua vez, deve ser tratada como fim, nunca como um meio de satisfação do ego e de sentimentos individuais.

A sensação de injustiça aumenta, como dito anteriormente, em comunidades onde os fatores macrossociais são desnivelados ou insuficientes. Não é a toa que Gandhi disse que "a pobreza é a maior forma de violência". Podemos confirmar sua assertiva por meio da Análise Criminal onde facilmente constatamos a estreita ligação entre tais fatores macrossociais, como, por exemplo, desenvolvimento econômico, urbanização, inovações tecnológicas e educação geral e criminalidade.

Podemos traduzir ou explicar a pobreza de muitas formas, uma delas é a carência de justiça social. Quase sempre o conceito de justiça vem carregado com significados ideológicos implícitos.

Acabamos por nos concentrar em distinções morais e ideológicas e nos esquecemos do significado da violência: o sofrimento humano. O jornalista Larry Rohter[37] descreve de maneira sucinta e precisa a questão afirmando, sobre exilados políticos oriundos de países distintos e de regimes antagônicos, que, "através dela, cheguei a entender que a coloração ideológica é menos importante que o sofrimento humano que ela causa em nome de um culto à personalidade ou de metas e benefícios gerais que se revelam ilusórios".

No que diz respeito à atividade policial e ao uso da força, temos algumas correntes que tratam do assunto de maneira similar, com algumas diferenças, mais em questões semânticas do que referentes à filosofia orientadora do trabalho policial. Existem aqueles que afirmam que a polícia possui o "monopólio do uso da força", outros que dizem que a polícia é apta a utilizar a "violência legítima", outros que dizem ser o "uso da força legítimo", negando o conceito de violência anterior.

---

[37] ROTHER, Larry. *Deu no New York Times – O Brasil segundo a ótica de um repórter do jornal mais influente do mundo*. Rio de Janeiro: Editora Objetiva, 2008.

Eufemismos à parte, acreditamos que o mais importante é a intenção e, como dissemos anteriormente, a fidelidade doutrinária à filosofia orientadora do trabalho policial. Afinal de contas, "no que diz respeito à violência policial, poder-se-ia argumentar que se trata de algo inevitável, inerente às funções da polícia" (Benoni Belli, p. 4). Como dissemos antes, é uma questão de se definir se utilizamos a palavra violência ou as palavras para uso legítimo da força ou qualquer outra combinação. Voltamos a insistir que a intenção por trás da ação deve ser, neste ponto, valorada. E Belli continua:

> *A dimensão da violência inerente à função policial é aquela formalmente aceita pelo conjunto da sociedade como estritamente necessária para a aplicação universal da lei. Trata-se, portanto, de uma violência regulada por estatutos legais.*

Achamos demasiada a preocupação demonstrada por alguns autores de extirpar do contexto das publicações o termo violência policial, no seu aspecto legítimo. Parece-nos, ao contrário de parte da doutrina, sensata a afirmação de Jorge da Silva[38]:

> *O Estado intervém, com violência legítima, quando um cidadão usa a violência para ferir, humilhar, torturar, matar outros cidadãos, de forma a garantir a tranquilidade. É a lógica da violência legítima contendo a violência ilegítima.*

Concluímos desnecessário gastarmos tempo e energia na tentativa de negar um conceito que percebemos não equivocado, ou seja, o conceito de violência em relação ao uso legítimo da força.

---

[38] SILVA, Jorge da. *Violência Urbana e suas Vítimas.* Caderno de Polícia nº 20 – Polícia, Violência e Direitos Humanos. Polícia Militar do Estado do Rio de Janeiro. Rio de Janeiro, 1994.

Entendemos, apesar de nosso apreço pela obra, pelo profissional e pelas treze reflexões, ser parcialmente correta a afirmação de Balestreri, dando conta, na 6ª reflexão, de que:

> A fronteira entre a força e a violência é delimitada, no campo formal, pela lei, no campo racional pela necessidade técnica e, no campo moral, pelo antagonismo que deve reger a metodologia de policiais e criminosos. Concordamos, entretanto, com o postulado de que "o uso legítimo da força não se confunde, contudo, com truculência".

Contudo, buscamos esteio no trabalho de David Bayley (Padrões de Policiamento, 2006, p. 21), no qual afirma, quanto ao uso da força, que "a diferença entre força policial e criminosos é uma questão de discernimento". Nesse ponto fica claro que, em algumas situações, a metodologia poderá ser a mesma entre criminosos e policiais, por mais absurdo que isso pareça. Estamos falando de casos específicos, não do contexto geral e de situações em que os métodos sejam parecidos, contudo, são extremamente distintos os fins dos métodos empregados.

Para tornar o raciocínio mais palpável, pensemos em um exemplo prático. Imagine um assalto a banco, onde os criminosos utilizem uma metodologia militar de assalto tático, ou, pelo menos, elementos desta. Ficaria, em alguns pontos, muito difícil diferenciá-la da ação da polícia, como, por exemplo, de um grupo tático, em uma operação visando combater este tipo de ação.

Em algumas situações a metodologia pode ser até a mesma, sendo distinto, pois, os objetivos. Os infratores visam ao cometimento de um crime e os policiais visam evitar que o crime seja cometido, atuando preventiva ou repressivamente com vistas a prendê-los.

De outro modo, quando concentramos nosso raciocínio em buscar um total antagonismo entre as metodologias, corremos o risco de focarmos nos meios e não nos fins buscados pela atividade policial. Também não é nossa intenção pregar algum tipo de raciocínio maquiavélico do tipo: "os fins justificam os meios". Só não achamos interessante limitarmos sobremaneira os meios passíveis de serem empregados pelas forças da lei. Nosso objetivo é, ao contrário, proporcionar um número maior de ferramentas, um instrumental robustecido que permita ao policial, de maneira técnica e sensata, escolher a melhor opção a ser utilizada em determinadas circunstâncias.

Acreditamos que este tipo de raciocínio, focado na limitação metodológica em relação ao rol de equipamentos disponíveis e mesmo aos procedimentos operacionais padronizados, a médio e longo prazos, induza o policial a um comportamento excessivamente passivo diante das circunstâncias que se apresentam no dia a dia, além de abrir a possibilidade para cercearmos em demasia o rol de ações e métodos adotados pelas forças da lei.

Neste ponto, achamos indispensável a busca pelo "meio-termo de ouro" para que não corramos o risco de, à luz do que preconizou Thomas Aveni, deixarmos nossos policiais com um "menu" por demasia restritivo quanto às ações que possam e devam tomar no desenvolvimento de suas ações cotidianas. Pensamos ser fundamental a elaboração de procedimentos operacionais padronizados e a uniformização de doutrina entre os agentes da lei. Contudo, o processo deve deixar uma margem de escolha para que o agente aplique as técnicas e escolha os instrumentos da maneira mais segura para o desenvolvimento de sua atividade e que atente ainda aos princípios de simplicidade e propósito.

Finalmente, temos plena consciência da posição ocupada pela polícia como instituição republicana. Quando contrastamos o raciocínio de Max Weber[39] com o de David Bayley ("Padrões de Policiamento"), chegamos a uma interessante conclusão. O primeiro, quando define o Estado moderno, afirma ser "uma comunidade humana que pretende, com êxito, o monopólio do uso legítimo da força física dentro de um determinado território". O segundo aponta como quesitos caracterizadores da polícia a atividade interna (nos limites territoriais do Estado), autorização coletiva da comunidade e o uso da força. Resumidamente: atividade interna, autorização coletiva

---

[39] WEBER, Max. *Ensaios de Sociologia*. Rio de Janeiro: Editora Guanabara, 1982.

e uso da força caracterizam uma organização como policial. Como já dissemos anteriormente, o conceito de polícia moderna, por sua vez, requer uma atividade especializada, profissional e mantida por meio de recursos públicos. Das proposições de Bayley, Weber e do conceito de policiamento moderno de Peel, concluímos que a polícia provê o Estado com elementos essenciais a sua sobrevivência, dentro de um Estado Republicano, como o Brasil, verdadeira organização garantidora e promotora do Estado Democrático de Direito, como tem se mostrado as polícias no Brasil, a exemplo de inúmeras ações contra a corrupção, o crime organizado e o narcotráfico, por exemplo.

De acordo com o Cel. John Alexander, "forças militares e policiais, ambas empenhadas na manutenção da paz, vêm corajosamente tentando cumprir suas missões, ao mesmo tempo em que restringem o uso da força ao necessário para atingir seus objetivos". E que objetivos são estes? Segundo João B. Lodi[40] objetivo "é um enunciado escrito sobre resultados a serem alcançados num período determinado". No caso da polícia, estes enunciados escritos são as normas legais constantes de nosso ordenamento jurídico. O uso da força segue, pois, os ditames impostos pela lei e somente para garantir a aplicação desta ou sua manutenção é que se justifica sua aplicação.

1.6. Níveis de força

O Uso Diferenciado da Força consiste na adequação, na perfeita correlação entre a ação criminosa e a reação policial. Para tanto, utiliza o raciocínio cartesiano[41], transforma a questão do uso da força em uma proposta técnico-científica fundamentada no uso da razão. Podemos dividir o processo em quatro fases distintas, quais sejam, divisão, síntese, análise e enumeração. Quando partimos o gênero em espécies distintas, agrupadas em níveis, iniciamos

---

[40] LODI, João Bosco. *Administração por objetivos, uma crítica*. Santa Catarina: Editora Pioneira, 1972.

[41] DESCARTES, René. *Discurso do Método*. São Paulo: Editora L&PM, 2009.

a divisão. O processo subsequente é a síntese, isto é, a definição clara e objetiva da filosofia orientadora presente em cada nível da força. O processo de análise trata de estabelecer, de acordo com as características investigadas e definidas na síntese, um rol, uma escala lógica de gradação da força. Finalmente, a enumeração trata de conceituar por meio de enunciados lógicos, claros e concisos, os níveis de força que compõem cada estrutura básica em relação ao uso da força.

De acordo com a SENASP (Curso de Uso Progressivo da Força – EAD), "o ponto central na teoria do uso progressivo da força é a divisão da força em níveis diferentes, de forma gradual e progressiva (...) Os níveis da força apresentam cinco alternativas adequadas do uso da força legal como formas de controle a serem utilizadas pelos policiais". São eles:

> **Nível 1** – *Presença física: a mera presença do policial uniformizado, muitas vezes, será o bastante para conter um crime ou contravenção ou ainda para prevenir um futuro crime em algumas situações (...) pois, a presença do policial é entendida legitimamente como a presença da autoridade do Estado;*
>
> **Nível 2** – *Verbalização: baseia-se na ampla variedade de habilidades de comunicação por parte do policial, capitalizando a aceitação geral que a população tem da autoridade;*
>
> **Nível 3** – *Controles de contato ou controle de mãos livres: trata-se do emprego de talentos táticos por parte do policial para assegurar o controle e ganhar cooperação (...) compreende-se em técnicas de condução e imobilizações, inclusive por meio de algemas;*
>
> **Nível 4** – *Técnicas de submissão (Controle Físico): emprego de força suficiente para superar a resistência ativa do indivíduo, permanecendo vigilante em reação aos sinais de um comportamento mais agressivo. Nesse nível podem ser utilizados cães, técnicas de forçamento e agentes químicos mais leves;*
>
> **Nível 5** – *Táticas defensivas não letais: é o uso de todos os métodos não letais, por meio de gases fortes, forçamento de articulações e uso de equipamentos de impacto (cassetetes, tonfa).*

Nível 6 – *Força Letal: ao enfrentar uma situação agressiva que alcança o último grau de perigo, o policial deve utilizar táticas absolutas e imediatas para deter a ameaça mortal e assegurar a submissão e controle definitivos.*

É uma excelente classificação. Segue os padrões internacionais, principalmente sugeridos pelo Sargento George Godoy, da polícia de Denver, EUA. Ressaltamos, contudo, algumas pequenas observações, sem, entretanto, alterar sua natureza. O principal ponto de divergência cinge-se à adoção de dois níveis da força (4º e 5º) com natureza idêntica. Pensamos ser desnecessária tal divisão, podendo ser suprimida e substituída pela utilização de acordo com as especificações técnicas dos instrumentos de menor potencial ofensivo (equipamentos, armas e munições), além de bom-senso dos agentes envolvidos nas questões do uso da força, sejam os policiais, sejam aqueles que controlam externamente suas atividades (Ministério Público) os responsáveis por julgar suas ações (Judiciário) ou a sociedade em geral.

Resumidamente, o nível de força a ser utilizado é uma resultante da ação dos indivíduos suspeitos e das circunstâncias de risco. Depende, grandemente, do nível de confiança do agente da lei, pois, quanto maior o nível de confiança, menor a tendência para se utilizar força excessiva. A tendência natural, desde que o agente da lei não sofra de alguma patologia mental, de alguma psicopatia, é de que, com o nível de confiança aumentado, apresente um padrão de comportamento de tentar evitar o uso da força, ser capaz de decidir por usá-la quando necessário e, neste caso, fazê-lo com conhecimento. E o nível de confiança necessário ao trabalho policial é resultado de quatro fatores, a saber, o nível de treinamento, o conhecimento de técnicas, a experiência e a disponibilidade de instrumentos (equipamentos, armas e munições, tanto letais como de menor potencial ofensivo).

Nível 1 – Presença policial

Considerada a melhor maneira de se resolver uma situação que demande a intervenção do Estado. Com a verbalização, é responsável pela resolução da maioria absoluta das situações envolvendo encontros entre a população, incluindo cidadãos infratores e agentes da lei. Muito do que trataremos na abordagem acerca do Nível 1 do uso da força estará relacionado com o Nível 2. Isto porque na situação real não existe separação entre ambos. Geralmente ocorrem de maneira simultânea e interativa. Dividimos, pois, em níveis simplesmente para facilitar o estudo, como dissemos acima.

O conceito envolvido da prevenção baseia-se em grande parte na constatação de Albert Mehrabian de que, no processo de comunicação, as palavras respondem, aproximadamente, por 7% da mensagem recebida, enquanto a fala, por 38%, e a expressão facial, 55% do processo de comunicação. Daí, podemos concluir que grande parte do processo de comunicação será proveniente de outras fontes que não exatamente as palavras. É o que conhecemos por LNV (Linguagem Não Verbal). Lógico que estas porcentagens variam de acordo com a cultura, modos de expressão e características de cada povo.

Em relação à porcentagem de linguagem não verbal existente no processo de comunicação como um todo, pode haver variações da ordem de até 93%, e a grande maioria permanece em 70%, de acordo com o sítio da entidade "Exploring Nonverbal Communication[42]" (Explorando a Linguagem Não verbal). Esta constatação é de fundamental importância, pois nos auxilia dimensionar a importância da postura e de outras características relacionadas à maneira como o policial se apresenta à sociedade, tais como apresentação pessoal, gestos, pronúncia e entonação das palavras ("paralinguagem" vocal), expressão facial, movimentos corporais e "toques", olhar, além dos interessantíssimos conceitos da influência do "espaço pessoal e território" no processo de comunicação. Existe, pois, uma variedade enorme de "canais" de comunicação não verbais. Um dos canais é o uniforme policial, que possui tanto uma característica funcional

---

[42] Disponível em: <www.nonverbal.ucsc.edu>.

quanto um propósito de emitir uma mensagem, isto é, comunicação. Argyle et al.[43] (1970) concluíram que enquanto a linguagem falada é normalmente usada para a comunicação no sentido de informar sobre eventos externos aos indivíduos envolvidos no processo, os códigos não verbais são usados para estabelecer e manter relações interpessoais. Ainda de acordo com as pesquisas de Michael Argyle[44] (1988), podemos classificar em cinco as funções do "comportamento não verbal":

    1. Expressar emoções – *as emoções são expressadas principalmente por meio da expressão facial, corporal e da entonação da voz;*

    2. Expressar e comunicar as atitudes interpessoais – *o estabelecimento e manutenção de relacionamentos é muitas vezes obtido pela linguagem não verbal;*

    3. Dar suporte aos discursos – *a vocalização e os comportamentos não verbais são sincronizados com a fala;*

    4. Apresentação pessoal – *é a maneira como a pessoa se apresenta através da aparência que resolve adotar;*

    5. Rituais – *uso de cumprimentos, saudações e outros rituais.*

Concluímos, então, que de tudo o que falamos, as palavras representam meros 7% do que se decodifica em relação ao real teor da mensagem, e que, de tudo o que expressamos, 70% é não verbal.

Nível 2 – Comandos verbais ou verbalização

Neste nível de força, o agente da lei trabalha com a combinação da presença visual e o uso da voz. Trata-se de uma poderosa técnica, por meio da qual, talvez, resolva-se a maioria esmagadora dos incidentes entre a população e a polícia.

---

[43] ARGYLE, M.; SALTER, V.; NICHOLSON, H.; WILLIAMS, M.; BURGESS, P. The communication of inferior and superior attitudes by verbal and non-verbal signals. *British Journal of social and clinical psychology*, 1970.

[44] ARGYLE, M. *Bodily Communication*. 2nd ed. New York: Methuen, 1988.

Outro fator comumente esquecido quando se trata de comunicação é o tempo. O que em inglês é definido como *timing*, ou seja, espécie de relação entre o tempo e o espaço, ou o tempo e as demais ações. Saber falar, se expressar é importante, mas fazê-lo de acordo com as demais ações, em perfeita sincronia com o ambiente e com os seres humanos nele inseridos é praticamente uma arte. Algo, pois, para o qual, demanda-se não somente técnica, mas também talento. O processo de comunicação é caracterizado por haver um emissor, que utiliza um código, que, por sua vez, deverá ser decodificado por um receptor, o ouvinte. Portanto, é necessária a sincronização entre ambos, emissor e receptor. As palavras podem ser sussurradas, gritadas ou utilizadas normalmente. Devemos buscar sempre, em situações estressantes, como uma abordagem policial pode ser definida em razão de sua atuação no âmbito da liberdade individual, o agente da lei deve priorizar a adoção de comandos curtos. Lembramos, novamente, que solucionar conflitos e negociar são atividades inerentes ao trabalho policial. Portanto, os agentes da lei, no exercício de suas atribuições, com fulcro na manutenção da lei e na preservação da ordem, devem, sempre que possível, buscar negociar, mediar, persuadir e resolver conflitos.

O tratamento dispensado a qualquer cidadão, seja infrator ou não, deve ser digno e respeitoso. Seja firme e austero. Utilize a "Técnica do CD Riscado" que consiste em repetir várias vezes o mesmo comando, elevando-se e reduzindo o volume da voz, de acordo com a reação do infrator. Lembre-se que ameaçar verbalmente o suspeito pode gerar reação e agravamento da situação. Jamais faça promessas que não poderá cumprir, do tipo: "Pare ou eu atiro!" Não prometa o que você não pode cumprir, lembre-se de que, via de regra, a lei não o autoriza a atirar em uma pessoa simplesmente porque se negou a cumprir seu comando. É o tipo de situação que policial nenhum precisa passar. Ou você atira, cumprindo sua "promessa" e arrisca perder a sua liberdade, ou você não atira e corre o risco de "cair em descrédito". Use as palavras com esmero e cuidado. Quando estiver emitindo comandos, utilize os verbos no modo imperativo. Procure modular o nível da voz de modo a induzir o suspeito a cumprir suas ordens. Aumente o tom de voz quando seus comandos não forem cumpridos e prontamente reduza quando forem. Procure manter a calma e a respiração. Lembre-se, se você não controla sua respiração ela controla você. Jamais "bata boca", não discuta com o suspeito, não é sua função entrar em diálogos e debater sobre o que está acontecendo, mantenha sempre o domínio da situação, não vacile. Jamais ameace o suspeito. Cuidado com o que se convencionou chamar "desafio verbal do local", ou seja, algumas abordagens são difíceis de se fazer justamente por estarmos em um ambiente barulhento, onde a voz do policial não seja suficiente para prevalecer e se fazer ouvir. Treine verbalização! E, o mais importante, controle o suspeito. Mantenha o "escaneamento" em busca de ameaças. Divida as funções da sua equipe, adotando, sempre que possível, um dispositivo com segurança em 360°. Evite cair na armadilha de se preocupar somente com as mãos do suspeito.

Quando cursei a Academia Nacional de Polícia, havia um instrutor que costumava dizer: "Cuidado com as mãos! Mãos matam!" Atualmente, o processo de "escaneamento" que procuramos realizar é o adotado por Paul Howe[45], dividido em três frentes: 1º) observe o ambiente como um todo; 2º) observe o olhar e a expressão facial do suspeito, eles podem revelar muito a respeito de suas reais intenções; 3º) controle as mãos do suspeito e mantenha a atenção na região da sua cintura, inclusive na parte posterior, onde ele pode guardar uma arma.

Nível 3 – Controle manual

Trata-se, na realidade, do primeiro nível de força que demanda a utilização de força física. Em alguns casos somente as palavras não possuem o condão de solucionar os impasses e faz-se necessária uma atuação um pouco mais "contundente". Para tanto, faz-se mister a adoção de uma doutrina que proporcione ao agente da lei utilizar, com efetividade e eficiência, as técnicas de combate corpo a corpo

---

[45] Instrutor sênior, chefe de equipe e *sniper* das Forças Especiais Norte-americanas, onde atuou por 10 anos. Serviu no US Army por 20 anos. Possui 3 anos de experiência no trabalho policial. Fonte: <www.combatshootingandtactics.com>.

(C3). Tamanha a importância dada a esta disciplina pode ser observada pela formulação de um capítulo específico, a ser tratado mais adiante, sobre o tema. Portanto, não nos deteremos, nos limitando, neste momento, a definir superficialmente as técnicas a serem adotadas no Nível 3 do uso da força. Caso o leitor queira, neste ponto, aprofundar o estudo do tema, sugiro que adiante o estudo, seguindo para o capítulo referente ao C3.

Observando treinamentos e cursos, salta aos olhos a maneira como esta disciplina é negligenciada. Ao longo dos anos nos acostumamos, quando éramos enviados a missões de treinamento, a ouvir coisas como: "Pra que treinar defesa pessoal? Meu negócio é dar tiro!" ou: "Minha luta é isso aqui!" algum policial apontava para sua arma enquanto falava. Nessas horas utilizávamos uma estratégia, apontávamos para um policial e perguntávamos:

— Você... quantos disparos você teve que fazer como policial?

— Nenhum!

Apontávamos para outro e outro e assim por diante. Sempre havia um que respondia já ter efetuado alguns disparos, aí continuávamos:

— E quantas pessoas você já prendeu?

— Muitas!

— Prendeu mais do que feriu ou matou?

— Com certeza!

E finalizávamos:

— Então, senhores e senhoras, podemos concluir que em nossa carreira policial nós usamos muito mais as técnicas de imobilização e algemamento e demais técnicas do C3 do que as de tiro... não que o tiro seja menos importante, porque quando você tiver que usar sua arma de fogo, terá que fazer direito... é que existem outras coisas que também devemos treinar, não somente tiro!

Todos concordavam. Abraham Maslow afirmou que "para quem somente tem um martelo, todo problema será tratado como prego".

Na realidade, o que o C3 faz por você é servir como uma "caixa de ferramentas", auxiliando-o na adoção de técnicas e procedimentos amparados pela doutrina do Uso Diferenciado da Força.

Nível 4 – Instrumentos de Menor Potencial Ofensivo (IMPO)

Pensamos ser desnecessária a classificação em "Controle Físico" e "Táticas Defensivas Não Letais" (Níveis 4 e 5 da classificação constante no material da SENASP) por entendermos, além de inútil, confusa para a utilização em situações reais. Como exemplo, utilizaremos a aplicação de um agente químico, o CS (Ortoclorobenzalmalononitrila), o gás lacrimogêneo mais utilizado atualmente pelas forças policiais e pelas empresas de segurança privada nacionais. Na classificação atual, recomenda-se a aplicação de "agentes químicos mais leves" no Nível 4, e no Nível 5, o controle do indivíduo "através de gases fortes". Tecnicamente estes termos são esvaziados de significado. Explicaremos amiúde. Por exemplo, sabemos que as três principais características a serem observadas por um agente da lei, quando da utilização de um agente químico são, de uma maneira bem prática e não muito detida, a concentração, a persistência e a hidrólise. Quanto à concentração, sabemos que ela poderá ser inquietante, efetiva e letal. Lembramos que este tema será devidamente tratado no capítulo apropriado e que simplesmente o estamos utilizando como um "gancho" para uma explicação mais geral. Para o uso policial, a concentração letal é totalmente indesejável e, muito provavelmente, só venha a ocorrer em situações criminosas, seja na modalidade dolo ou culpa. Em relação às demais, ou seja, à concentração inquietante, pensamos coincidir, na sua natureza, com o que o Nível 4 chama de "agentes químicos mais leves", e a concentração denominada "efetiva" pensamos coincidir com o que o Nível 5 classifica como passível da solução "através de gases fortes". Seria complicado para o policial e, particularmente, nunca vi um espargidor de agente químico com a especificação de "agente químico mais leve ou gás forte". São sempre os mesmo produtos, com os mesmos princípios ativos, que devem ser aplicados de acordo com a melhor técnica a fim de proporcionar o resultado esperado. Portanto, pensamos desnecessária a classificação em seis níveis da força, preferindo, de acordo com o enunciado na "Lei de Hick", já mencionada anteriormente, trabalharmos com cinco níveis do uso da força, guardando especial atenção ao nível 5, por se tratar da utilização dos "IMPO". Por conseguinte, faremos o mesmo neste livro, reservando os capítulos referentes a Instrumentos de Menor Potencial Ofensivo (equipamentos, armas e munições) e Agentes Químicos para tratarmos mais detidamente das melhores técnicas e instrumentos a serem utilizados de acordo com a doutrina do UDF.

Nível 5 – Força letal

Por mais que ninguém deseje utilizar a força letal, por mais que não queira tirar a vida de alguém, quando opta por ser um policial estas questões, sejam elas de ordem filosóficas, religiosas ou morais, precisam estar muito bem resolvidas, muito antes de o policial estar inserido em um contexto onde, efetivamente, um confronto possa ocorrer, mesmo sendo baixa a probabilidade. Aliás, neste ponto, gostaríamos de fazer uma breve reflexão sobre as probabilidades estatísticas. Deixamos claro, quando tratamos brevemente do tema "Análise Criminal", o quanto pensamos ser importante este ramo das ciências policiais. Contudo, uma ressalva deve ser feita, e ela trata do cerne, da raiz desta questão, ou seja, a estatística. Estatística é uma ferramenta auxiliar na elaboração de políticas públicas, assim como na escolha dos procedimentos operacionais padronizados, além de outros fatores de ordem programática. Nada mais. Na realidade dos fatos, quando sua vida está em jogo, ou a de alguém que você ama, falar em estatística não nos diz nada. Isto porque o conceito de vida é por demais absoluto para ser relativizado por meio de fórmulas matemáticas. Portanto, de nada adianta você se "garantir" por uma estatística (neste caso, fictícia) do tipo: "99,99% dos policiais passam a vida profissional sem se envolverem em um tiroteio letal". Ótimo! Esta é uma excelente estatística ...caso você não seja o 0,01%. O que queremos dizer com isso? Simplesmente que você não pode pautar sua vida profissional em estatísticas otimistas. A marca de 99,99% pode parecer inicialmente muito boa, mas de nada adianta se você for o 0,01%. Portanto, a única saída é treinar, manter o preparo físico, o treinamento visa a desenvolver habilidades e atitudes que o mantenham vivo e a manter um condicionamento mental condizente com a atividade policial.

Devemos admitir e interiorizar uma postura adequada, conscientes de que, em algumas situações, utilizar a força letal pode, simplesmente, ser uma consequência natural do trabalho policial. Existe uma grande tendência que a questão do treinamento de tiro com armas de fogo seja negligenciada no contexto do uso diferenciado da força. Trata-se, pois, de um tremendo engano. O policial com treinamento adequado no tiro possui um nível de confiança mais elevado, reduzindo as possibilidades de, por medo ou insegurança, utilizar prematuramente a arma de fogo em uma situação qualquer onde outro nível do uso da força seria suficiente para solucionar o imbróglio. Além disso, a habilidade no tiro poupa a sociedade das terríveis "balas perdidas", como são vulgarmente conhecidos os projéteis de arma de fogo que erraram seu alvo e acabaram atingindo terceiros. A polícia bem treinada e habilidosa nas técnicas de tiro ganha em eficácia e eficiência. Portanto, mesmo tratando-se de Uso Diferenciado da Força, é de fundamental importância o treinamento em disciplinas como "Armamento e Tiro", "Armas e Munições" e "Tiro Tático", por exemplo. Acreditamos, neste contexto, contar com excelentes técnicas e profissionais que, há algum tempo, buscam aliar o treinamento de tiro com a fase pré-confronto e a fase pós-confronto, esta última leia-se consequências do evento uso da arma de fogo. Como exemplo, citamos o método Giraldi[46]. Apesar de haver pequenas diferenças com respeito à técnica específica de tiro, que na realidade não traz qualquer consequência danosa ao treinamento, acreditamos tratar-se de um excelente exemplo de técnica interativa e integrativa das demais técnicas constantes na doutrina de Uso Diferenciado da Força. De acordo com o Coronel, "o uso da arma de fogo de forma incorreta, por parte do policial, pode provocar cinco tragédias distintas, sendo: crises na polícia, desmoralização do Estado, desrespeito aos direitos humanos, morte do policial ou perda da liberdade do policial". Lógico que, implicitamente, o uso da arma de fogo de maneira incorreta pelo policial penaliza a sociedade, seja

---
[46] Nilson Giraldi. Coronel da Polícia Militar do Estado de São Paulo, criador do "Método Giraldi de Tiro Defensivo para a Preservação da Vida".

vitimando inocentes, seja provocando o declínio moral das nossas estruturas democráticas ou onerando ainda mais nossas já castigadas malha penal e justiça criminal.

1.7. Princípios do uso da força

Os princípios do uso da força decorrem de outros metaprincípios decorrentes dos Direitos Humanos. O que apresenta maior peso, sem dúvida, é o da dignidade da pessoa humana. Os princípios da Legalidade, Necessidade, Proporcionalidade, Moralidade (incluído pela Portaria 4.226 de 31 de dezembro de 2010) e Conveniência (ou Ética) deverão ser observados de maneira rotineira, como pressupostos essenciais ao uso de força pelos agentes do Estado. Sobre a proporcionalidade, Celso Antônio Bandeira de Mello[47] é elucidativo: *"uma ação proporcional pode ser definida como "aquela que não vai nem mais além, nem mais aquém para o fim a qual se propõe".* Existe uma clara sobreposição de princípios, na tentativa de se propiciar maior segurança jurídica aos atos que envolvam a gestão da força.

A legalidade, um dos alicerces do Garantismo, é, sem sombra de dúvida, o princípio mais importante. A necessidade de limitar as ingerências do Estado na vida do cidadão, principalmente quanto ao tema abuso de poder, constitui um avanço em favor da sua liberdade.

Segundo Ferrajoli[48], *o princípio da legalidade é uma solução para a histórica antítese entre a liberdade do homem e o poder estatal.*

Assim, mesmo que o Estado tenha total poder de criar o direito, sofre ele uma limitação neste mesmo direito.

Para José dos Santos Carvalho Filho[49]:

---

[47] MELLO, Celso, A. B. de. *Curso de Direito Administrativo.* 27. ed. São Paulo: Editora Malheiros, 2010.

[48] FERRAJOLI, Luigi. *Direito e Razão:* teoria do garantismo penal. São Paulo: Revista dos Tribunais, 2002, p. 7.

[49] FILHO, José dos Santos Carvalho. *Manual de Direito Administrativo.* 21. ed. Rio de Janeiro: Lumen Juris, 2009, p. 19.

O princípio da legalidade é certamente a diretriz básica da conduta dos agentes da Administração. Significa que toda e qualquer atividade administrativa deve ser autorizada por lei. Não o sendo, a atividade é ilícita.

Tal postulado, consagrado após séculos de evolução política, tem por origem mais próxima a criação do Estado de Direito, *ou seja, o Estado deve respeitar as próprias leis que edita.*

Nesse sentido, o Estado só está legitimado a agir, utilizando-se da força, quando autorizado pela lei e dentro dos limites impostos por essa mesma lei.

Ocorre que, muitas vezes, diante de conflitos e objetivando fazer cumprir a lei e manter a ordem, os agentes do Estado utilizam-se de meios desproporcionais ou desnecessários. Significa dizer que, apesar de não haver uma regra quando o assunto é aplicação do uso da força para conter conflitos, principalmente porque cada um deles envolve uma análise isolada, o fato é que o agente do Estado deve examinar, em cada momento, a gravidade da situação e o objetivo legítimo a ser alcançado.

É aqui que se entremeiam as questões referentes à legalidade, proporcionalidade e ética dos agentes do Estado.

Não é de hoje que essa relação Estado, Agente e Sociedade desperta interesse. Desde Kelsen, afirmando que o Estado detinha o monopólio do uso da força ou o poder de indicar quem poderia fazer uso dela, passando por Hobbes, que declarava que a necessidade de monopólio tinha por finalidade evitar o desmoronamento das relações sociais numa guerra de todos contra todos, resta nos dias de hoje a necessidade de reestudar a atuação do Estado diante dos conflitos sociais evidenciados.

Como afirmou Georg Jellinek, em sua máxima clássica, que *não se abatem pardais disparando canhões.* Essa frase foi dita pelo jurista em um simpósio sobre direito de polícia, realizado em 1791, na França. Na ocasião, pós-Estado Absolutista, discutia-se o fim do Estado-Polícia e os novos contornos do Estado Democrático. Ao proferir essa frase, o jurista afirmava a necessidade de os agentes do

Estado, diante de conflitos, escolherem o meio menos gravoso para restabelecer a ordem. Como se vê, ainda no século XVIII, discutia-se o uso diferenciado da força sobre o critério da proporcionalidade.

Entretanto, o fato é que a legalidade por si só não serve como critério absoluto para a atuação do Estado. A legitimação de seus atos, apesar de baseada na lei, acima de tudo deve se nortear pela necessidade e suficiência das medidas adotadas para a resolução dos conflitos.

É imperioso reconhecer que não existem problemas padronizados a requerer soluções padronizadas. A aplicação da lei não pode ser absoluta, devendo o agente do Estado possuir a capacidade de avaliar a situação e escolher dentre os meios legais a utilização daquele que seja necessário e adequado para pôr fim ao conflito.

Os princípios devem permear-se, buscando o respeito aos direitos fundamentais.

Apesar de tratarmos sobre a necessidade e adequação da atuação estatal, verifica-se que essas são duas das três máximas do princípio da proporcionalidade que, nos termos da doutrina e jurisprudência pátrias, têm por função salvaguardar os direitos fundamentais contra a ação do Estado que impõe limites a eles.

Apesar de tal princípio ter recebido ênfase por parte da doutrina e dos Tribunais, implicando um maior controle jurisdicional sobre a atividade do Estado, principalmente sobre aqueles atos que envolvam os juízos discricionários e de valoração, o próprio Estado, na formulação de ações de uso da força, deve levá-lo em conta, evitando o exercício abusivo de suas prerrogativas.

A origem do princípio da proporcionalidade é discutida pela doutrina. Inclusive porque hoje alguns se utilizam dos termos razoabilidade e proporcionalidade como expressões sinônimas. Para Luis Roberto Barroso[50]:

---

[50] BARROSO, Luis Roberto. *Curso de Direito Constitucional Contemporâneo*. São Paulo: Saraiva, 2009, pp. 255-256.

O princípio da razoabilidade ou da proporcionalidade, no Brasil, tal como desenvolvido por parte da doutrina e, também, pela jurisprudência, inclusive do Supremo Tribunal Federal, é o produto da conjugação de ideias vindas de dois sistemas diversos: (i) da doutrina do devido processo legal substantivo do direito norte-americano, onde a matéria foi pioneiramente tratada, e (ii) do princípio da proporcionalidade do direito alemão.
(...)
Sem embargo da origem e do desenvolvimento diversos, um e outro abrigam os mesmos valores subjacentes: racionalidade, justiça, medida adequada, senso comum, rejeição aos atos arbitrários e caprichosos.

Na mesma esteira de pensamento, Bernardo Gonçalves Fernandes[51]:

Fato é que a metodologia (critério) de "proporcionalidade" tem seu desenvolvimento nos trabalhos do Tribunal Constitucional alemão e, nessa perspectiva, é muito mais complexa que a noção tópica de "razoabilidade", pois envolve mais que uma simples pauta que sugere que os atos estatais devem ser razoáveis a partir de uma relação simples de meio-fim. Isso porque ela se desenvolve a partir de três sub-regras (postulados ou máximas, para alguns autores) independentes, mas obrigatoriamente observadas em sequência: (1) adequação, (2) necessidade e (3) proporcionalidade em sentido estrito.

Em uma análise mais pontual dessas sub-regras descritas pelo autor acima, a maioria da doutrina entende a adequação como sendo algo apto a alcançar o resultado pretendido. É uma relação entre meio e fim. Nesse ponto, enfatize-se um aspecto importante: princípio do devido processo legal proporcional. Deve-se analisar se o direito foi restringido por lei de forma adequada, proporcional. Para Bernardo Gonçalves Fernandes, *trata-se de uma compreensão*

---
[51] FERNANDES, Bernardo Gonçalves. *Curso de Direito Constitucional.* Rio de Janeiro: Lumen Juris, 2010, p. 193

(apesar de majoritária na doutrina nacional) equivocada da sub-regra (ou máxima), derivada da tradução imprecisa do termo alemão "fördern" como alcançar, ao invés de fomentar, o que seria mais correto.

O que o doutrinador quis dizer, com base em uma interpretação literal, é que meio adequado é aquele caracterizado como um produtor do resultado pretendido, já que é o mesmo que fomenta tal resultado. O meio passa, portanto, a ter importância ímpar na medida em que agrega em si a capacidade de legitimar ou não uma conduta, por torná-la ora proporcional e desejada, ora desproporcional e proibida.

Necessidade, a seu termo, relaciona-se com uma determinação para o Estado para que eleja sempre a forma menos gravosa, de menor ingerência possível, sobretudo em relação à questão do uso da força pelas instituições de segurança. Como toda a situação que enseja o uso da força acaba por atingir algum direito fundamental, deve o Estado limitá-lo com a menor intensidade que puder. Nas precisas lições de Bernardo Gonçalves[52], citando Robert Alexy: *Podemos, assim, concluir que enquanto a adequação exige um exame absoluto do ato, a necessidade demanda um exame comparativo dos atos.*

A proporcionalidade em sentido estrito diz respeito à análise entre os direitos fundamentais, apontando qual deles irá sofrer restrição e qual será considerado importante para fins de proteção. Aqui, no caso concreto, será analisado o custo-benefício da medida empregada, fazendo-se um verdadeiro juízo de ponderação, avaliando se realmente a restrição daquele direito fundamental trouxe algum benefício que justifique a proteção do outro.

Quanto à ética, verifica-se que o agente do Estado, de um modo geral, deve pautar o cumprimento de suas competências com ética, ou seja, conduta legal e prova.

Mas o que vem a ser a ética? E o que é ser ético? O termo ética deriva do grego *ethos* que, em uma tradução para o português, significa modo de ser de uma pessoa, caráter. Na verdade, poderíamos defini-la como um conjunto de princípios e valores morais que regulam a conduta humana em sociedade.

---

[52] FERNANDES, Bernardo Gonçalves. *Curso de Direito Constitucional.* Rio de Janeiro: Lumen Juris, 2010, p. 194.

Contudo, a ética tem uma abrangência bem maior e, muitas vezes, chega a ganhar contornos específicos quando estamos em um determinado grupo ou mesmo em determinado local, surgindo uma ética das profissões, a ética política, a ética do agente público, etc.

A ética, então, é uma ciência que tem por objeto de estudo os valores morais e os princípios fundamentais do comportamento humano. Não há que se confundir ética com moral, pois, para alguns, são expressões sinônimas.

A importância dada à ética é tal que, hoje, é ministrada como disciplina em escolas de ensino fundamental. A compreensão da ética tem sua origem em Aristóteles, que se preocupou em buscar como objeto de seus estudos o bem do homem.

Diante de todos os estudos realizados desde Aristóteles, podemos afirmar que ser ético é buscar o bem comum, é se comportar de forma a não trazer prejuízo ao outro, é cumprir as normas impostas, garantindo um convívio social harmônico, o que com certeza trará a felicidade.

E o que a ética tem a ver com o uso da força pelo Estado? A ética relaciona-se com as ações praticadas pelos agentes do Estado justamente por exigir destes um comportamento fundado no bem-estar comum, no respeito ao próximo. Além disso, o poder do Estado nas mãos daqueles que não possuem ética só leva ao seu enfraquecimento, porquanto as leis passam a ter destinatários certos, deixando de ser aplicadas dentro de um critério de isonomia e proporcionalidade.

A Organização das Nações Unidas editou um código de conduta para os funcionários responsáveis pela aplicação da lei[53] (Resolução 34/169 – Assembleia Geral da ONU, 1979), tendo como pontos principais, dentre outros, agir sempre de acordo com a lei, respeitar a dignidade humana e o direito fundamental de todas as pessoas, somente empregar a força quando estritamente necessário e na exata medida para o cumprimento de seu dever.

---
[53] Código de Conduta para os funcionários responsáveis pela aplicação da lei. Disponível em: <http://www.dhnet.org.br/direitos/sip/onu/ajus/prev18.htm>. Acesso em 30.07.2010.

Na questão específica da utilização da força, observa-se que o emprego de armas de fogo é considerado uma medida extrema, ou seja, só se legitima seu uso quando não houver medidas menos extremas para conter a situação.

Segundo Hannah Arendt[54]:

> O poder é, de fato, a essência de todo governo, mas a violência não. A violência é, por natureza instrumental; como todo meio carece sempre de orientação e justificação pelos fins que persegue. E aquilo que requer justificação por outra coisa não pode ser essência de nada.

Importante registrar que, caso haja uso arbitrário e abusivo da força, inclusive com emprego de armas de fogo, o agente do Estado será punido, tanto administrativa quanto criminalmente. É como se os princípios norteadores da atuação dos agentes da lei fossem premissas básicas de modelos de condutas, não servindo nem mesmo a gravidade das situações em concreto para justificar o abandono deles.

Abandoná-los significa grave violação aos direitos humanos, às normas internas e às internacionais que impõem ao Estado o respeito à dignidade da pessoa humana.

O Uso Diferenciado da Força, portanto, apresenta três eixos temáticos, os quais carecem ser estudados, treinados e aplicados de acordo com os princípios supracitados. São elas: a submissão do suspeito, a percepção do risco e os níveis de força disponíveis.

Em resumo: Toda e qualquer ação estatal, que envolva o uso da força, deve ser realizada na medida exata, legitimamente, em respeito aos direitos e garantias fundamentais e, acima de tudo, à dignidade da pessoa humana.

---

[54] Ética e Violência na Teoria das Relações Internacionais: Uma reflexão a partir de 11 de setembro. Disponível em: <http://publique.rdc.puc-rio.br/contextointernacional/media/Nogueira_vol25n1.pdf>. Acesso em 30.07.2010.

1.8. Modelos de Uso Diferenciado da Força

De acordo com o Dicionário Aurélio, modelo é "aquilo que serve de objeto de imitação". É a qualidade daquilo que é próprio para ser imitado, para ser copiado. Um modelo de uso da força deve apresentar quatro características essenciais: deve ser um recurso que priorize a mensagem visual; deve auxiliar na conceituação, planejamento e treinamento quanto ao uso da força; deve reforçar a compreensão da relação de causa e efeito; e deve aumentar a confiança e proficiência do agente. Como podemos facilmente observar, trata-se, pois, de parâmetro, de norte a auxiliar na distinção de quando, onde, como e porque usar ou não a força.

De acordo com a SENASP (Curso de Uso Progressivo da Força):

> *Um modelo é um esquema que contém linhas gerais sobre determinado assunto, sobre determinadas ações, sobre determinados procedimentos... e, que pode, quando utilizado, orientar a execução de algo.*
>
> *Os modelos de uso progressivo da força surgiram para orientar o policial sobre a ação a ser tomada a partir das reações da pessoa flagrada cometendo um delito, ou até mesmo em atitude suspeita quando questionada.*
>
> *Alguns países e estudiosos sobre o assunto criaram diversos modelos que explicam e exemplificam a escala de gradação necessária à utilização da força.*

Apesar de interessante a ideia e de certa utilidade pedagógica dos modelos de uso da força, não vejo maior utilidade prática, a não ser a de servir como primeiro contato com o assunto para leigos e policiais em formação. Justamente neste ponto visualizamos algumas falhas na doutrina atual sobre uso da força. A maioria dos principais modelos seguidos por agências policiais de renome, alguns dos quais mostraremos mais adiante, consiste não em um modelo pedagógico do uso da força, mas de Modelos de Opções Táticas para Incidentes, a ser aplicado por policiais experientes em Sistemas de Controle de Incidentes ou Gerenciamento de Crises.

Acreditamos que o Uso Diferenciado da Força é algo mais do que uma fórmula matemática a ser copiada. Na realidade, acreditamos ser muito mais pedagógico e instrutivo fornecer meios para os policiais desenvolverem seus próprios modelos do que gastar tempo precioso em aulas expositivas, detalhando as diferenças, vantagens e desvantagens de um modelo ou de outro.

Durante as primeiras edições do Curso de Uso Progressivo da Força que ministramos pela SENASP, na cidade do Rio de Janeiro, lançamos um desafio aos alunos para que, divididos em grupos de 5 ou 6 pessoas, desenvolvessem eles próprios seus modelos. A maioria utilizava uma espécie de Modelo FLETC modificado, como também o fazem grande parte das polícias brasileiras. Contudo, em alguns casos, nos surpreendia a originalidade dos modelos produzidos. Eram visivelmente adaptados à realidade local. Os Modelos de Uso da Força nos valem pela carga conceitual que carregam. De pouco adianta demonstrar os modelos, conhecer detalhes da elaboração de cada um, se a filosofia orientadora do Uso Diferenciado da Força não estiver sedimentada e estruturada no intelecto do policial.

Talvez nossa maior preocupação, portanto, seja de que, em muitos casos, um Modelo de Uso Diferenciado da Força nos parece mais um "Modelo de Opções Táticas Situacional", parafraseando o termo desenvolvido pelo policial australiano Doug Nicholson[55], em interessante ensaio a respeito do tema. Sobre os modelos denominados lineares, adotados no seu departamento (Figura 1), ele afirma:

> O modelo de uso da força serve como mecanismo **extra** para o agente da lei no gerenciamento de crises (...).
> Muitas agências na Austrália estão ensinando a nossos policiais o modelo de uso da força como um exemplo de como se deve decidir

---
[55] NICHOLSON, Doug. *Use of Force Models: Comprehension or confusion?*. Fonte: <http://www.articlesbase.com>. Junho de 2009.

entre as opções de uso da força. Esta prática é perigosa e precisa ser contida. O que apresentamos como um Modelo de Uso da Força é na realidade um Modelo Situacional de Opções Táticas. Este tipo de Modelo corrente deveria ser usado por policiais experientes na resolução de incidentes. Não é uma ferramenta para aprendizado e treinamento sobre o uso da força. A Lei de Hick[56], de maneira bem simples, estabelece que quanto mais opções para se escolher, mais tempo se levará no processo de escolha. Quando um policial se depara com uma ameaça, sobretudo uma ameaça letal, é bom que seu treinamento tenha sido bem claro quanto à ação que ele deva adotar. Ele não pode ficar pensando entre as opções de um modelo ambíguo com uma multiplicidade de opções dispostas ao acaso, principalmente se estas opções não são relevantes na situação particular.

Apesar de concordarmos em parte com o raciocínio de Nicholson, acreditamos que a "Lei de Hick" pode ser "mitigada". Lógico que este fato retira dela o *status* de "lei". Por anos a doutrina tem utilizado o princípio da simplicidade, calcada na Lei de Hick. A sigla utilizada para simplificar é "KISS". Uma associação mnemônica, com duplo sentido. *Kiss* em inglês significa "beijo". Mas, no contexto do treinamento policial significa "Keep It Simple, Stupid!" (algo como: "faça o mais simples, estúpido!"). De acordo com Hock Hochheim[57], ex-militar e policial estadunidense, a conclusão de Hick foi baseada em um estudo de computador. Segundo ele, o cérebro humano não segue um padrão linear, fazendo conexões que "cortam caminho", reduzindo o tempo para a resposta por meio de conexões nervosas alternativas, desenvolvidas pelo treinamento correto. É o que, no passado, convencionávamos chamar "memória muscular" e que, atualmente, de acordo com os processos de Programação Neurolinguística, prefere-se o termo "memória neural", já que "músculos não possuem memória".

---

[56] William Edmund Hick, psicólogo inglês. Segundo sua lei, o tempo que uma pessoa leva para tomar uma decisão é resultante da quantidade de opções que a pessoa tem.

[57] Hochheim, W. Hock. *Reaction Time in Combat – Modern research declared the Law null and void!* Extraído do *site*: <www.hockscqc.com>.

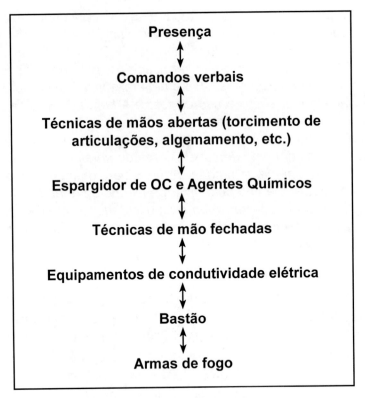

Figura 1: Modelo linear de Uso da Força da Polícia de Vitória.
Fonte: <www.articlesbase.com>.

Sobre a afirmação de que um modelo da força provê o agente da lei com uma gama de opções para poder escolher a mais segura e efetiva no caso real, Nicholson dispara:

> *Tudo bem, alguém pode me explicar como exatamente isto ocorrerá? O agente da lei não carrega no bolso uma tabela para consultar quando ele se depara com um incidente. Muitas, na realidade todas, agências policiais da Austrália atualmente acreditam que mostrando um modelo durante uma palestra estarão treinando os policiais para serem hábeis a lidar com um incidente crítico no futuro.*
>
> *O único método de treinamento que irá auxiliar o agente da lei a gerenciar incidentes é primeiramente ensinando-os sobre as leis, políticas públicas e métodos em sala de aula, e então treinando*

rigorosamente e testando seus conhecimentos e habilidades em exercícios práticos extensivos. Mostrar um modelo, em uma apresentação de PowerPoint, considerando-se que o cérebro não consegue facilmente memorizar múltiplos componentes de um modelo com padrões não lineares, não é uma ferramenta de treinamento efetiva para que o agente da lei lide com uma situação complicada, sob estresse.

Não é à toa que o processo de ensino, atualmente, segue o "triângulo da competência", que é, justamente, buscar desenvolver nos alunos, por meio do processo educativo, conhecimentos, habilidades e atitudes. O mero elemento informativo é pouco quando estamos lidando com vidas humanas.

Concordamos com a opção de Nicholson pelos modelos não lineares de uso da força, principalmente quando sua explicação está ligada à questão da necessidade operacional:

> *Nossa sociedade espera da polícia que resolva um incidente com a quantidade mínima de força necessária, e não como um "Dirty Harry" nos seus encontros com os infratores. Entretanto, quando o assunto é Uso da Força, devemos dar ênfase ao público do fato de que a polícia irá utilizar a **quantidade de força mínima apropriada**, e não somente a "quantidade de força mínima".*

Acreditamos ainda que os modelos lineares, quando utilizados nas situações práticas, constituem um verdadeiro estorvo. Nada pode garantir que o policial vá iniciar o uso da força a partir da base do modelo e seguir em direção ao topo. Na realidade pensamos que se trata de um modelo claro e informativo sobre **onde está situado** cada nível do uso da força e não um "mapa" para ser seguido passo a passo. Sua aplicação, portanto, é didática. Fazendo uma analogia com a doutrina do tiro de precisão, o atirador tem um "livro de dados" utilizado para anotar os dados obtidos nos treinamentos e fixar os conhecimentos sobre o tema e um "livro de campo", onde condensa, de maneira prática, as informações que poderá e deverá utilizar na atividade policial fim. Os modelos lineares, como os demonstrados nas Figuras 1 e 2, seriam como os "livros de dados".

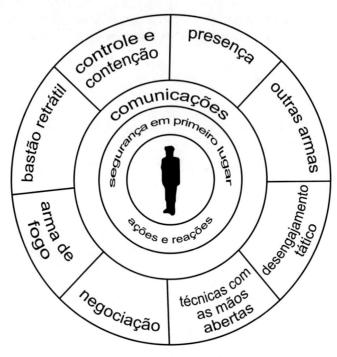

Figura 2: Modelo linear de Uso da Força. Fonte: <www.articlesbase.com>.

Os modelos lineares (Figuras 1 e 2), portanto, fornecem explicações mais claras sobre o uso da força pela polícia. Contudo, esses modelos limitam a gama de técnicas e instrumentos que podem ser utilizados na escalada/desescalada do uso da força pelos agentes da lei.

Há muitos anos, quando iniciei na prática das artes marciais, o mestre, um coreano chamado Myong Jae Han, dizia que o bom lutador era como uma "chaleira com água" e que as situações que se apresentavam no dia a dia, com suas dificuldades, representavam o fogo. Segundo dizia, conforme o fogo aumenta, a água no interior da chaleira ferve mais rapidamente e, conforme o fogo se abranda, a água também reduz sua temperatura. Era a maneira que ele encontrou de nos explicar sobre a necessidade de atuar com proporcionalidade de acordo com a situação que se apresenta. Quando vejo o modelo do uso da força denominado "Termômetro" (Figura 3), lembro-me das explicações do mestre. Contudo, talvez fosse um bom modelo há 30 anos, mas atualmente se mostra simplório demais. O modelo não faz alusão alguma à percepção de risco do agente da lei, que pode variar de acordo, por exemplo, com o uso de equipamento de proteção individual ou coletivo, nem representa bem a fluidez existente em um encontro entre um cidadão infrator e um agente da lei. Apesar de estar desenhado de uma forma diferente, assumindo o formato de um termômetro, não deixa de ser um modelo linear do uso da força.

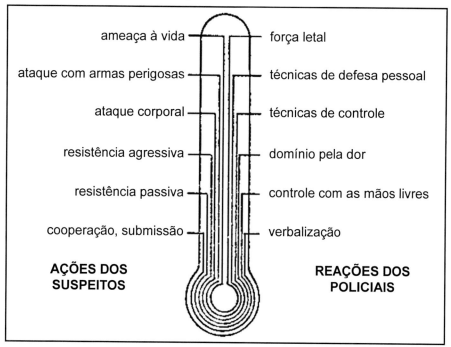

Figura 3: Modelo de Uso da Força do Departamento de Polícia Los Angeles, de 1978, denominado "Termômetro do Uso da Força". Fonte: <www.articlesbase.com>.

O "confronto contínuo" (Figura 4), criado pelo Dr. Kevin Parsons, em 1980, talvez seja a primeira tentativa de relacionar diferentes aspectos da atitude do cidadão infrator, do seu comportamento e da percepção do policial em um modelo, que, apesar da aparência de um gráfico, se mantém linear. Talvez porque o processo de avaliação não seja recorrente. O gráfico mostra justamente uma curva do tipo "linear crescente", derivada das equações lineares (do tipo $y = ax + b$). Uma equação linear representa acréscimos constantes. O plano cartesiano e suas implicações matemáticas mostram-se, neste caso, insuficiente para representar a complexidade do que seria o uso da força em um encontro real entre um cidadão infrator e um agente da lei.

Figura 4: Modelo de Uso da Força desenvolvido pelo Dr. Kevin Parsons, em 1980. Fonte: <www.articlesbase.com>.

Importante observação a ser feita em relação ao modelo desenvolvido pelo Dr. Parsons é a consideração a respeito das "circunstâncias especiais" (2) que envolvem a ação, como, por exemplo, a percepção de perigo iminente, ferimentos ou exaustão e presença de arma de fogo no cenário, entre outros. Também são considerados os "fatores subjetivos do cidadão infrator e do agente da lei" (1), como, por exemplo, idade, sexo, compleição física, habilidades e quantidade de policiais e agressores.

Outro modelo avaliado no trabalho de Nicholson é o denominado "Modelo 'Original' do Uso da Força" (Figura 5), criado em 1983. No caso, continuamos tratando de um modelo linear que descreve, de um lado, os níveis de resistência empregados pelo cidadão infrator e, de outro, a opção correspondente e apropriada para o Uso da Força pelo agente da lei. Este modelo, contudo, parece-nos confuso e com poucos níveis de resposta (presentes na área verde). Além de complicado e "poluído", o modelo não oferece um padrão de ação para as situações que ocorrem ao acaso, parecendo muito mais um "cronograma" detalhado de atividades isoladas.

MODELO DE USO DA FORÇA
Paradigma do uso da força para forças de segurança

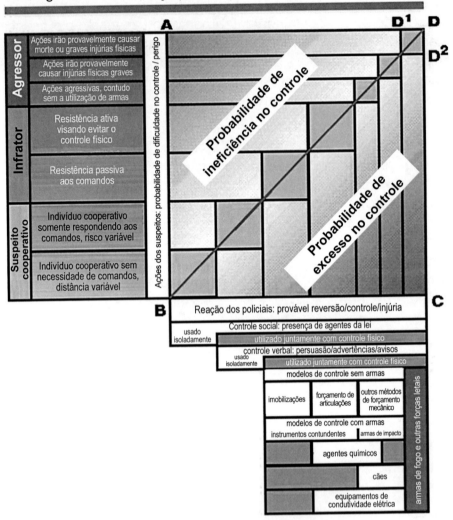

Figura 5: Modelo de Uso da Força denominado "Original" de 1983.
Fonte: <www.articlesbase.com>.

Particularmente, não usaria um modelo desses, seja para ministrar instruções, seja para atuar na "linha de frente". Talvez, há mais de vinte anos tenha servido para algo. Atualmente, contudo, acredito que serve como padrão de como não deve ser um Modelo de

Uso da Força prático e eficaz. Acreditamos que um bom modelo deve apresentar-se muito mais conceitual e sintético do que programático e analítico. O excesso de palavras prioriza a linguagem escrita, deixando em segundo plano o efeito visual, que provê um modelo com maior possibilidade de agilizar o tempo gasto na tomada de decisão.

Na Figura 6, abaixo, temos o modelo da Real Polícia Montada do Canadá, que possui natureza tanto de Modelo de Uso da Força como de Modelo de Gerenciamento de Incidentes. Possui o formato linearou contínuo, mostrando os níveis diferenciados da força.

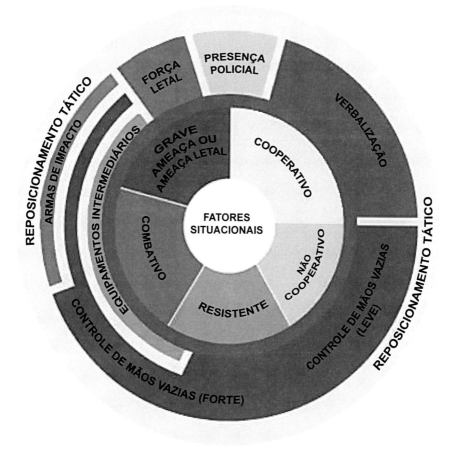

Figura 6: Modelo de Uso da Força da Real Polícia Montada do Canadá.
Fonte: <www.articlesbase.com>.

O modelo anterior, ainda traz cinco níveis básicos referentes à análise de risco do cidadão infrator, levada a cabo pelo agente da lei. Contudo, não há uma definição clara de qual nível da força deve ser utilizado para solucionar a questão do nível de risco associado. De acordo com Doug Nicholson, justamente aí reside uma grande vantagem deste modelo, ou seja, proporcionar certa discricionariedade ao agente da lei por tornar um pouco "vago" a resposta adequada a cada nível de risco.

Interessante lembrarmos que existe uma tendência de que os modelos canadenses adotem o formato de "disco", ou circular, como é o caso do modelo elencado na Figura 7, denominado "Modelo de Gerenciamento de Situações" utilizado pelo Serviço Correcional Canadense (CSC – Correctional Service Canada). Podemos perceber claramente a preocupação em fornecer aos agentes da lei elementos básicos acerca do Gerenciamento de Crises. Nas "Estratégias de Gerenciamento" recomenda-se "Isolar e Conter". Entre as técnicas utilizadas ainda temos "negociação". Salignac[58] (2011)[59], quando trata do Capítulo "A Resposta Imediata – As Tarefas de Gerenciamento", afirma que:

> *O processo de gerenciamento se inicia a partir do momento em que a Polícia, por qualquer de seus integrantes, toma conhecimento da eclosão de uma crise.*
> *Mesmo que existam questionamentos de relevância a serem feitos – como é o caso, por exemplo, da competência legal para o gerenciamento – medidas de caráter imediato devem ser adotadas logo nos primeiros instantes, a fim de favorecer o posterior controle à própria condução do evento.*

---

[58] Angelo Oliveira Salignac é Perito Criminal Federal. Ex-integrante do Comando de Operações Táticas da Polícia Federal. Atualmente lotado na Superintência da Polícia Federal de Curitiba, Paraná. Possui vários livros editados na área de Gerenciamento de Crises, figurando como uma das maiores referências nacionais sobre o tema.

[59] SALIGNAC, Angelo Oliveira. *Negociação em Crises:* Atuação Policial na Busca da Solução para Eventos Críticos. São Paulo: Ícone Editora, 2011, p. 43.

Nos primeiros estudos sobre gerenciamento de crises definia-se que as primeiras medidas a serem tomadas eram conter a crise; isolar o ponto crítico; e iniciar as negociações. Em síntese, conter, isolar e negociar.

Essas palavras tornaram-se sinônimo de gerenciamento, de tal sorte que qualquer um desejoso de mostrar familiaridade com a área citava os três verbos como se isso fosse uma síntese de toda a doutrina. Hoje, essa ideia pertence ao campo do conhecimento empírico.

A sofisticação da teoria, entretanto, obriga a maiores detalhes.

Como estamos falando de um modelo com aproximadamente 20 anos de existência, é normal que sua orientação quanto ao Gerenciamento de Crises seja no sentido de adotar como medidas de caráter imediato a contenção, o isolamento e a negociação, apenas.

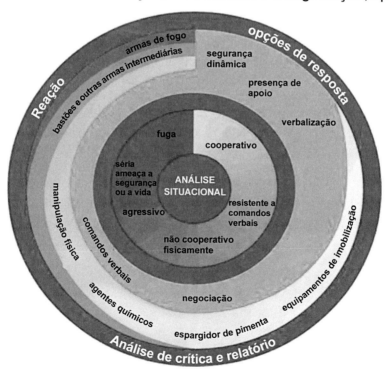

Figura 7: Modelo de Gerenciamento de Situações utilizado pelo Serviço Correcional Canadense (CSC – Correctional Service Canada). Fonte: <www.articlesbase.com>.

O próprio "título" do modelo demonstra a intenção dos formuladores de propor uma ferramenta no Gerenciamento de Crises, resumindo sua missão da seguinte forma: "*O pessoal e método de gerenciamento CSC irá prevenir, responder e solucionar as situações com a utilização da intervenção mais segura e razoável*".

Acreditamos, contudo, tratar-se de um bom exemplo de Modelo de Uso da Força, na medida em que não se propõe a estabelecer limites dentro de cada nível de ameaça especificamente, deixando ao agente da lei que atua nas diversas situações e de acordo com variados "trons" dentro da dinâmica dos encontros, certa elasticidade para utilizar a **força mínima e apropriada**.

O próximo modelo, constante na Figura 8, denominado Modelo de Uso da Força de Ontário, foi criado em 1993 pela Polícia Provincial de Ontário, Canadá (Ontario Provincial Police). De acordo com Nicholson:

> *Este modelo, embora seja circular, semelhante ao Modelo Situacional de Opções Táticas, também mostra a progressividade das opções de força, e como relacionam-se uma com as outras. Não há variações atribuídas ao acaso ou passíveis de confusão para cada opção. Além do que o Modelo de Ontário é útil pois relaciona, especificamente, os níveis da força com a ameaça apresentada à polícia. Estão claras as representações de quais ações devem ser levadas a cabo pela polícia em resposta às ações do suspeito/cliente, assim como é dada importância à verbalização como parte do processo constantemente.*

O Modelo de Ontário consiste em uma boa referência do que deveria ser um Modelo de Uso da Força, além de fornecer elementos importantes e que devem também estar presentes em um Modelo de Opções Táticas. A discricionariedade propiciada por este modelo favorecerá a adoção de procedimentos que proporcionem aos agentes da lei a responsabilidade por suas ações.

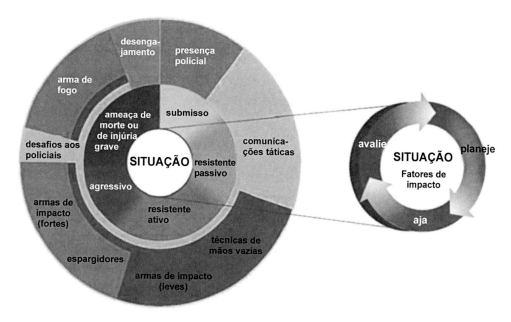

Figura 8: Modelo de Uso da Força de Ontário, foi criado em 1993 pela Polícia Provincial de Ontário, Canadá (Ontario Provincial Police). Fonte: <www.articlesbase.com>.

Quando um modelo como o apresentado na Figura 8 é utilizado pela polícia, os agentes da lei passam a contar com um guia claro que irá auxiliá-los na tomada de decisão nas mais variadas situações, incluindo aquelas envolvendo estresse elevado. A comunidade, a mídia e o judiciário, por sua vez, passam a contar com um instrumento que proporciona o entendimento sobre "**o que**" a polícia fez e "**por que**" agiu de determinada maneira.

Como dissemos no início desta obra, existe uma grande variedade de modelos do uso da força. Na realidade, com um pouco de imaginação e conhecimento sobre o assunto, qualquer um pode fazer seu modelo, com relativa facilidade. Por isso mesmo, este trabalho se mostra muito mais demonstrativo. O que realmente importa é a filosofia orientadora e a ideia por trás de um modelo de qualidade. Chamamos a atenção para a originalidade e engenhosidade de um modelo em particular, conhecido como Modelo Setorial (Figura 9), desenvolvido por Ken Good[60]. Trata-se de uma turbina, onde os níveis do uso da força são as pás, por onde passa o ar. Na forma de esferas, temos a atitude do cidadão infrator, que representa justamente o "ar" que passa pela turbina. No centro da turbina podemos ver o ciclo "OODA", ideia principal de toda a cadeia de ação e reação que o modelo representa. À primeira vista, salta aos olhos do observador a incrível ideia de movimento que o modelo transmite. Nada é estático nele, como também não o é no dia a dia policial. As "partículas de ar", representadas por esferas, são, na realidade, o que movimenta o sistema da turbina. Mostra-se, claramente, que a força utilizada pela polícia é decorrente da força empregada pelo cidadão infrator, ou seja, sua consequência. Além disso, o sistema passa a ideia de poder, da força que uma turbina representa, ou seja, policiais são os legítimos detentores da capacidade de empregar a força física no restabelecimento da ordem social. Trata-se de um sistema que aproveita de maneira incrível o combustível, convertendo-o em energia cinética, ou seja, movimento.

Sobre os Modelos de Uso da Força, Ken Good recomenda:

> *A metodologia utilizada na elaboração dos modelos de uso da força tem sido a de colunas verticais ou representação em escadas das várias aplicações potenciais da força. Os símbolos possuem uma grande capacidade de fornecer mensagens ao subconsciente. Quando você olha para um modelo tradicional, uma das conclusões naturais é que se deve "subir" uma "escadaria mental" com o objetivo de se aplicar os denominados níveis mais elevados da força. O agente da lei deve, constantemente, superar os efeitos da "gravidade mental" do evento, com o objetivo de galgar de um nível para o próximo (subindo ou descendo).*

Além disso, acreditamos que a mensagem codificada pelos modelos ditos "tradicionais" por Good é de "decodificação" ambígua

---
[60] Ken J. Good. Ex-fuzileiro naval, SEAL (Sea Air and Land – Mar, Ar e Terra). Instrutor policial e militar, cofundador da Strategos International. Fonte: www.progressivecombat.com e www.strategosintl.com.

para o agente da lei. Este, quando exposto a uma situação extrema, pode ser induzido ao erro de achar necessário "galgar" vários degraus antes de utilizar os níveis mais contundentes da força. Seria uma espécie de atraso, um "*delay*" induzido.

Para que a utilização do modelo setorial ocorra a contento é necessário que, no centro da representação, esteja um agente da lei atento e observador, estando sempre na condição de atenção conhecida como "amarela", na escala de Jeef Cooper[61], citado no livro *The Gun Digest Book*[62]. Ou seja, a postura do agente da lei será proativa e crítica frente ao cenário que se apresenta, e não tímida e passiva. Dentro da sua "esfera de influência" ou "raio de ação", o agente é o "ator principal" e possui responsabilidade no controle e gerenciamento das situações que se apresentam.

Da mesma forma que o ar é composto por várias substâncias (entre outras, aproximadamente 78% de nitrogênio, 21% de oxigênio e 0,5% de gás carbônico), as esferas que representam o ar que

---

[61] Jeff Cooper é um fuzileiro naval, veterano da 2ª Guerra Mundial. Estudioso do combate armado, é referência mundial no estudo de armas e situações de confronto. Segundo Cooper e seu código de cores, podemos estar em cinco estados diferentes de atenção, representados por cores distintas. A condição "Branca" significa que você está despreparado, você está com a "guarda baixa" e irá perder muito tempo para saber o que está ocorrendo de errado, para somente depois reagir. A condição "Amarela" significa alerta relaxado. De acordo com Massad Ayoob, na condição amarela "você não está checando os cantos com um periscópio, mas você tem consciência de onde você está e do que está ao seu redor. A qualquer momento você pode, de olhos fechados, encontrar uma saída e localizar objetos próximos que podem ser utilizados como abrigo. Você não precisa estar armado para estar na condição amarela, mas se estiver armado você deverá, obrigatoriamente, estar nesta condição mental". A condição "Laranja" significa um alerta não especificado. De acordo com o autor, "algo está errado, mas todos os detalhes não foram confirmados ainda. Agora você está focado e atento a qualquer variação sensorial e outros "elementos de inteligência" que irão ajudá-lo a identificar o que está acontecendo de errado. Na condição "Vermelha" significa que você está em um encontro armado. A ameaça foi identificada e é perigosa o suficiente para você sacar sua arma e "colocar o suspeito em sua alça de mira". Finalizando, a condição "Negra" significa que você está inserido em uma situação de risco máximo. O autor adotou a cor negra porque ela significa a presença de todas as outras cores. Por analogia você irá precisar de todo o seu conhecimento, habilidades e atitudes, aliados aos estados de atenção anteriores para permanecer vivo. A condição "Negra" significa que você está sob uma ameaça letal.

[62] AYOOB, Massad. *The Gun Digest Book of Combat Handgunnery*. 6. Ed. New Hampshire: Gun Digest Books, 2007.

"passam" pela turbina apresentam uma composição variável. E esta composição deverá ser valorada pelo agente da lei. Este "juízo de valores" que leva em conta uma situação de fato, restrito a questões relativas à subjetividade do agente, tais como experiência, capacidade profissional (técnicas policiais), habilidades específicas, preparo físico e equipamentos disponíveis. A "valoração" a respeito da ameaça deverá ser, portanto, calcada em um juízo de fato da ação do suspeito ou do cidadão infrator e um juízo de valores, relativo à subjetividade do agente.

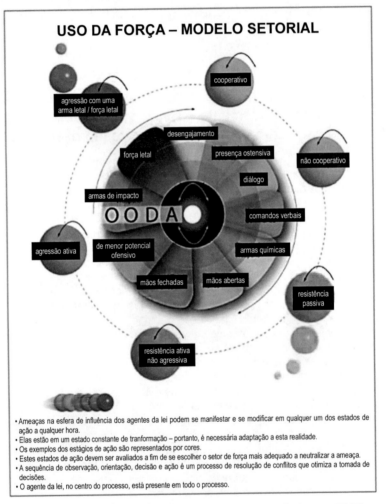

Figura 9: Modelo Setorial do Uso da Força, criado em 2003 por Ken J. Good. Fonte: <www.articlesbase.com>.

Ambos, policial e cidadão infrator, estão sob os efeitos do "Ciclo de Boyd[63]", ou "Ciclo OODA[64]" (do inglês *observe, orient, decide, act* – observe, oriente-se, decida e aja). As ameaças potenciais somente tornam-se realmente ameaças quando "entram" na esfera de influência do agente da lei, o espaço físico que costumamos denominar "perímetro de segurança", algo como a "Regra dos 21 Pés" que os americanos pregam ser a distância mínima que um policial deve manter de um suspeito. Em distâncias inferiores a 21 pés, ou seja, aproximadamente 6 metros, fica difícil para um policial sacar sua pistola do coldre e efetuar o primeiro disparo. A "Regra dos 21 pés" foi criada pela marcação de tempo entre a reação de um policial com a arma coldreada em relação a um agressor com uma faca ou estoque nas mãos. Para o teste, foi utilizado terreno que proporcionasse boa tração, que não fosse muito liso, como pisos de cerâmica, nem muito "pesado", como areia fofa. Os pesquisadores do FSRC[65] mediram exaustivamente os intervalos de ação e reação em condições semelhantes. Entre outras coisas, o Centro documentou o tempo necessário para os policiais efetuarem 20 ações distintas que são comuns em encontros envolvendo uso da força letal. Entre outros fatores, a pesquisa obteve alguns resultados:

---

[63] Coronel John Boyd (1927-1997). Piloto da Força Aérea norte-americana, consultor do Pentágono. Sua doutrina influenciou fortemente as instituições militares, assim como o mundo dos negócios e os esportes. Apelidado de "Boyd 40 segundos", devido a sua incrível capacidade de, em manobras de combate, como instrutor de voo, partindo de uma posição de inferioridade tática, era capaz de, em menos de 40 segundos, defender sua posição e reverter sua condição tática para uma de superioridade. Pessoa de hábitos espartanos e discurso contundente, era respeitado e admirado por seus colegas e alunos.

[64] Uma das teorias do Coronel John Boyd é o "Ciclo OODA". Trata-se de um ciclo de decisão, um processo que possibilita a qualquer organismo racional (vivo – individual ou estrutura – organização) reagir a um evento. De acordo com suas ideias, o segredo da vitória é ser capaz de criar situações em que você seja capaz de tomar decisões mais rapidamente do que seus oponentes. De acordo com Boyd, nós estamos continuamente nos relacionando em um ciclo interativo com o ambiente. O processo pode ser dividido em quatro: Observação – coleta de dados pelos sentidos; Orientação – a análise e síntese de dados com vistas a formar uma perspectiva mental; Decisão – a determinação do curso da ação baseada na perspectiva mental formada; Ação – conversão da decisão em ações físicas. Fonte: www.wikipedia.org.

[65] Force Science Research Center, Universidade do Estado de Minnesota-Mankato. Fonte: <www.forcescience.org>.

— A média de tempo gasto para os policiais reagirem, quando utilizavam um coldre com retenção Nível II e efetuar um único disparo em "visão secundária", ou seja, sem fazer visada, foi de 1,5 segundos. Adicione-se mais ¼ de segundo para o segundo disparo e mais 1/10 para se possibilitar efetuar a visada inicial para um "policial médio";

— O policial mais rápido que participou do teste levou 1,31 segundos para reagir, utilizando um coldre Nível I e efetuar o primeiro disparo sem realizar visada ("tiro instintivo ou reflexivo"). O policial mais lento levou 2,25 segundos;

— Para a média dos policiais efetuarem o primeiro disparo "de emergência" (tiro instintivo ou de sobrevivência) utilizando um coldre Nível III foi de 1,7 segundos;

— A média dos suspeitos carregando uma faca pode sair de uma posição de repouso até a "distância mortal" (menos de 21 pés) em 1,5 a 1,7 segundos;

— Os mais habilidosos gastam 1,27 para efetuar a mesma manobra;

— Considera-se a distância mínima, portanto, para se efetuar uma abordagem, 21 pés.

Portanto, além de procurar manter a "Regra dos 21 pés", cabe ao policial buscar, por meio do "Ciclo de Boyd", avaliar, constantemente, o cenário e os "atores" envolvidos, seja nas atividades corriqueiras, seja no "teatro de operações". Lembramos que esta é nossa avaliação sobre os significados implícitos no Modelo Setorial e este é o motivo pelo qual achamos o modelo interessante, ou seja, a quantidade de informações emitidas na forma de sinais em detrimento da linguagem escrita. Sua simbologia é muito mais poderosa em significação do que aquilo que está efetivamente escrito. A sensação de movimento emitida pelo ciclo serve, entre outras coisas, para lembrar ao agente da lei que, muitas vezes, mais difícil do que conquistar uma posição de vantagem tática é mantê-la. O primeiro passo do ciclo (observação) nos auxilia a sermos vigilantes quanto a este aspecto. A utilização do Ciclo de Boyd é particularmente interessante nas situações envolvendo compressão de tempo e conflito entre pessoas (competição, inclusive).

A ressalva que deve ser feita quando estudamos o Modelo Setorial é que, na teoria, as decisões podem ser tomadas de uma maneira mecânica, contudo, na situação prática, nosso cérebro, como dito anteriormente, irá buscar realizar "conexões paralelas" que encurtem o caminho entre a percepção a respeito do evento e a reação necessária. Existem alguns fatores que proporcionam ao agente da lei, em alguns momentos, a tomada de decisões quase instantaneamente, ao que se denomina "tirocínio[66] policial".

O Modelo Setorial é útil como ferramenta de treinamento, como instrumento de justificativa em procedimentos judiciais e como modelo para a atuação policial. Pode-se perceber claramente a diferença entre os níveis de uso da força e a relação entre eles. As respostas às ações dos suspeitos, de acordo com Nicholson, são "especificadas", mas não "confinadas", proporcionando que seja o "mínimo apropriado" em relação ao uso da força.

A seguir, na Figura 10, temos o modelo FLETC, desenvolvido pelo *Federal Law Enforcement Training Center*[67] (Centro Federal de Treinamento das Forças da Lei, Estados Unidos da América). Talvez seja o modelo mais copiado e utilizado como parâmetro para a elaboração de outros modelos no Brasil. Pensamos, contudo, tratar-se de um modelo mediano, com poucos atributos que o transformem em uma base sólida a ser copiada. Seu formato de "escadaria" proporciona ao agente da lei uma falsa impressão de prioridade ou de ascendência, de um nível da força sobre os demais. É uma ideia confusa de se passar a agentes da lei em treinamento, pois pode induzir ao erro, em situações onde a escalada da força se faça mais necessária de uma forma abrupta. Você não pode subir uma escada saltando todos os seus degraus, mas, em uma situação real, você pode ser obrigado a utilizar a força letal de maneira rápida e sem tempo ou condições de "dar uma passadinha" pelos outros níveis da força. Pensamos ainda que a utilização de modelos lineares, como

---

[66] Tirocínio – aprendizado/experiência, prática adquirida no exercício de uma atividade, ou necessária ao exercício de uma profissão/capacidade de discernimento. Fonte: <www.dicionariodoaurelio.com>.

[67] Fonte: <www.fletc.gov>.

o FLETC se mostra limitante quando a questão é mostrar ao agente da lei em treinamento que os níveis da força se encontram todos no mesmo "nível hierárquico", ou melhor, que não há hierarquia entre eles e que não podemos traçar um modelo onde um nível prevaleça sobre o outro, sob pena de transmitir a falsa impressão de que alguns níveis, mais "avançados" no quesito "força", somente poderão ser aplicados após, burocraticamente, se escalar os "níveis básicos e intermediários".

Como ferramenta de atuação policial, não se trata de um modelo interessante. Contudo, não podemos deixar de admitir ser uma boa ferramenta demonstrativa, assim como possui seu valor como método a ser empregado no convencimento em procedimentos jurídicos. Pensamos, portanto, apresentar-se como modelo útil e que merece ser considerado e analisado.

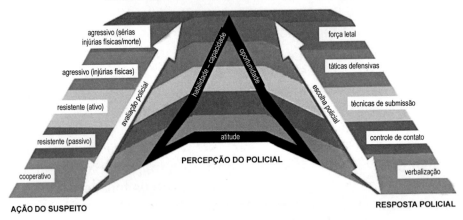

Figura 10: Modelo FLETC de Uso da Força, criado pelo Federal Law Enforcement Training Center. Fonte: <www.fletc.org>.

A escolha do modelo de Uso da Força deve ser feita de acordo com a necessidade operacional de cada instituição de segurança pública. Nele devem estar incluídos, além de fatores culturais e psicossociais, as técnicas, procedimentos e instrumentos que são utilizados por esta. De nada adianta um modelo que sugere a utilização de agente químico como nível de resposta a determinada agressão, se a instituição não contingencia recursos para a aquisição deste tipo de instrumento. Recursos, aliás, são de grande importância para a implementação de uma doutrina eficaz de Uso da Força. Via de regra, são utilizados instrumentos em substituição ao uso restrito das armas de fogo, como alternativas a esta e a sua consequente letalidade. Escolhemos dez modelos para serem analisados, de maneira sucinta, como forma de proporcionar ao leitor o instrumental necessário à análise crítica do que deve ser um bom modelo, ou melhor, qual modelo é o ideal para a sua organização policial. Cada instituição, por conseguinte, pode desenvolver o seu próprio modelo ou mesmo utilizar aqueles desenvolvidos por outras agências.

Modelos como o desenvolvido por Charlies Remsberg[68] e Thomas Gillespie[69], conhecido como Modelo de Controle Reativo, é o modelo desenvolvido pela Polícia Real Montada Canadense e adotado pela polícia metropolitana de Nashiville ou do Departamento de Polícia de Phonix. De qualquer maneira, salta aos olhos a falta de modelos desenvolvidos no Brasil e que estejam de acordo com nossas características locais. Geralmente o que podemos observar é que alguma agência ou instituição simplesmente copia um modelo, como o FLETC, modificando algum pequeno detalhe e mudando o nome, simplesmente. Esperamos que, com o amadurecimento da doutrina referente ao uso da força, nossas instituições possam desenvolver, não somente seus modelos de uso da força, como também seus sistemas de opções táticas. Além disso, esperamos que nossos agentes da lei sejam capazes de diferençar as três principais características de um bom modelo, quais sejam: ferramenta de treinamento, instrumento de atuação policial e modelo demonstrativo para convencimento judicial.

---

[68] REMSBERG, Charles. *The Tactical Edge – Surviving High Risk*. Northbrook, IK, USA: Calibre Press, 1999.

[69] GILLESPIE, Thomas T. et al. *Police – Use of Force – A line Officer´s Guide*. Shawnee Mission. Kansas, USA: Varro Press, 1998.

Parte 2

OS DIREITOS HUMANOS E O USO DIFERENCIADO DA FORÇA

1. Direitos Humanos

Antes de iniciar propriamente o assunto referente ao uso da força, imprescindível falar dos Direitos Humanos. Não podemos esquecer que tais Direitos foram concebidos justamente na ideia de proteger o indivíduo do autoritarismo absoluto do Estado e dos abusos praticados pelos seus agentes, principalmente pela utilização desmensurada da força.

A história dos Direitos Humanos confunde-se com a própria história do homem, que sempre buscou a afirmação de sua dignidade e de seus valores éticos fundamentais. Alguns doutrinadores afirmam que já havia essa preocupação desde a Antiguidade, encontrando-se resquícios da tutela desses direitos no Código de Hamurabi (séc. XVIII a.C), na República de Platão (séc. IV a.C) e no próprio Direito Romano. Outros entendem que a história dos Direitos Humanos só iniciou quando a Lei limitou o poder do Estado.

Antes mesmo da Revolução Francesa, em 1789, a ideia de se limitar o poder do Estado Autoritário já germinava na Idade Média. Em 1215, na Inglaterra, a Magna Carta de João Sem Terra já assegurava em seu bojo algumas garantias, como o *habeas corpus*, e reconhecia determinados direitos; contudo, limitava-os a grupos dominantes e a determinadas categorias.

John Locke, filósofo inglês, deu alcance universal aos direitos constantes na Magna Carta, tanto é assim que alguns doutrinadores o consideram pai do Liberalismo.

Por sua vez, a Declaração do Homem e do Cidadão, de 1789, inspirada na doutrina iluminista, declarou a liberdade, a propriedade e a igualdade perante a Lei. A Revolução Francesa e a Revolução Norte-Americana deram o aspecto universalista às declarações dos direitos, mesmo que inicialmente fossem garantidos para a burguesia, a nova classe em ascensão.

Um dos momentos citados pela doutrina, em contradição aos ideais da Revolução Francesa e aos avanços no campo dos direitos humanos, restou declarado na Constituição Francesa de 1848, em seu artigo 109, que "o território da Argélia e das colônias é território francês". Nas precisas palavras de Fábio Konder Comparato[70]:

> *Uma disposição claramente contraditória com o princípio afirmado no preâmbulo, segundo o qual a República Francesa "não dirige nunca suas forças contra a liberdade de povo algum".*

Outras experiências contribuíram para a reafirmação dos Direitos Humanos, como a Revolução Mexicana, a Revolução Russa e a Constituição de Weimar. O Estado sofre uma modificação, deixando de ser tão somente um Estado de Direito para tornar-se um Estado Social, voltado, também, para a prestação de ações destinadas a conferir um tratamento igualitário a todos os cidadãos.

Em 1945, após a Segunda Guerra Mundial, a Carta de Direitos da Organização das Nações Unidas destaca a igualdade entre os homens perante a lei, sem discriminação de raça, credo ou cor. Descreve, ainda, o indivíduo como sujeito de direitos e deveres em face do Estado. Um passo importante dado nesse contexto foi a internacionalização dos Direitos Humanos, envolvendo o compromisso de vários Estados soberanos na busca de soluções para problemas humanitários sob todos os aspectos.

Após a confirmação unânime da Carta das Nações Unidas por quarenta e oito Estados, foi aprovada, em 1948, a Declaração Universal dos Direitos Humanos. Segundo Bobbio[71], a Declaração era universal, porque seus destinatários eram cidadãos do mundo e não apenas de determinados Estados, e positiva, porque os direitos preconizados deviam ser efetivamente protegidos e não apenas reconhecidos.

---

[70] COMPARATO, Fábio Konder. *A afirmação histórica dos Direitos Humanos*. São Paulo: Saraiva, 2003, p. 166.

[71] BOBBIO, Norberto. *A era dos direitos*. Rio de Janeiro: Campus, 1992.

Em que pesem algumas afirmações de que a Declaração é tão somente uma recomendação, não tendo força vinculante, o fato é que a existência, validade e eficácia dos Direitos Humanos independe dela ou de qualquer instrumento formal. Segundo alguns doutrinadores, é justamente isso que os diferencia dos direitos fundamentais, já que estes últimos seriam a formalização dos Direitos Humanos em regras constitucionais, oficializada pelos Estados, fazendo-se as mesmas distinções em face do Direito Internacional.

Afirma Fábio Konder Comparato que:

> *Já se reconhece, aliás, há muito, que a par dos tratados ou convenções, o direito internacional é também constituído pelos costumes e os princípios gerais do direito, como declara o Estado da Corte Internacional de Justiça (art. 38). Ora, os direitos definidos na Declaração de 1948 correspondem, integralmente, ao que o costume e os princípios jurídicos internacionais reconhecem, hoje, como exigências básicas de respeito à dignidade humana.*

Após a Segunda Guerra Mundial, formalizou-se um conjunto de acordos internacionais intitulado de "Direito de Genebra", composto de quatro convenções de 1949. Tais convenções tratam da proteção de enfermos e feridos em guerras terrestres e navais, dos prisioneiros de guerra e da proteção à população civil vítima de conflitos bélicos.

Posteriormente à Declaração Universal, mas com fulcro nela, foi assinado o Pacto de San José da Costa Rica, em 22 de novembro de 1969, ratificado pelo Brasil em 1992. Tal tratado internacional, denominado Convenção Americana de Direitos Humanos, procurou consolidar entre os países americanos um regime de liberdade individual e justiça social, fundado no respeito aos Direitos Humanos essenciais.

Em seu preâmbulo, o Pacto de San José dispõe sobre a proteção aos Direitos Humanos fundamentais, e em seus vinte e cinco primeiros artigos reafirma, entre outros, a proibição da escravidão e da servidão, o direito à liberdade, os princípios da legalidade e da retroatividade da lei mais benéfica, a liberdade de consciência, religião e de associação, liberdade do pensamento, do direito de reunião, bem como garantias judiciais. A Convenção acabou por reproduzir grande parte das declarações de direitos elencados no Pacto Internacional de Direitos Civis e Políticos de 1966.

O fato é que outras legislações internacionais têm surgido com o objetivo de resguardar os Direitos Humanos, protegendo os cidadãos das ações que atentem contra sua dignidade. Podemos citar, como exemplo, a Carta Africana dos Direitos Humanos e dos Direitos dos Povos, de 1981, que afirmou pertencer a titularidade de tais direitos aos povos, tanto no plano interno como no internacional; a Convenção sobre Diversidade Biológica, de 1992, que trata da preservação da Biosfera e o Estatuto do Tribunal Penal Internacional de 1998 que, segundo Fábio Konder Comparato[72], "fixa regras de responsabilidade penal em escala planetária, para sancionar a prática de atos que lesam a dignidade humana".

Em conclusão, podemos afirmar que a luta pelos Direitos Humanos não tem fim, uma vez que ela reflete a necessidade de proteção do homem contra graves violações à sua liberdade, igualdade e dignidade, o que é uma constante em vários Estados. Numa visão universal, cabe aos Estados soberanos enxergarem o homem como um sujeito de direitos, merecedor de proteção e de garantias.

Nas palavras de Flávia Piovesan[73]:

> *A ética dos Direitos Humanos é a ética que vê no outro um ser merecedor de igual consideração e profundo respeito, dotado do direito de desenvolver as potencialidades humanas, de forma livre, autônoma e plena. É a ética orientada pela afirmação da dignidade e pela prevenção ao sofrimento humanos.*

---

[72] KOMPARATO, Fábio Konder. *A Afirmação Histórica dos Direitos Humanos.* 3. Ed. São Paulo: Saraiva, 2003, p. 445

[73] PIOVESAN, Flávia e outros. *Igualdade, Diferença e Direitos Humanos.* Rio de Janeiro: Lumen Juris, 2010, pp. 47-48.

1.1. A Constituição Federal de 88 e os Direitos Humanos

A Constituição Federal de 88 reafirmou, como fundamento do Estado Brasileiro, a dignidade humana, pautada no respeito aos valores éticos, fundamentais da pessoa.

Por sua vez, no plano interno, elencou, em seu Título II, os direitos e garantias fundamentais, subdividindo-os em direitos individuais e coletivos, sociais, de nacionalidade, políticos e à existência, organização e participação em partidos políticos.

Em 2004, com a promulgação da Emenda Constitucional 45, demos um grande passo em termos de proteção dos Direitos Humanos, que, entre outras matérias, dispôs sobre o novo regime jurídico dos tratados internacionais em matéria de Direitos Humanos.

Ao artigo 5º foi inserido o § 3º, com o seguinte teor:

> § 3º. *Os tratados e convenções internacionais sobre direitos humanos que forem aprovados, em cada Casa do Congresso Nacional, em dois turnos, por três quintos dos votos dos respectivos membros, serão equivalentes às emendas constitucionais.*

Entendemos que essa disposição conferida pela Emenda foi de suma importância porque, até então, as normas internacionais entravam no ordenamento jurídico, uma vez ratificadas, com o mesmo *status* das normas infraconstitucionais.

Antes mesmo da promulgação da referida Emenda, já havia discussões acerca da hierarquia das normas internacionais que versavam sobre Direitos Humanos. No entanto, prevalecia o entendimento de que teriam a mesma hierarquia da norma infraconstitucional.

Com a promulgação da EC 45, o debate acirrou-se em torno da hierarquia das normas internacionais sobre Direitos Humanos. Ora, se os tratados e convenções internacionais sobre Direitos Humanos só alçariam *status* de norma constitucional após serem aprovados com o mesmo procedimento de Emenda Constitucional, qual seria a hierarquia dos demais que não fossem assim aprovados ou mesmo que já houvessem sido aprovados antes de 2004?

Alguns doutrinadores e Ministros do Supremo Tribunal Federal tentaram resolver o impasse, afirmando que as normas internacionais sobre Direitos Humanos, que haviam sido ratificadas em momento anterior à promulgação da EC 45/2004, automaticamente teriam *status* de norma constitucional, até mesmo com fundamento no § 2º do artigo 5º da CF/88, e as que fossem aprovadas após a Emenda, deixando de observar o procedimento disposto no § 3º do artigo 5º, da CF/88, teriam *status* de norma supralegal.

Tais discussões foram pacificadas por ocasião da decisão do Supremo Tribunal Federal em dezembro de 2008, a respeito da prisão do depositário infiel, com previsão em nosso ordenamento jurídico, contrário porém às disposições constantes no Pacto de San José da Costa Rica, tratado de Direitos Humanos ratificado pelo Brasil em 1992.

Até então, no Brasil, a prisão civil por dívidas só seria possível no caso do inadimplemento de alimentos ou de dívida fiduciária vencida em ação de depósito, nos termos do artigo 5º, inciso LXVII, da CF/88. Ocorre que o Pacto de San José, em seu artigo 7º, item 7, restringiu a prisão civil por dívida ao descumprimento inescusável de prestação de alimentos, deixando de fora a dívida fiduciária acima descrita.

Por muito tempo, o Supremo Tribunal Federal entendeu que os tratados teriam posição de norma subalterna em nosso ordenamento jurídico, não podendo prevalecer sobre norma constitucional, consolidando, dessa forma, uma jurisprudência interna possibilitando a manutenção da prisão do depositário infiel.

Após quatro anos da promulgação da EC 45/2004, no julgamento do *Habeas Corpus* 87.585/TO, em 3 de dezembro de 2008, o Supremo Tribunal Federal[74] decidiu que estavam derrogadas as normas estritamente legais definidoras da prisão do depositário infiel

---

[74] BRASIL, STF. HC 87585/TO. Disponível em: <http://www.stf.jus.br/portal/inteiroTeor/obterInteiroTeor.asp?numero=87585&classe=HC>. Acesso em: 11.07.2010.

previstas na Constituição Federal, com a introdução do Pacto de San José da Costa Rica no ordenamento jurídico brasileiro, conferindo a essa norma internacional um *status* supralegal. Pelo julgamento publicado no Informativo 531 do Supremo Tribunal Federal, percebe-se que alguns ministros ainda entenderam ter o Pacto *status* de norma constitucional; contudo, restaram vencidos em seus votos.

O fato é que, não obstante as discussões dos Ministros por ocasião do julgamento, a importância da decisão restou configurada, dando maior primazia à norma que se revelava mais favorável à pessoa humana, conferindo-lhe mais ampla proteção jurídica. Em um processo de hermenêutica, o Supremo Tribunal Federal conseguiu extrair a máxima eficácia da norma de Direito Internacional, coadunando-as às disposições internas constitucionais, protegendo o direito fundamental à liberdade.

Após esse julgamento e outros que sobrevieram, o Supremo Tribunal Federal estendeu a impossibilidade da prisão civil para qualquer modalidade de depósito, inclusive o judicial.

2. Direitos Fundamentais

Não é uma tarefa fácil conceituar os direitos fundamentais, principalmente, pela sua imprecisão dogmática.

Alguns autores trabalham com a ideia de que os direitos fundamentais seriam, a um só tempo, direitos subjetivos, preconizados como elementos fundamentais de uma ordem constitucional objetiva, justamente pelo fato de formarem a base do ordenamento jurídico do Estado, sendo exercidos de forma impositiva em face deste.

Para outros, seriam garantias fundamentais de caráter instrumental, permitindo aos cidadãos acionarem os poderes públicos, em especial o Poder Judiciário, para a proteção de seus direitos.

Parte da doutrina conceitua, ainda, os direitos fundamentais como sendo os Direitos Humanos. Ocorre que, apesar da semelhança da expressão, as diferenças se resumem à fonte de onde foram concebidos. Os Direitos Humanos, inicialmente, foram consagrados no plano internacional e, posteriormente, incorporados internamente, enquanto os direitos fundamentais se consagraram diretamente no plano interno, estando dispostos nas Constituições de determinados Estados.

Os direitos fundamentais surgiram diante de um contexto de transformação histórica e cultural da sociedade, mais especificamente no período pós-Revolução Francesa, cujo ideal era conferir aos cidadãos os direitos de liberdade.

Nesse contexto, surgiu a primeira geração dos direitos fundamentais consubstanciada na necessidade de o Estado em não interferir na liberdade dos cidadãos, ou seja, os deveres de abstenção do Estado em face das esferas das liberdades públicas[75].

Segundo Marcelo Novelino, citando José Afonso da Silva:

> *As condições reais ou históricas (objetivas e subjetivas) se manifestaram na contradição entre a monarquia absoluta e o surgimento de uma nova sociedade tendente à expansão comercial e cultural. Já as condições ideias ou lógicas (subjetivas) consistiram nas fontes de inspiração filosófica anotadas pela doutrina francesa, entre elas, o pensamento cristão, a doutrina do direito natural e o pensamento iluminista.*[76]

De acordo com alguns doutrinadores, esta seria a primeira geração dos direitos fundamentais, também denominados de direitos civis e políticos, baseados no primeiro ideal da Revolução Francesa, que era a Liberdade (*Liberté*).

Posteriormente, a ideia de liberdade já não mais atendia aos anseios sociais, pois de nada adiantava tão somente proteger a liberdade dos cidadãos, se alguns deles, principalmente aqueles pertencentes à classe menos privilegiada, não tinham como exercê-la. A divisão da riqueza continuava nas mãos de apenas um setor da sociedade (a burguesia), o que implicava exploração de alguns setores por este. Diante disso, surgiram os direitos fundamentais de segunda geração, consubstanciados nos direitos econômicos, sociais e culturais, baseados no ideal da Revolução Francesa, Igualdade (*Égalité*).

Tais direitos impõem ao Estado o dever de agir, de prestar ações que garantam a todos os indivíduos o acesso ao trabalho, a participação social e o tratamento igualitário.

Conforme afirma Bernardo Gonçalves Fernandes:

---

[75] Para alguns, a expressão "liberdades públicas" é inadequada por dar a ideia de que se contrapõe à existência de "liberdades privadas", o que não é correto.

[76] NOVELINO apud SILVA, José Afonso. *Direito Constitucional para concursos*. Rio de Janeiro: Forense, 2007.

No curso do século XX, tem-se o surgimento dos direitos de segunda geração. São eles: direitos sociais, culturais e econômicos. Os mesmos são chamados de sociais não pela perspectiva coletiva, mas pela busca da realização de prestações sociais. Sua introdução acabou por acontecer no desenvolvimento do Estado Social, como resposta aos movimentos e ideias antiliberais. Supostamente, abraçariam a noção de igualdade dos indivíduos que compõem uma dada sociedade (...).[77]

Já no século XX, pautado em um discurso humanitário, originado na percepção de um mundo dividido em nações desenvolvidas e subdesenvolvidas, construiu-se a terceira geração dos direitos fundamentais, a dos direitos de solidariedade, em especial o direito à paz, ao desenvolvimento e ao meio ambiente.

Esta terceira geração encerra o último ideal da Revolução Francesa, a Fraternidade (*Fraternité*).

Após isso, novas gerações foram acrescidas a essa tríade, destacando-se a quarta geração dos direitos fundamentais, concebida por Paulo Bonavides. Para ele, esta geração seria enunciada pelo direito à democracia, à informação e ao pluralismo. Seriam estes direitos inerentes a toda a humanidade.

Contudo, já existem autores defendendo uma nova geração de direitos fundamentais, a quinta, consubstanciada na paz. Outros sustentam a ideia da quinta geração sob outros enfoques.

Nesse sentido, Bernardo Gonçalves Fernandes citando José Adércio Leite Sampaio:

(...) como o sistema de direitos anda a incorporar os anseios e necessidades humanas que se apresentam com o tempo, há quem fale de uma quinta geração dos direitos humanos com múltiplas interpretações: Tehrarian (1997 a e b) diz sobre "direitos ainda a serem desenvolvidos e articulados", mas que tratam do cuidado,

---

[77] FERNANDES, Bernardo Gonçalves. *Curso de Direito Constitucional*. Rio de Janeiro: Lumen Júris, p. 236.

compaixão e amor por todas as formas de vida, reconhecendo-se que a segurança humana não pode ser plenamente realizada se não começarmos a ver o indivíduo como parte do cosmo e carente de sentimentos de amor e cuidado, todas definidas como prévias condições de "segurança ontológica" para usar a expressão de Laing (1969). Para Marzouki (2003), tais direitos seriam direitos oriundos de respostas à dominação biofísica que impõe uma visão única do predicado "animal" do homem, conduzindo os "clássicos" direitos econômicos, culturais e sociais a todas as formas físicas e plásticas, de modo a conduzir a formas de preconceitos com raças ou padrões reputados inferiores ou fisicamente imperfeitos. Essa visão de complementaridade é encontrado em Lebech (2000), todavia, em relação ao direito à vida sob os desafios das novas regras tecnológicas, derivando então de um direito à identidade individual, ao patrimônio genético e à proteção contra o abuso de técnicas de clonagem.[78]

Apesar de alguns autores sustentarem a tese da "geração de direitos", tal expressão tem sofrido várias críticas pela doutrina mais moderna por criar uma falsa impressão de que uma geração substitui a outra, o que é um erro, já que os direitos de liberdade não desapareceram quando surgiram os direitos sociais nem tampouco estes foram substituídos pelos direitos ligados à fraternidade.

Em verdade, o processo de afirmação desses direitos é de acumulação e não de substituição.

E seguem com as críticas, afirmando que essa divisão em gerações não leva à retratação da verdade histórica, tendo em vista que nem sempre os direitos de liberdade precederam os sociais. Fora isso, também sustentam que a dicotomia, direitos negativos (1ª geração) e positivos (2ª geração), é falsa, pois tanto os direitos de liberdade quanto os direitos sociais e econômicos exigem uma atuação Estatal, que envolve gastos, impondo obrigações públicas e privadas.

---

[78] FERNANDES apud SAMPAIO, José Adércio Leite. *Curso de Direito Constitucional.* Rio de Janeiro: Lumen Juris, 2010, p. 239.

Em virtude dessas críticas é que a doutrina moderna prefere substituir a expressão geração por dimensão.

Com essa nova interpretação, verifica-se que o termo "dimensão" se ajusta mais ao posicionamento recente de entender que os direitos fundamentais são indivisíveis, porquanto compreendidos em dimensões múltiplas.

A exemplo, verifica-se que o direito de propriedade permeia todas as dimensões, pois, numa visão privada, impõe-se ao Estado um dever de não interferir nessa esfera; na segunda dimensão, o direito de propriedade, já tem conotação de função social e até mesmo ambiental. Assim se dá com o direito ao meio ambiente que impõe ao Estado, também, o dever de não poluir, de fiscalizar e de disseminar informações sobre as políticas do meio ambiente, garantindo a todos os cidadãos a participação na tomada de decisões nessa área, reafirmando a cidadania ambiental.

Apesar dessa visão sobre as dimensões, alguns autores já vêm afirmando que essa nomenclatura também não é a mais adequada, já que indica dois ou mais grupos de um mesmo fenômeno, o que não é exatamente correto, pois entendem que há grupos de direitos fundamentais cujas conformações são muito diferentes. Nesse sentido, alguns sugerem expressões como categorias, espécies, famílias, naipe, etc.

Como se vê, a polêmica hoje gira mais em torno das nomenclaturas. Contudo, não se pode esquecer a importância didática que a expressão "gerações" trouxe para os estudos dos direitos fundamentais, principalmente para localizar de forma histórico-cronológica as transformações sociais e o reconhecimento de cada um deles.

Isso não implica dizer, e isso o leitor também já percebeu, que a afirmação de um grupo de direitos fundamentais impôs a decadência ou a extinção do grupo anterior, já que a ideia sempre foi a cada dia se reafirmar todos os direitos do homem em face do Estado, seja exigindo deste uma postura positiva, de ação, ou negativa, de abstenção.

Por sua vez, é inegável que os direitos fundamentais têm como finalidade o respeito à dignidade do homem, garantindo-lhe os meios de atendimento de suas necessidades básicas. Por isso mesmo é que a doutrina afirma que as principais características dos direitos fundamentais são: historicidade, imprescritibilidade, irrenunciabilidade, inviolabilidade, universalidade, concorrência e efetividade.

É fato que os direitos fundamentais encontram assento no artigo 5º da Constituição Federal de 88, e este artigo também enuncia as normas garantidoras desses direitos, de conteúdo assecuratório, cujo objetivo consiste em fornecer instrumentos para a proteção ou reparação de eventual direito lesado ou ameaçado de lesão.

2.1. Classificação dos direitos fundamentais

De acordo com o Título II da Constituição Federal de 88, os direitos fundamentais são gênero, sendo dividido em cinco espécies: direitos individuais, previstos basicamente no artigo 5º, contudo podendo ser encontrados em outros dispositivos; direitos coletivos, que estão situados nos capítulos I e II; direitos sociais, que também podem ser encontrados na capítulo II, mas que não se limitam a este; direitos de nacionalidade, dispostos no capítulo III; e os direitos políticos, elencados no capítulo IV.

Importante registrar que a Constituição Federal só consagra como cláusulas pétreas os direitos e as garantias individuais, por isso mesmo a importância da classificação acima.

Por sua vez, alguns doutrinadores, entre eles José Carlos Vieira de Andrade, dividem os direitos fundamentais em três espécies. Para eles, temos os direitos de defesa, que são os direitos fundamentais clássicos, que surgiram para proteger a liberdade individual, os direitos à prestação, que exigem do Estado, diverso do anterior, uma atuação, no sentido de fornecer prestações materiais e jurídicas, e os direitos de participação, que permitem ao cidadão de participar da vida política do país.

2.2. Direitos individuais em espécie

O artigo 5º da Constituição Federal de 88 dispõe que *todos são iguais perante a lei, sem distinção de qualquer natureza, garantindo-se aos brasileiros e aos estrangeiros residentes no País a inviolabilidade do direito à vida, à liberdade, à igualdade, à segurança e à propriedade, nos termos seguintes.*

Desta forma, verifica-se que os direitos individuais estão concretizados nos incisos do artigo 5º da Constituição Federal, conforme passaremos a expor:

A) Direito à vida

A Constituição Federal consagra o direito à vida sob dois aspectos, ao proteger tanto o direito de permanecer vivo quanto o de ter uma vida digna. Por isso mesmo, sua ligação com a dignidade humana.

Se estudamos a vida sob esses dois aspectos, mister se faz adentrar nas discussões a respeito do aborto para fetos anencéfalos, objeto da ADPF[79] 54, que tramita atualmente no Supremo Tribunal Federal. Segundo consta, a referida ADPF pede uma interpretação conforme a Constituição Federal para que a realização do aborto, nesse caso, seja uma forma de antecipação de um tratamento terapêutico, que não seria tipificado penalmente como aborto.

Existem hoje várias outras correntes doutrinárias se posicionando em relação a esse caso. Alguns sustentam que quando o Código Penal foi criado, em 1940, não havia meios eficazes para diagnóstico da anencefalia de fetos, e que por isso mesmo devemos, nos dias atuais, utilizar de uma interpretação evolutiva do Código Penal, permitindo-se a escolha dos pais pela realização do aborto.

---

[79] A sigla corresponde à Ação de Descumprimento de Preceito Fundamental que tramita perante o Supremo Tribunal Federal e que trata do abortamento com o feto anencefálico.

Outros, por sua vez, entendem pela aplicação do princípio da dignidade da pessoa humana, discutindo se permitiria à mãe interromper a gravidez, diante de um diagnóstico de anencefalia, evitando-lhe a imposição de um sofrimento equiparado ao da tortura.

Existe ainda argumentos filosóficos no sentido de que, quando se tem duas posições defensáveis, como é neste caso, favorável e desfavorável ao aborto, o papel do Estado seria o de não interferir e fazer prevalecer a vontade da gestante – seria mais razoável homenagear a autonomia da vontade.

A constitucionalidade da Lei de Biossegurança foi contestada por meio da ADI 3510[80], principalmente no que dizia respeito à pesquisa com células-tronco envolvendo embriões humanos. Em 2008, o Supremo Tribunal Federal julgou improcedente o pedido formulado na ADI, ou seja, declarou constitucional a pesquisa com células-tronco, analisando que o estudo dessas células serviria para fins de pesquisa e terapia, principalmente no que tange às possibilidades de recuperação da saúde de pessoas com anomalias ou graves incômodos genéticos.

Outra questão também objeto de discussões diz respeito ao tratamento hemoterápico para pacientes que sejam adeptos da religião "Testemunhas de Jeová".

O artigo 15 do Código Civil dispõe que ninguém pode ser compelido a submeter-se a tratamento médico de risco, consagrando o princípio da autonomia da vontade. Neste caso específico, existem entendimentos de que, quando houver um outro tratamento alternativo, diverso ao da transfusão sanguínea, o paciente dessa religião poderá optar pelo tratamento alternativo, respeitando-se sua opção religiosa.

---

[80] A Ação Direita de Inconstitucionalidade (ADI) contestou a constitucionalidade da Lei de Biossegurança, principalmente no que tange à pesquisa com células-tronco de embriões humanos produzidos *in vitro* e não usados no respectivo procedimento. No seu voto, o Ministro Carlos Britto asseverou, entre outros, os direitos constitucionais da pessoa humana, os direitos infraconstitucionais do embrião pré-implantado, a inexistência de aborto tratando-se de pesquisas com células-tronco, os direitos fundamentais da autonomia da vontade, do planejamento familiar e da maternidade, e o direito à saúde como corolário do direito fundamental à vida digna.

Contudo, se não houver outra forma de salvar a vida do paciente, a Resolução 1.021/80 do Conselho Federal de Medicina e os artigos 46 e 56 do Código de Ética Médica autorizam o médico a realizar o ato hematológico. Nos casos em que o paciente esteja inconsciente ou sendo incapaz, a transfusão será realizada, não podendo o médico se abster de fazê-la, mesmo a pedido de seus familiares, sob pena de ser responsabilizado criminalmente.

De qualquer forma, alguns tribunais entendem que o direito à vida deverá sempre prevalecer nestes casos, até mesmo por ser pressuposto de todos os demais direitos. No entanto, alguns doutrinadores se posicionam pela prevalência do direito à liberdade religiosa como solução que atende mais amplamente a dignidade humana e o direito de disposição do próprio corpo.

Não se pode olvidar que o nosso ordenamento jurídico, em várias oportunidades, relativiza o direito à vida. A Constituição Federal de 88 prevê no artigo 5º a pena de morte em caso de guerra declarada. Já o Código Penal, no artigo 128, permite o aborto nos casos de risco de vida da gestante – chamado de aborto terapêutico ou necessário – e quando a gravidez resulta de estupro – conhecido como aborto sentimental.

E conforme assevera Bernardo Gonçalves Fernandes[81]:

> *Porém, temos que a vida, enquanto direito fundamental básico, não pode ser analisada apenas pela ótica biológica. Portanto, as doutrinas constitucionais mais recentes desenvolvem uma compreensão diversa do entendimento biológico, compreendendo a concepção da vida conectada à de dignidade humana.*

E é justamente por isso que se discute tanto as questões tratadas linhas atrás, por envolverem o direito à vida, sobretudo o direito à vida digna.

---

[81] FERNANDES, Bernardo Gonçalves. *Curso de Direito Constitucional.* Rio de Janeiro: Lumen Juris, 2010, p. 274.

Vale ressaltar, por derradeiro, que o objetivo desta obra não é adentrar em discussões éticas ou religiosas. Neste item apenas expusemos algumas posições referentes às questões jurídicas do direito à vida.

B) Direito à liberdade

A Declaração Universal dos Direitos Humanos de 1948 declara que todo homem tem direito à liberdade de locomoção e de residência dentro das fronteiras de cada Estado. Dispõe, ainda, que todo homem tem direito a sair de qualquer país, inclusive do próprio, e a ele regressar.

A Constituição Federal consagra a liberdade sob vários aspectos.

Inicialmente, temos no artigo 5º, inciso IV, a liberdade de expressão do pensamento. No inciso VI, temos a liberdade de consciência e de crença. Já os incisos XVI, XVII e XXI consagram a liberdade de reunião e associação para fins lícitos. E, por fim, no inciso XV, o direito à liberdade de locomoção.

Diante desses dispositivos, podemos afirmar que o direito à liberdade foi o maior direito que o homem alcançou. Todos esses dispositivos da Constituição Federal de 88 revelam uma concepção ampla desse direito.

Assim como os demais direitos fundamentais, o direito à liberdade encontra limitações em algumas situações, a exemplo do Estado de Sítio, no que tange à prática de infrações penais, em tempo de guerra. Claro que qualquer limitação a esse direito só poderá decorrer da norma, tanto constitucional quanto infraconstitucionalmente.

Por sua vez, por ser a liberdade um direito amplo, o próprio Constituinte prevê instrumentos que protejam esse direito de violações, como é o caso do *Habeas Corpus*, considerada a hipótese de ameaça ou violação a esse direito fora dos casos previstos na norma.

C) Direito à igualdade

Mais propriamente denominado de princípio da isonomia, o direito à igualdade impõe tratar os iguais de maneira igual e os desiguais na medida de sua desigualdade.

Para Bernardo Gonçalves[82] *tal premissa nada tem de moderna, sendo tributária do pensamento de Aristóteles, em sua obra* Ética a Nicômano.

E continua o autor[83]:

> *No pensamento do filósofo grego, primeiro poderíamos falar que uma igualdade aritmética é estabelecer uma estrita relação entre a retribuição e a causa; ou, dito de outra forma, nessa perspectiva cada indivíduo tem exatamente a mesma importância e consideração, pressupondo equivalência na importância de cada um. Já a chamada* igualdade geométrica *implica uma proporcionalidade definida a partir da comunidade política; desse modo, o critério de merecimento é variável conforme o papel e a importância social do sujeito para a comunidade grega, logo pessoas, que desempenham funções diferentes na* polis, *recebem direitos diferentes.*

Não obstante a visão da igualdade trazida pela Constituição Federal de 88, Bernardo Gonçalves[84], citando Celso Antônio Bandeira de Mello, nos esclarece os elementos que devam ser identificados para se concluir pela lesão a esse direito:

> *1º. A diferenciação não pode atingir apenas uma pessoa;*
> *2º. As situações (ou pessoas) a serem diferenciadas pela norma jurídica devem ser de fato distintas (isto é, apresentarem características diferenciadas);*

---

[82] *Idem*, p. 297.

[83] *Ibidem*, p. 297

[84] FERNANDES, Bernardo Gonçalves *apud* BANDEIRA DE MELLO, Celso Antônio. *Curso de Direito Constitucional*. Rio de Janeiro: Lumen Juris, 2010, p. 299.

3º. *Devem existir, abstratamente, uma lógica entre os fatos diferenciais e a distinção estabelecida pela norma jurídica; e*

4º. *Concretamente, o vínculo de correlação deve ser pertinente em razão de interesses constitucionais protegidos, tendo em vista, para tanto, o "bem público".*

Como exemplo de aplicação do princípio da igualdade nessa concepção, temos as ações afirmativas[85], visando a corrigir desigualdades de cunho histórico na política de quotas nas universidades públicas.

Importante registrar que tramitam hoje no Supremo Tribunal Federal a ADPF 186 ajuizada pelo Partido Democratas contra a política de reserva de vagas em universidades públicas com base em critérios raciais, ao argumento de que podem causar discriminação reversa, e, também, um Recurso Extraordinário de número 597.285, interposto por um estudante que se sentiu prejudicado pelo sistemas de quotas adotado pela Universidade Federal do Rio Grande do Sul.

D) Direito à privacidade

O direito à privacidade envolve o direito à intimidade, à vida privada, à honra e à imagem, ligados todos à personalidade do indivíduo.

Hoje tem se discutido de forma intensa o direito à privacidade, principalmente diante das últimas notícias veiculadas pela imprensa de que dados fiscais de várias pessoas estão sendo acessados por terceiros sem autorização do Estado.

A Constituição Federal, em seu artigo 5º, inciso X, consagra direitos ligados à proteção da esfera individual dos sujeitos, ao considerar como invioláveis a intimidade, a vida privada, a honra e a imagem das pessoas. Ainda, em caso de violação, determina o pagamento de indenização por dano material e moral.

---

[85] As ações afirmativas consistem em políticas públicas ou programas privados com o objetivo de reduzir as desigualdades decorrentes de discriminações ou de uma hipossuficiência por meio da concessão de algum tipo de vantagem compensatória de tais condições.

Em uma definição enciclopédica, *privacidade é a habilidade de uma pessoa em controlar a exposição e a disponibilidade acerca de si. Relaciona-se com a capacidade de existir na sociedade de forma anônima*[86].

O direito à privacidade, segundo Bernardo Gonçalves Fernandes[87], está *ligado à exigência do indivíduo encontrar-se protegido na sua solidão, na sua paz e equilíbrio, sendo a reclusão periódica uma necessidade da vida moderna, até mesmo como elemento de saúde mental.*

O direito à privacidade está, portanto, ligado intimamente ao direito à intimidade. Alguns doutrinadores entendem que na privacidade se encontram os relacionamentos familiares, de amizade, negócios e lazer. A intimidade já seria uma esfera mais restrita, onde se preserva as relações mais íntimas, pessoais do indivíduo.

O fato é que a busca contínua para se proteger o indivíduo dos interesses gerais, principalmente nos dias de hoje, onde os meios de comunicação e o avanço da tecnologia, em especial, na área da informática, impõem uma constante vigília da esfera dos direitos de personalidade, principalmente com a finalidade de impedir abusos.

Nesse diapasão, insere-se a necessidade da proteção da imagem, sendo esta alvo de violação constante diante do avanço tecnológico. Segundo definição Cristiano Chaves e Nelson Rosenvald[88]:

> *O direito à imagem é de grande elasticidade, cuidando da proteção conferida à pessoa em relação à sua forma plástica e aos respectivos componentes identificadores (olhos, rosto, perfil, busto, voz, características fisionômicas) que a individualizam na coletividade, deixando antever amplo espectro, formado por um conjunto de características que permitem a sua identificação no meio social.*

---

[86] WIKIPEDIA. Disponível em: <http://pt.wikipedia.org/wiki/Privacidade>. Acesso em: 25 de agosto de 2010.

[87] FERNANDES, Bernardo Gonçalves. *Curso de Direito Constitucional.* Rio de Janeiro: Lumen Juris, 2010, p. 308.

[88] FARIAS, Cristiano Chaves; ROSENVALD, Nelson. *Direito Civil: teoria geral.* Rio de Janeiro: Lumen Juris, 2008, p. 140.

Por sua vez, o direito à honra diz respeito à reputação, ao prestígio social, tutelando a boa fama e a estima que a pessoa desfruta em suas relações sociais. Não se pode confundir honra com imagem, pois pode-se utilizar a imagem de forma irregular, sem contudo violar a honra.

A honra pode ser entendida sob dois prismas: a honra objetiva e a honra subjetiva. A honra objetiva é aquela que diz respeito à reputação que uma pessoa tem perante terceiros. Já a honra subjetiva diz respeito a um juízo valorativo que uma pessoa faz de si mesma, podendo ambas ser violadas a um só tempo.

Não há dúvidas de que não existem direitos absolutos, não fugindo a essa regra os direitos estudados neste item. Tanto a privacidade, quanto a intimidade e a imagem cedem diante de um juízo de ponderação de interesses.

Em algumas situações, como no caso da prática de uma infração penal, autoriza-se a quebra do sigilo das comunicações telefônicas do agente, fazendo prevalecer o interesse público sobre o privado. De igual modo, o direito à imagem de algumas pessoas que estejam sendo investigadas é mitigado diante do interesse do Estado em localizá-las, publicando seus retratos.

Nesse mesmo sentido, citamos a imagem das pessoas públicas, entre elas as celebridades, os governantes, pois o interesse coletivo acaba por se sobrepor.

Segundo Cristiano Chaves e Nelson Rosenvald[89]:

> *Não é crível, nem admissível, portanto, que um conhecido artista de televisão ou um governante pudessem reclamar dano pelo uso da imagem em jornais, revistas, televisão, etc. Máxime considerando o caráter jornalístico da utilização, no mais das vezes.*

Claro que não é sempre que o interesse da coletividade deve prevalecer, principalmente quando implique violação dos direitos de

---
[89] *Idem*, p. 141.

personalidade das pessoas. Há casos em que a imagem de uma pessoa pública é utilizada fora dos padrões admitidos pela sociedade. Assim, teremos uma violação implicando imposição de indenização pelo dano sofrido. Também não deverá ser suportado pela pessoa pública reportagens ou mesmo imagens em um contexto de intimidade sem que tenha sido autorizado.

Neste caso, diante de uma ponderação de direitos, a liberdade de imprensa cede lugar aos direitos de personalidade, principalmente se o conteúdo da matéria caracterize abuso de direito. Tanto é assim que o Superior Tribunal de Justiça, na Súmula 221, dispõe que *são civilmente responsáveis pelo ressarcimento do dano, decorrente de publicação pela imprensa, tanto o autor do escrito quanto o proprietário do veículo de divulgação.*

E) Direito à propriedade

A Constituição Federal, em seu artigo 5º, inciso XXII, diz que é garantido o direito de propriedade e, no inciso XXIII, dispõe que a propriedade atenderá sua função social. Desta forma, o Constituinte originário rompe com noção individualista da propriedade que existia anteriormente, onde o proprietário tinha direito ilimitado e incondicionado sobre ela.

Para alguns doutrinadores, o direito de propriedade só é garantido quando a propriedade atende a sua função social. Para outros, a função social confere uma maior proteção ao direito de propriedade.

Não obstante esses posicionamentos, o fato é que o direito à propriedade assegura o direito mínimo a ter uma propriedade e também o direito de manter a propriedade.

Assim como os demais direitos fundamentais, a própria Constituição impõe restrições ao direito de propriedade, no caso de iminente perigo público, onde a autoridade competente poderá usar a propriedade particular, assegurada ao proprietário indenização ulterior, em caso de dano.

Outra restrição constitucional é quanto ao descumprimento da função social da propriedade. Para alguns doutrinadores, conforme já referido anteriormente, a função social é elemento integrador da propriedade como objeto constitutivo deste, não se confundindo com os elementos limitadores. Para Bernardo Gonçalves Fernandes, *não poderá ser juridicamente considerado proprietário aquele que não der ao bem uma destinação compatível e harmoniosa com o interesse público*[90].

O artigo 182, § 2°, da Constituição Federal, esclarece que a propriedade urbana cumpre sua função social quando atende às exigências fundamentais de ordenação da cidade expressas no plano diretor, que é obrigatório para cidades com mais de vinte mil habitantes. Quanto à propriedade rural, estabelece a Constituição, em seu artigo 186, alguns critérios para que cumpra a função social, como: aproveitamento racional e adequado, utilização adequada dos recursos naturais disponíveis, preservação do meio ambiente, observâncias das normas que regulam as relações trabalhistas, exploração que favoreça o bem-estar do proprietário e dos trabalhadores.

Se for descumprido quaisquer desses requisitos, o Estado intervirá no direito de propriedade do particular, iniciando o procedimento de desapropriação mediante o pagamento de indenização em dinheiro ou titulo da dívida pública ou agrária, passando esse bem a integrar o patrimônio público.

Temos ainda outras formas de intervenção no direito de propriedade, como é o caso da servidão administrativa[91] e da requisição[92], não podendo deixar de citar outras hipóteses de desapropriação, por necessidade ou utilidade públicas, e pelo interesse social.

---

[90] FERNANDES, Bernardo Gonçalves. *Curso de Direito Constitucional.* Rio de Janeiro: Lumen Juris, 2010, p. 302.

[91] É um direito real público, onde o Estado fica autorizado a usar de uma propriedade imóvel para executar obras públicas e serviços de interesse coletivo (ex.: instalação de rede elétrica).

[92] Implica uso do bem pelo Estado visando atender o interesse público (ex.: requisição civil ou militar em tempo de guerra, requisição em caso de calamidade pública).

3. Princípios Constitucionais

3.1. Conceito de Princípio

Logo de início, no Titulo I da Constituição Federal de 1988, pode-se observar a preocupação do Constituinte originário em destacar os princípios fundamentais, como forma de delimitar teórica e politicamente o pensamento e as convicções daquela Assembleia Constituinte.

A noção do que vem a ser o princípio, segundo alguns, derivou de uma ideia ligada à afirmação da existência de um Direito Natural, uma espécie de supranorma que norteava as condutas por um critério de definição de padrões substanciais de justiça. Nessa época, tais padrões de justiça consubstanciavam-se em uma realidade religiosa, denominada de jusnaturalismo teológico.

Nesta concepção, acreditava-se que a ordem jurídica era derivada de mandamentos que emanavam de Deus. Portanto, todas as demais normas positivadas deveriam espelhar-se nos comandos fixados pela divindade e, por emanarem dela, os princípios determinavam padrões de condutas perfeitas e imutáveis, sem anomias ou antinomias.

O jusnaturalismo teleológico baseou-se na filosofia escolástica que se reportava ao ensino praticado pela Igreja na Idade Média. Por isso mesmo surgiu a ideia de problematizar a relação entre a fé e a razão, pois os princípios derivavam de uma lei divina, perfeita e acabada, não dependendo para sua existência de qualquer convenção ou positivação. Neste contexto, a lei do homem, por ser falha, defeituosa e sujeita a conveniências políticas e conjunturais, deveria incorporar a lei divina para fins de legitimação.

Uma segunda corrente, já dissociada da figura da divindade, passou a considerar a origem dos princípios na razão, ou seja, por meio de um mecanismo racional, seria perfeitamente possível se pensar padrões de condutas morais que definiam se as ações eram certas ou erradas, justas ou injustas.

Segundo esclarece Bernardo Gonçalves Fernandes:

> *A avaliação se dá em abstrato, sem levar em conta a situação particular envolvida, sem as perspectivas individuais do agente e do sujeito da ação.*[93]

Essas normas morais, materializadas em Direitos Naturais, seriam os princípios que funcionavam como referenciais de justiça.

Com a doutrina positivista e o desenvolvimento do Estado Liberal, no início, os princípios, por estarem atrelados à ideia de um Direito Natural, foram afastados do raciocínio jurídico. Com a transição para o Estado Social, verificou-se a necessidade de reaproximar os princípios do direito, em virtude da utilização de conteúdos morais, de conceitos indeterminados e de cláusulas gerais, como "boa-fé", "interesse público", relevância nacional", "dignidade", etc.

Hoje, os princípios funcionam como elementos interpretativos do direito. Nas expressas palavras de Celso Antônio Bandeira de Mello:

> *Princípio é mandamento nuclear de um sistema, verdadeiro alicerce dele, disposição fundamental que se irradia sobre diferentes normas compondo-lhes o espírito e servindo de critério para sua exata compreensão e inteligência, exatamente por definir a lógica e a racionalidade do sistema normativo, no que lhe confere a tônica e lhe dá sentido harmônico.*[94]

---

[93] FERNANDES, Bernardo Gonçalves. *Curso de Direito Constitucional*. Rio de Janeiro: Lumen Júris, p. 208.

[94] MELLO, Celso Antônio Bandeira de. *Curso de Direito Administrativo*. São Paulo: Malheiros, 1996, p. 545.

Por estarem em uma situação de proximidade com os valores, que são entendidos como conjunto de escolhas de caráter ético-político de uma sociedade, os princípios possuem uma preeminência em relação às regras jurídicas. Essa situação se dá pelo fato de que grande parte das regras fundamentam-se na gênese dos princípios.

Importante ressaltar que, no entendimento atual, não há que se confundir princípios com regras. A doutrina clássica distinguia princípio de norma. Atualmente, trabalha-se com a ideia de que norma é gênero, que tem por espécies os princípios e as regras.

Princípios, nas palavras de Robert Alexy, são mandamentos de otimização, aplicáveis por meio de ponderação, de proporcionalidade ou razoabilidade, obedecendo a lógica do "mais ou menos". Já as regras, por serem mandamentos de definição, são aplicáveis na medida exata de sua determinação, obedecendo à lógica do "tudo ou nada".

Os princípios desempenham diversas funções. Inicialmente, podemos destacar a função construtiva, pois são fontes materiais de um grande número de regras jurídicas, direcionando a solução do caso concreto e servindo de norma programática.

Em sua função interpretativa, atuam como instrumentos de interpretação quando houver dúvidas sobre o sentido de uma regra. Nas precisas lições de Luís Roberto Barros:

> *O ponto de partida do intérprete há que ser sempre os princípios constitucionais, que são um conjunto de normas que espelham a ideologia da Constituição, seus postulados básicos e seus fins. A atividade da interpretação deve começar pela identificação do princípio maior que rege o tema a ser apreciado, descendo do mais genérico ao mais específico, até chegar à formulação da regra concreta que vai reger a espécie.*[95]

---
[95] BARROSO, Luís Roberto. *Interpretação e aplicação da Constituição*. São Paulo: Saraiva, 2009, p. 143.

Na função integrativa, oferecem regulamentação aos casos concretos aos quais não correspondam regras específicas, por meio da aplicação de normas implícitas, integrando seu conteúdo.

Já nas funções sistêmica e limitativa, o princípio interliga e harmoniza o ordenamento jurídico, ao mesmo tempo em que atua como um limitador das ações dos poderes do Estado e contra o uso abusivo dos direitos.

3.2. Classificação dos Princípios Fundamentais

Conforme inicialmente falado no item anterior, o *caput* do artigo 1º do Título I da Constituição Federal de 88 elenca os princípios fundamentais que constituem as diretrizes básicas de toda a ordem constitucional.

A) Princípio Republicano

O primeiro princípio insculpido na Constituição é o Republicano, que fixa a forma de governo do Estado, estabelecendo a relação entre governante e governado, baseando-se na ideia de que o poder político é exercido eletivamente, de forma temporária e por mandato representativo.

O sistema republicano contrapõe-se ao sistema monárquico, justamente por conceber a necessidade de alternância no poder e de se conferir legitimidade do Chefe do Estado por meio da representatividade popular. No último, o exercício do poder se dá por fatores hereditários, sem alternância no poder diante da concepção de vitaliciedade.

Importante registrar que no sistema republicano vige a responsabilização dos governantes pelos seus atos, com sanções políticas, penais e administrativas, o que não vigora no sistema monárquico.

B) Princípio Federativo

A Federação é uma forma de Estado em que existe mais de uma forma de poder dentro de um mesmo território. No Brasil, os Estados-Membros e os Municípios detêm autonomia, consubstanciada em certo grau de liberdade organizacional, administrativa e de governo, caracterizada pela descentralização política na qual há uma retirada de competências de um centro e transferência para outros centros. Nesta, a autonomia desses outros centros está limitada por alguns princípios consagrados na Constituição.

O princípio federativo é cláusula pétrea, prevista no artigo 60, § 4º, inc. I, da Constituição Federal, significando que nenhuma proposta de emenda à Constituição poderá ser deliberada se tendente a abolir a forma federativa do Estado.

C) Princípio da Indissolubilidade do pacto federativo

Com base na previsão de que a República Federativa do Brasil é formada pela união indissolúvel dos Estados, Distrito Federal e Municípios, a Constituição proíbe aos entes federados o direito de secessão, que nada mais é do que uma separação tendente a romper a unidade da federação brasileira. Sendo assim, tal princípio tem por finalidade conciliar a descentralização do poder à preservação da unidade nacional.

Caso algum ente tente romper com essa unidade, o artigo 34, inc. I, da Constituição Federal, autoriza a intervenção federal a fim de manter a integridade nacional.

D) Princípio do Estado Democrático de Direito

Para entender este princípio, precisamos analisar a evolução do Estado de Direito para o Estado Democrático de Direito.

Para alguns, o conceito do Estado Democrático de Direito, também denominado de Estado Constitucional, surge do entendimento de que este seria a união de dois princípios fundamentais: o Estado de Direito e o Estado Democrático.

A expressão Estado de Direito foi concebida pelo jurista alemão Robert Von Mohl, no século XIX, após Revolução Francesa, com a concepção de um Estado regulado por leis gerais, onde os cidadãos eram protegidos contra os abusos de poder. Até então, sob o imperialismo absoluto dos reis, o Estado era pautado por um autoritarismo sem precedentes, em que cabia tão simplesmente ao cidadão se submeter aos desmandos de um poder real, que se legitimava tão simplesmente pelo vínculo hereditário.

Fora isso, sob a égide de um direito natural, pautado no Cristianismo da época, a Igreja se afirmava ao argumento de uma legitimidade por representatividade de Deus. Fora destes dois segmentos sociais, os demais cidadãos eram submetidos ao arbitrarismo desses, sem condições nenhuma de defesa nem de argumentação.

Contrapondo-se a essa situação, surge o movimento pautado nos ideais de liberdade, igualdade e fraternidade, marcado pela necessidade de frear o autoritarismo dos representantes do Estado, por meio da edição de normas que servissem ao mesmo tempo de escudo e liberdade para o cidadão, estabelecendo-se, dessa forma, limites aos poderes do Estado.

Nesse diapasão, o Estado ganha novos contornos em sua estrutura, passando a ter como principais elementos o império das leis, e tanto o Estado quanto o cidadão deverão a elas se submeter, ocorrendo a separação dos poderes do Estado, com a criação de um sistema de freios e contrapesos e a prevalência dos direitos fundamentais individuais do homem.

Nas precisas lições de Norberto Bobbio:

> *O liberalismo é uma doutrina do Estado limitado tanto com respeito aos seus poderes quanto às suas funções. A noção corrente que serve para representar o primeiro é o Estado de Direito; a noção corrente para representar o segundo é o Estado mínimo [...]. Enquanto o Estado de direito se contrapõe ao Estado absoluto entendido como legitimus solutus, o Estado mínimo se contrapõe ao Estado máximo: deve-se, então, dizer, que o Estado liberal se afirma na luta contra o Estado absoluto em defesa do Estado de*

direito e contra o Estado máximo em defesa do Estado mínimo, ainda que nem sempre os dois movimentos de emancipação coincidam histórica e praticamente.[96]

E segue afirmando:

> Por Estado de direito entende-se um Estado em que os poderes públicos são regulados por normas gerais (as leis fundamentais ou constitucionais) e devem ser exercidos no âmbito das leis que os regulam, salvo o direito do cidadão de recorrer a um juiz independente para fazer com que seja reconhecido e refutado o abuso ou excesso de poder. Assim entendido, o Estado de direito reflete a velha doutrina [...] da superioridade do governo das leis sobre o governo dos homens, segundo a fórmula lex facit regem.[97]

Posterior a essa fase, diante do enfraquecimento do Estado de Direito, tão somente numa visão legal e social, fortalece-se a concepção de um Estado formado pela soberania popular, em uma compreensão procedimentalista de participação do povo nas decisões do Estado.

Surge a noção inicial do que seria a democracia – a possibilidade da maioria de eleger os atores políticos que, a partir de então, estariam autorizados a tomar decisões coletivas, escolhendo seus procedimentos.

Hoje, o entendimento que se tem de democracia é de que se trata de um governo exercido pela maioria, direta ou indiretamente, associado à preservação dos direitos fundamentais e das minorias.

Nesse sentido, surge o Estado Democrático de Direito, também chamado de Estado Constitucional, como aquele que reafirma a superioridade da Constituição, a existência dos direitos fundamentais, a legalidade das ações estatais e um sistema de garantias jurídicas e procedimentais.

---

[96] BOBBIO, Norberto. *A era dos direitos*. Rio de Janeiro: Campus, 1990, p. 17

[97] Idem, p. 18.

Na visão de Luís Roberto Barroso:

> *O Estado constitucional de direito desenvolve-se a partir do término da Segunda Guerra Mundial e se aprofunda no último quarto do século XX, tendo por característica central a subordinação da legalidade a uma Constituição rígida. A validade das leis já não depende apenas da forma de sua produção, mas também da efetiva compatibilidade de seu conteúdo com as normas constitucionais, às quais se reconhece a imperatividade típica do direito. Mas que isso: a Constituição não apenas impõe limites ao legislador e ao administrador, mas lhes determina, também, deveres de atuação. A ciência do direito assume um papel crítico e indutivo da atuação dos Poderes Públicos, e a jurisprudência passa a desempenhar novas tarefas, entre as quais se incluem a competência ampla para invalidar atos legislativos ou administrativos e para interpretar criativamente as normas jurídicas à luz da Constituição.*[98]

E) Princípio da Separação dos Poderes

Baseada na ideia do Estado de direito, tal princípio encontra assento no artigo 2º da Constituição Federal de 88, que nos traz a noção fundamental de evitar a concentração e o exercício do poder em um só órgão estatal, isto porque suas consequências sempre se mostraram desastrosas.

O princípio da separação dos poderes é uma das maiores garantias de liberdade pública que tivemos na história, pois sem a contenção do poder o seu exercício ilimitado descamba para a arbitrariedade e o uso desmensurado da força como imposição desse poder.

A ideia de se fragmentar o poder do Estado remete a Aristóteles, que afirmava a necessidade de se separar as funções administrativas do Estado das funções de resolução de litígios.

---

[98] BARROSO, Luís Roberto. *Curso de Direito Constitucional Contemporâneo:* os conceitos fundamentais e a construção do novo modelo. São Paulo: Saraiva, 2009, pp. 244-245.

Com Montesquieu, sob a inspiração de Jonh Locke, nasceu a teoria da separação dos poderes, baseada no sistema de freios e contrapesos, partindo da análise da existência de três poderes incubidos de desempenhar as funções do Estado, contudo, fixando-se limites e controle de cada um em face dos demais.

Na Constituição Federal de 88, a separação dos poderes, além de princípio fundamental estruturante, é também considerada cláusula pétrea, disposta no artigo 60, § 4º, inc. III. Assim como o princípio federativo, nenhuma proposta de emenda à Constituição será analisada se tendente a abolir a separação existente entre os Poderes, justamente para salvaguardar os cidadãos de abusos que possam ocorrer com a abolição desse princípio.

4. Fundamentos do Estado Brasileiro

Além dos princípios fundamentais tratados linhas atrás, alguns doutrinadores afirmam que os incisos do artigo 1º da Constituição Federal tratam de princípios instrumentais, que serão a seguir analisados.

A) Soberania

O primeiro deles diz respeito à soberania, que é um atributo característico do Estado independente.

Conforme afirma Marcelo Novelino, citando Marcello Caetano:

> *A soberania pode ser definida como um poder político supremo e independente. Supremo, por não estar limitado por nenhum outro na ordem interna; independente, por não ter de acatar, na ordem internacional, regras que não sejam voluntariamente aceitas e por estar em pé de igualdade com os poderes supremos dos outros povos.*[99]

A soberania é universal, porquanto exercida em face dos demais Estados soberanos. De regra, não sofre restrições de nenhuma espécie, salvo as que decorrem da necessidade de convivência pacífica das nações no plano internacional.

Na visão mais moderna, mas ainda tímida, entende-se que esse modelo de soberania, como uma força suprema, incontestável

---
[99] NOVELINO *apud* CAETANO, Marcello. *Direito Constitucional para concursos*. Rio de Janeiro: Forense, 2007, p. 132.

e ilimitada, tem seus dias contados, porquanto o mercado globalizado, diante das necessidades econômicas, tende a impulsionar os Estados soberanos para formas globalizadas, que se acomodem aos interesses da humanidade, em nome do bem comum internacional.

Celso Ribeiro Bastos reafirma essa visão:

> *O princípio da soberania é fortemente corroído pelo avanço da ordem jurídica internacional. A todo instante reproduzem-se tratados, conferências, convenções que procuram traçar as diretrizes para uma convivência pacífica e para uma colaboração permanente entre os Estados. Os múltiplos problemas do mundo moderno, alimentação, energia, poluição, guerra nuclear, repressão ao crime organizado ultrapassam a barreira do Estado, impondo-lhe, desde logo, uma interdependência de fato. À pergunta de que se o termo soberania ainda é útil para qualificar o poder ilimitado do Estado, deve ser dada uma resposta condicionada. Estará caduco o conceito se por ele entendermos uma quantidade certa de poder que não possa sofrer contraste ou restrição. Será termo atual se com ele estivermos significando uma qualidade ou atributo da ordem jurídica estatal. Nesse sentido, ela – a ordem interna – ainda é soberana, porque, embora exercida com limitações, não foi igualada por nenhuma ordem de direito interna, nem superada por nenhuma outra externa.*[100]

B) *Cidadania*

Decorrente do Princípio do Estado Democrático de Direito, a cidadania consiste na participação política do indivíduo na condução dos negócios e interesses do Estado.

Por uma necessidade evidente, diante da transformação do Estado, a doutrina tem conceituado a cidadania de forma mais ampliada.

---

[100] GANDRA, Ives *apud* BASTOS, Celso Ribeiro. *O Estado do futuro*. São Paulo: Pioneira, 1998, p. 165.

Assim nos esclarece Bernardo Gonçalves Fernandes:

Assim sendo, podemos afirmar que a cidadania não é algo pronto e acabado, mas se apresenta como processo (um caminhar para) de participação ativa na formação da vontade política e referendo dos direitos e garantias fundamentais, sendo ao mesmo tempo um status e um direito.[101]

C) Dignidade Humana

Falar em dignidade humana não é algo recente na história da humanidade, apesar de estar mais referenciada nos dias atuais.

A dignidade humana, considerada o núcleo axiológico do constitucionalismo contemporâneo, é o valor supremo que regulará a criação, interpretação e aplicação de toda a ordem normativa constitucional, em especial os direitos fundamentais.

A dignidade humana como valor supremo dos Estados constitucionais teve seu ápice após a 2ª Guerra Mundial, em reação aos horrores do nazismo e em reação a todas as práticas atentatórias contra a dignidade pelas ditaduras ao redor do mundo.

Com as declarações universais de direitos e de consagração expressa nas Constituições de vários Estados, a dignidade humana assumiu um caráter jurídico, deixando de ser simplesmente um valor moral, passando a se revestir de normatividade e com consequências em todo o ordenamento jurídico.

A pessoa deixa de ser um reflexo da ordem jurídica e passa a ser o objetivo do próprio Estado, ou seja, em uma relação mantida entre pessoa e Estado, toda a presunção deve ser em favor daquela, devendo o Estado buscar a promoção das condições e a remoção de obstáculos para que a dignidade seja respeitada.

---

[101] FERNANDES, Bernardo Gonçalves. *Curso de Direito Constitucional.* Rio de Janeiro: Lumen Júris, p. 222.

Na lição de Marcelo Novelino:

É possível deduzir ainda que ao reconhecer a dignidade da pessoa humana como um dos fundamentos de nossa República, o poder constituinte impôs aos poderes públicos o dever não só de observar e proteger esse valor, mas também de promover os meios necessários ao alcance das condições mínimas indispensáveis a uma vida digna e ao pleno desenvolvimento da personalidade.[102]

Sendo assim, os direitos referentes à vida, liberdade, igualdade, propriedade e outros só encontram respaldo se forem compatíveis com a dignidade humana. Diante disso, seria considerada, conforme afirma Bernardo Gonçalves Fernandes, citando Paulo Hamilton Siqueira Júnior, *um superprincípio, como uma norma dotada de maior importância e hierarquia que as demais.*[103]

D) Valores sociais do trabalho e da livre-iniciativa

Como quarto fundamento por ordem numérica, os valores sociais do trabalho e da livre-iniciativa impõem ao Estado um dever de abstenção no que se refere à concessão de privilégios para pessoas ou grupo. O indivíduo, ao desempenhar o trabalho, deve entender a sua importância na sociedade. Fora isso, ao desenvolver uma atividade econômica, deve o Estado, de regra, não interferir nessa liberdade, e buscar condições para que sejam desenvolvidas atividades que visem ao crescimento social.

Diante do crescimento da atividade econômica, novos empregos são gerados, o mercado aumenta a sua produção, há um aumento da circulação de riqueza e, com isso, a sociedade é beneficiada.

Por isso mesmo é que tais fundamentos estão dispostos em um único inciso.

---

[102] NOVELINO, Marcelo. *Direito Constitucional para concursos.* Rio de Janeiro: Forense, 2007, p. 137.

[103] FERNANDES *apud* SIQUEIRA Jr., Paulo Hamilton. *Curso de Direito Constitucional.* Rio de Janeiro: Lumen Juris, 2010, p. 225.

E) Pluralismo político

O pluralismo político decorre da democracia, uma vez que permite a existência de vários grupos detentores de parcelas de poder, evitando assim que um só grupo detenha um poder desproporcional e, por consequência, controle os demais.

No caso de vir a existir um grupo mais forte, este terá de conviver com a diversidade de pensamentos e interesses dos demais grupos, garantindo o respeito às minorias e a convivência equilibrada dos interesses da sociedade.

Ao adotar como pilar fundamental o pluralismo partidário, a Constituição Federal de 88 garante a convivência harmônica de todos os interesses da sociedade, como o religioso, o filosófico e o político, buscando proteger por meio dele a liberdade de pensamento, de associação, de criação de partidos políticos, de ideias e concepções pedagógicas, entre outras.

A concepção pluralista tem por objetivo principal evitar a concentração de poder em um único setor da sociedade, e o controle dos rumos do Estado por esse setor. Alem disso, a garantia de alternância no poder implica participação de todos os setores nas escolhas do Estado e, mais, a fiscalização de uns pelos outros.

5. Princípios Penais e Processuais Penais

Os princípios, conforme já falado anteriormente, no item 3.1, servem para orientar o aplicador do direito na busca de uma melhor solução ao caso concreto, com menos ingerência e maior afirmação dos direitos individuais.

Merece realce que a ideia neste capítulo não é esgotar toda a matéria, mas expor os principais princípios relacionados ao Direito Penal.

5.1. Princípios Penais

A) *Princípio da Legalidade*

Previsto constitucionalmente, no artigo 5º, inciso XXXIX[104], o princípio da legalidade é tratado como cláusula pétrea, não podendo ser objeto de mitigação ou extirpação do ordenamento jurídico.

Por tal princípio, verifica-se que é exclusividade da lei a criação de crimes e de penas, situação esta representada pela expressão *nullum crimen nulla poena sine lege*.

A explicação sobre a origem do princípio da legalidade é objeto de discussão na doutrina. Alguns afirmam que ele se originou no Direito Romano, outros já entendem que teve sua origem na

---

[104] XXXIX – não há crime sem lei anterior que o defina, nem pena sem prévia cominação legal.

Inglaterra, em 1215, na Magna Carta de João Sem Terra[105]. Ainda há aqueles que afirmam ter sido concebido no período iluminista, tendo sido recepcionado pela Revolução Francesa.

Independentemente de sua origem, o fato é que este princípio constitui uma real limitação ao poder estatal de interferir na esfera de liberdades individuais, servindo de contenção do poder punitivo. Por isso mesmo, mostra-se imprescindível para o garantismo penal, uma vez que freia a ingerência do Estado e ao mesmo tempo amplia as garantias dos cidadãos.

Para Cleber Masson[106], o princípio da legalidade possui dois fundamentos, um de natureza jurídica e outro política:

> *O fundamento de natureza jurídica é a taxatividade, certeza ou determinação, pois implica, por parte do legislador, a determinação precisa, ainda que mínima, do conteúdo do tipo penal e da sanção penal a ser aplicada, bem como, da parte do juiz, na máxima vinculação ao mandamento legal, inclusive na apreciação de benefícios legais. O fundamento político é a proteção humana em face do arbítrio do poder de punir do Estado. Enquadra-se, destarte, entre os direitos fundamentais de 1ª geração.*

Existem também discussões sobre a denominação do princípio. Alguns doutrinadores entendem que o termo correto seria princípio da reserva legal ou estrita legalidade, já que somente a lei ordinária poderá criar crimes, e excepcionalmente esta matéria poderá ser tratada por lei complementar[107]. Já outros entendem que legalidade nada mais é do que a soma da reserva legal mais a anterioridade,

---

[105] A Magna Carta é um documento de 1215 que teve a finalidade de limitar o poder dos monarcas da Inglaterra, em especial do Rei João, impedindo o exercício do poder absoluto. Interessante que este documento, entre outros termos, sujeitou a vontade do rei à lei.

[106] MASSON, Cleber. *Direito Penal Esquematizado*. São Paulo: Editora Método, 2010.

[107] A Lei Complementar 105, que dispõe sobre o sigilo das operações de instituições financeiras e dá outras providências, trata, entre outros assuntos, da quebra do sigilo bancário e, em seu artigo 10, tipificou uma conduta como crime consistente na quebra de sigilo.

uma vez que o dispositivo legal dispõe que *não há crime sem lei anterior que o defina, nem pena sem prévia cominação legal.*

Não obstante a discussão anteriormente, o fato é que o princípio da legalidade é considerado o mais importante princípio do Direito Penal, uma vez que impõe ao Estado, em suas relações com o indivíduo, enquanto poder soberano, a submissão à lei.

Repetindo o mandamento constitucional, o artigo 1º do Código Penal reafirma o princípio da legalidade como norma direcionadora e introdutória do estudo geral sobre o Direito Penal, em especial sobre a aplicação da lei penal.

Destes dispositivos, verifica-se que o princípio da legalidade possui quatro funções fundamentais, conforme nos ensina Rogério Greco[108]:

1º. *Proibir a retroatividade da lei penal (*nullum crimen nulla poena sine lege praevia*);*
2º. *Proibir a criação de crimes e penas pelos costumes (*nullum crimen nulla poena sine lege scripta*);*
3º. *Proibir o emprego de analogia para criar crimes, fundamentar ou agravar penas (*nullum crimen nulla poena sine lege stricta*);*
4º. *Proibir incriminações vagas e indeterminadas (*nullum crimen nulla poena sine lege certa*).*

B) Princípio da Exclusiva Proteção dos Bens Jurídicos

Este princípio norteia, em especial, o legislador na eleição do bem jurídico que será objeto de tutela do Direito Penal, significando dizer que esse ramo do Direito só está legitimado a proteger os bens jurídicos mais relevantes para a sociedade, não levando em consideração pensamentos, ideias, estilos de vida, etc.

C) Princípio da Intervenção Mínima

Todos sabemos que é o Direito Penal o instrumento normativo mais violento de que se socorre o Estado para a manutenção da

---
[108] GRECO, Rogério. *Curso de Direito Penal:* parte geral. V. 1. Niterói: Impetus, 2010, p. 92.

ordem. Sendo assim, faz-se necessário utilizar tal ramo do direito como último meio de controle social, principalmente quando outros ramos se mostrem suficientes para inibir ou mesmo punir comportamentos considerados socialmente como desviados.

Portanto, o princípio da intervenção mínima pauta-se na ideia de que o Direito Penal deve ser a *ultima ratio*, interferindo tão somente na esfera de proteção de bens jurídicos relevantes quando os demais ramos do direito se mostrarem insuficientes. Reafirmando esse entendimento, Rogério Greco[109] nos ensina que:

> *O Direito Penal deve, portanto, interferir o menos possível na vida em sociedade, devendo ser solicitado só quando os demais ramos do Direito, comprovadamente, não forem capazes de proteger aqueles bens considerados de maior importância.*

Ressalte-se, ainda, que o princípio da intervenção mínima impõe ao legislador um cuidado na seleção dos bens jurídicos que serão tutelados pelo Direito Penal e, também, serve de orientação para que ele retire da sua proteção bens jurídicos que não gozem mais de importância para a sociedade, diante das transformações sociais e por serem mais bem protegidos por outros ramos do Direito.

Podemos dar como exemplo o que ocorreu com o crime de adultério. Até 2005, o Código Penal trazia em seu texto, mais especificamente no artigo 240, a tipificação da conduta daquele que praticasse o adultério, cominando uma pena privativa de liberdade consistente em detenção de 15 dias a seis meses.

Ocorre que o bem jurídico tutelado por tal conduta era a instituição familiar e o casamento, visando ao legislador de 1940 proteger a sociedade conjugal do esfacelamento que uma ruptura imoral poderia provocar. Em 2005, o legislador, com uma visão de intervenção mínima do Direito Penal, achou por bem revogar tal

---

[109] GRECO, Rogério. *Curso de Direito Penal:* parte geral. V. I. Niterói: Impetus, 2010, pp. 45-46.

dispositivo, entendendo que as sanções impostas pela lei civil eram muito mais eficazes em termos de resposta aos anseios sociais.

Falamos que eram, tendo em vista a promulgação da Proposta de Emenda Constitucional 66[110], que suprimiu o requisito da prévia separação por um ano ou separação de fato por dois anos, facilitando a dissolução do casamento pelo divórcio. Sendo assim, a conduta de adultério, que implicava fundamento para a separação judicial, hoje deixa de sê-lo, diante da alteração constitucional.

Não obstante o exemplo acima, o princípio da intervenção mínima dispõe que o direito penal deve ser subsidiário e fragmentário, que também são elevados a princípios e que serão agora vistos.

D) Princípio da Subsidiariedade

Decorrente do princípio da intervenção mínima, o princípio da subsidiariedade impõe a atuação do Direito Penal somente quando os outros ramos do direito se mostrarem impotentes para o controle da ordem social.

Podemos dizer que o Direito Penal é um soldado que se encontra de prontidão, contudo só atuará quando os demais que estão "em combate" se mostrarem inaptos a controlar os conflitos. Entende-se que a subsidiariedade é voltada para o legislador, que deve se valer do direito penal apenas quando os outros ramos do Direito se mostrarem insuficientes para a proteção do bem jurídico tutelado.

E) Princípio da Fragmentariedade

Como corolário do princípio da intervenção mínima, temos que o Direito Penal deve ter um caráter fragmentário, só devendo se ocupar daquelas ações mais graves que afetem os bens jurídicos mais importantes para a sociedade.

---

[110] A Emenda 66, que tramitou no Congresso Nacional como PEC 28, também denominada por alguns doutrinadores de "PEC do Amor", alterou a redação do § 6º do artigo 226 da Constituição Federal de 88, retirando do texto a separação judicial e os requisitos temporais para o divórcio.

Esclarecendo melhor, Rogério Greco[111]:

> O ordenamento jurídico se preocupa com uma infinidade de bens e interesses particulares e coletivos. Como ramos desse ordenamento jurídico temos o Direito Penal, o Direito Civil, o Direito Administrativo, o Direito Tributário, etc. Contudo, nesse ordenamento jurídico, ao Direito Penal cabe a menor parcela no que diz respeito à proteção desses bens. Ressalte-se, portanto, sua natureza fragmentária, isto é, nem tudo lhe interessa, mas tão somente uma pequena parte, uma limitada parcela de bens que estão sob a sua proteção, mas que, sem dúvida, pelo menos em tese, são os mais importantes e necessários ao convívio em sociedade.

Importante ressaltar que alguns doutrinadores entendem que, diferentemente da subsidiariedade, a fragmentariedade é aplicada no caso concreto, pelo juiz, uma vez que mesmo tendo sido um bem jurídico escolhido pelo legislador como merecedor da tutela penal, deve, diante do fato, o magistrado verificar se a conduta do agente trouxe relevante lesão ou ameaça de lesão ao bem jurídico.

F) Princípio da Insignificância

Muitos doutrinadores entendem que este princípio é um desdobramento lógico da fragmentariedade, já que uma conduta com pouca reprovabilidade aliada à inexpressiva lesão ao bem jurídico só pode conduzir à atipicidade dessa conduta. Embasando esse entendimento, o Supremo Tribunal Federal manifestou-se no HC 97.836/RS, conforme abaixo:

> O princípio da insignificância, como fator de descaracterização material da própria atipicidade penal, constitui, por si só, motivo bastante para a concessão de ofício da ordem de habeas corpus. Com base nesse entendimento, a Turma deferiu, de ofício, habeas

---
[111] GRECO, Rogério. Curso de Direito Penal: parte geral. V. I. Niterói: Impetus, 2010, p. 57.

corpus *para determinar a extinção definitiva do procedimento penal instaurado contra o paciente, invalidando-se todos os atos processuais, desde a denúncia, inclusive, até a condenação eventualmente já imposta. Registrou-se que, embora o tema relativo ao princípio da insignificância não tivesse sido examinado pelo STJ, no caso, cuidar-se-ia de furto de uma folha de cheque (CP, art. 157, caput) na quantia de R$ 80,00, valor esse que se ajustaria ao critério de aplicabilidade desse princípio – assentado por esta Corte em vários precedentes –, o que descaracterizaria, no plano material, a própria tipicidade penal.*[112]

Vale lembrar que a maioria da doutrina, assim como a jurisprudência, o denominam de criminalidade bagatelar ou princípio da bagatela, justamente pelo fato de ter sido inicialmente aplicado levando-se em conta o valor dos objetos do crime. Hoje, somam-se a este requisito a ausência de periculosidade da ação, o reduzido grau de reprovabilidade do comportamento e a mínima ofensividade da conduta do agente.

Não se olvide que o princípio da insignificância não é aplicado para todo e qualquer crime, como é o exemplo do tráfico de drogas, crimes patrimoniais praticados com violência ou grave ameaça e crime de moeda falsa, especialmente porque suas consequências para as vítimas e para a sociedade não podem ser consideradas insignificantes.

G) Princípio da exteriorização ou materialização do fato

Tal princípio nos conduz ao entendimento de que o Estado só pode incriminar condutas humanas voluntárias, não devendo se preocupar com o modo de viver ou de pensar das pessoas, principalmente daqueles pensamentos que não se exteriorizam por meio de condutas delitivas.

---

[112] BRASIL. SUPREMO TRIBUNAL FEDERAL. HC 97.836/RS. Disponível em: <http://www.stf.jus.br//arquivo/informativo/documento/informativo547.htm#Princ%EDpio%20da%20Insignific%E2ncia%20e%20Concess%E3o%20de%20Of%EDcio%20de%20HC>.

Por esse princípio, verifica-se que o Direito Penal não deve tutelar questões de ordem moral, ética, atuando tão somente quando condutas são exteriorizadas causando lesão ou ameaça de lesão a bens jurídicos eleitos pelo legislador como merecedores da tutela penal.

Luigi Ferrajoli[113] afirma que:

> *De acordo com esse princípio, nenhum dano, por mais grave que seja, pode-se estimar penalmente relevante, senão como efeito de uma ação. Em consequência, os delitos, como pressupostos da pena, não podem consistir em atitudes ou estados de ânimo interiores, nem sequer, genericamente, em fatos, senão que deve se concretizar em ações humanas – materiais, físicas ou externas, quer dizer, empiricamente observáveis – passíveis de serem descritas, enquanto tais, pela lei penal.*

H) Princípio da lesividade ou ofensividade

Pautado no axioma garantista, o princípio da lesividade dispõe que não há crime sem ofensa ao bem jurídico (*nullum crimen sine injuria*), ficando o Direito Penal condicionado à lesividade de direitos de terceiros.

Rogério Greco, citando Nilo Batista, define as principais funções do princípio da lesividade:

> **a)** *proibir a incriminação de uma atitude interna;*
> **b)** *proibir a incriminação de uma conduta que não exceda o âmbito do próprio autor;*
> **c)** *proibir a incriminação de simples estados ou condições existenciais;*
> **d)** *proibir a incriminação de condutas desviadas que não afetem qualquer bem jurídico.*

---

[113] FERRAJOLI, Luigi. *Direito e Razão*. 2. Ed. São Paulo: Revista dos Tribunais.

Como se verifica anteriormente, o Direito Penal só poderá atuar quando o bem jurídico de uma terceira pessoa é exposto a uma lesão relevante e efetiva. A *contrario sensu*, não se deve utilizar a norma penal quando o bem jurídico lesado for da própria esfera do agente.

Diante das funções relacionadas por Nilo Batista, podemos dizer que não se coadunam mais com o Direito Penal os crimes de perigo abstrato[114], uma vez que não incidem sequer sobre situações concretas de exposição a perigo.

l) Princípio da Culpabilidade

Dispõe este princípio que o Direito Penal não deve ser chamado a atuar quando o agente agiu sem culpabilidade.

Nilo Batista[115] afirma que tal princípio, além de afastar qualquer hipótese de responsabilidade objetiva no Direito Penal, deve impor ao aplicador do direito que só aplique uma pena ao agente se sua conduta for reprovável. Por isso, o entendimento de que a culpabilidade está associada à reprovabilidade da conduta.

Segundo Rogério Greco[116], *reprovável ou censurável é aquela conduta levada a efeito pelo agente que, nas condições em que se encontrava, podia agir de outro modo.*

Importante lembrar que tal princípio não tem expressamente assento constitucional, podendo ser retirado por meio da interpretação do princípio da dignidade da pessoa humana[117].

---

[114] Crimes de perigo abstrato são aqueles crimes em que o perigo é presumido pela norma, não cabendo prova em contrário. A crítica que os doutrinadores garantistas têm a respeito deles é de que, ao antecipar a punição de condutas, como forma de prevenir perturbações e garantir a segurança da sociedade, acaba por se valer do simbolismo da lei penal, intimidando os cidadãos com o estigma da punição penal.

[115] BATISTA, Nilo. *Introdução Crítica ao Direito Penal*. Rio de Janeiro: Renavan, 2010.

[116] GRECO, Rogério. *Curso de Direito Penal:* parte geral. Niterói: Impetus, 2010, p. 86.

[117] Rogério Greco, em seu Curso de Direito Penal, ao relatar o tema, cita em nota de rodapé Olga Sânchez Martinez que entende poder o princípio da culpabilidade ser retirado pela interpretação dos princípios constitucionais da personalidade, no valor da justiça ou da segurança jurídica, da legalidade, da presunção de inocência ou na configuração do Estado social e democrático de Direito e, finalmente, no princípio da reinserção social do delinquente.

5.2. Princípios Processuais Penais

Não pretendendo esgotar todos os princípios tratados pela doutrina nesta obra, passamos a discorrer abaixo sobre aqueles que consideramos os mais importantes.

A) Princípio da Presunção de Inocência, do estado de inocência ou da não culpabilidade

Tal princípio expressa que ninguém pode ser considerado culpado até que haja uma sentença condenatória definitiva, não mais passível de recurso. Desta forma, torna excepcional medidas cautelares de prisão, que só podem ser impostas se presentes os requisitos autorizadores dispostos no artigo 312 do Código de Processo Penal.

O princípio da não culpabilidade (também chamado de não culpa) tem assento constitucional, encontrando-se previsto no artigo 5º, inciso LVII, sendo um desdobramento do princípio do devido processo legal. C0020

Guilherme Nucci[118] afirma que tal princípio:

> *Tem por objetivo garantir, primordialmente, que o ônus da prova cabe à acusação e não à defesa. As pessoas nascem inocentes, sendo esse o seu estado natural, razão pela qual, para quebrar tal regra, torna-se indispensável que o Estado-acusação evidencie, com provas suficientes, ao Estado-juiz a culpa do réu.*

Cumpre registrar que já houve quem entendesse que o princípio da presunção de inocência, em função da redação do inciso LVII, que trata da não culpabilidade, não teria sido adotado. Contudo, com a ratificação do Pacto de São José da Costa Rica, por meio do Decreto

---

[118] NUCCI, Guilherme de Souza. *Manual de Processo Penal e Execução Penal.* São Paulo: Revista dos Tribunais, 2008, p. 75.

nº 27/92, tal princípio passa a ter valor de norma constitucional, diante da redação do artigo 5º, § 2º[119], da Constituição Federal de 88.

Sendo assim, o princípio da presunção de inocência passou a ser previsto em duas normas: o artigo 5º, inciso LVII, da Constituição Federal de 88, e o artigo 8º, I, do referido Pacto, que dispõe que *toda pessoa acusada de delito tem direito a que se presuma sua inocência enquanto não se comprove legalmente sua culpa.*

Diante dessa dupla proteção, podemos afirmar que a garantia é reconhecida amplamente, não podendo o Estado negar sua aplicação diante de interpretações literais.

B) Princípio da Ampla Defesa

Também decorrente do princípio do devido processo legal, o princípio da ampla defesa, previsto no artigo 5º, inciso LV, garante ao acusado o direito de se defender de forma ampla da imputação que lhe é feita pela acusação.

Segundo Guilherme Nucci[120]:

> *A ampla defesa gera inúmeros direitos exclusivos do réu, como é o caso do ajuizamento da revisão criminal – o que é vedado à acusação – bem como a oportunidade de ser verificada a eficiência da defesa pelo magistrado, que pode desconstituir o advogado escolhido pelo réu, fazendo-o eleger outro ou nomeando-lhe um dativo, entre outros.*

Vale lembrar que a Constituição Federal, em seu artigo 5º, inciso XXXVIII, garante ao réu que esteja respondendo ação penal por um crime doloso contra a vida, uma plenitude de defesa. Mas qual seria a diferença entre ampla defesa e plenitude de defesa?

---

[119] Dispõe o referido parágrafo que *os direitos e as garantias expressos nesta Constituição não excluem outros decorrentes do regime e dos princípios por ela adotados, ou dos tratados internacionais em que a República Federativa do Brasil seja parte.*

[120] NUCCI, Guilherme de Souza. *Manual de Processo Penal e Execução Penal.* São Paulo: Revista dos Tribunais, 2008, p. 76.

Tendo em vista as duas normas dispostas na Constituição Federal, não podemos deixar de entender que existe esta diferença, senão o Constituinte originário não teria disposto de forma diversa.

Podemos entender que a primeira diferença é que a ampla defesa se aplica aos acusados em geral. Já a plenitude de defesa só é referida quando se fala de acusados que respondam à ação penal de crimes dolosos contra a vida, que são julgados no Tribunal do Júri.

Outra diferença se dá por uma interpretação gramatical. O que é amplo é extenso, vasto, enquanto o que é pleno é absoluto, repleto, perfeito. Como se vê, o significado do último é mais forte do que o primeiro, e isso é perfeitamente justificável.

No Tribunal do Júri, o réu será julgado por um Conselho de Sentença composto por sete jurados leigos, que chegarão a um juízo de condenação ou absolvição com base apenas em sua íntima convicção, sem nenhum critério técnico ou jurídico a respaldar sua decisão. Desta forma, será conferido ao acusado uma defesa muito mais completa, e é o que se extrai da redação do artigo 497, inciso V, do Código de Processo Penal, que determina ao juiz-presidente do Tribunal do Júri *nomear defensor ao acusado quando considerá-lo indefeso, podendo, neste caso, dissolver o Conselho de Sentença e designar novo dia para o julgamento, com a nomeação ou a constituição de novo defensor.*

Como podemos observar, nos demais procedimentos não há essa determinação legal. A essência deste princípio é conferir ao réu a igualdade de condições para que contradite tudo o que é dito em seu desfavor, inclusive com direito à intervenção quando o Ministério Público estiver com a palavra.

De qualquer forma, verificamos que a plenitude de defesa é uma variante do princípio da ampla defesa.

C) *Princípio do Contraditório*

Alguns doutrinadores afirmam que o princípio da ampla defesa decorre diretamente do princípio do contraditório, que confere às partes envolvidas na ação penal o direito de contraditar tudo o que for dito em seu desfavor. Mas, mais do que isso, ambos os princípios consagram o princípio do devido processo legal, nas precisas lições de Eugênio Pacelli de Oliveira[121]:

> O Contraditório, portanto, junto ao princípio da ampla defesa, institui-se como a pedra fundamental de todo processo e, particularmente, do processo penal. E assim é porque, como cláusula de garantia instituída para a proteção do cidadão diante do aparato persecutório penal, encontra-se solidamente encastelado no interesse público da realização de um processo justo e equitativo, único caminho para a imposição da sanção de natureza penal.

O Contraditório hoje tem duas acepções. A primeira diz respeito à garantia da parte de participar do processo, o direito de ser informado de qualquer fato de seu interesse e que esteja sendo discutido na ação penal. A segunda acepção, que decorre da primeira, é a garantia de que, uma vez tendo conhecimento de tudo que está sendo dito, lhe seja permitido contribuir para a formação da convicção do magistrado. É a visão formal e substancial do princípio.

Em resumo: não basta as partes terem conhecimento de que há uma ação penal em curso em seu desfavor, mas que lhes seja garantido o direito de produzir provas não vedadas pela norma, que serão efetivamente analisadas pelo juiz por ocasião da decisão.

D) Princípio do Juiz Natural

O princípio do juiz natural, apesar de não estar expresso no nosso ordenamento jurídico, decorre da ideia da vedação do juízo ou tribunal de exceção, previsto no artigo 5º, inciso XXXVII, da Constituição Federal.

Todas as Constituições brasileiras, com exceção da Constituição de 1937, trouxeram a previsão deste princípio, que teve origem

---

[121] DE OLIVEIRA, Eugênio Pacelli. *Curso de Processo Penal.* Rio de Janeiro: Lumen Juris, 2010, p. 45.

no Direito anglo-saxão. Tal princípio garante às partes envolvidas no processo o julgamento do seu caso por um tribunal ou juízo previamente constituído, como forma de evitar decisões arbitrárias e prévias.

Hoje, no entanto, o princípio do juiz natural vai além dessa garantia, envolve também a necessidade de um juiz competente para o julgamento da causa, segundo as regras de competência adotadas na Constituição Federal e na legislação infraconstitucional.

Desta forma, o juiz natural garante às partes a imparcialidade das decisões no âmbito do Poder Judiciário.

Poderíamos nos perguntar se o incidente de deslocamento de competência, introduzido na Constituição Federal por meio da EC 45/2004, seria exceção ao princípio do juiz natural.

Antes mesmo de analisar o incidente em face do princípio, faz-se mister esclarecer o que vem a ser tal incidente. Em 2004, a Emenda Constitucional 45, conhecida como a "Reforma do Judiciário", trouxe a possibilidade de se deslocar a competência da Justiça Estadual para a Justiça Federal, para o julgamento de causas que envolvam crimes que violaram de forma grave os Direitos Humanos, a fim de que seja assegurado o cumprimento de obrigações decorrentes de tratados internacionais de Direitos Humanos dos quais o Brasil seja parte[122]. É o que a doutrina chama de "federalização dos crimes perpetrados contra os Direitos Humanos".

Esclarecido de forma resumida o que vem a ser o incidente, verifica-se que, inicialmente, a Justiça competente é a Estadual. Ocorre que, diante da análise do caso concreto, constatando-se que o crime violou de forma grave os Direitos Humanos, deve o julgamento se deslocar para o âmbito da Justiça Federal.

Sendo assim, voltando à pergunta sobre eventual afronta do incidente aos princípios constitucionais, entre eles o princípio do juiz natural e do federalismo, tramita hoje no Supremo Tribunal Federal a ADI 3486/DF, ajuizada pela Associação dos Magistrados Federais,

---

[122] Tal disposição está prevista no artigo 109, inciso V, § 5º, da Constituição Federal.

suscitando a análise sobre a constitucionalidade da intervenção da União na competência estadual. Alguns doutrinadores, encerrando o assunto, antes mesmo da manifestação definitiva do STF, entendem que o princípio da dignidade humana se sobrepõe, como preceito jusnatural, o que não implica colisão aos demais princípios, diante da estrutura do modelo adotado pela República Federativa do Brasil, que é consagrar os valores supremos firmados na Constituição Federal de 88.

A constitucionalidade do incidente de deslocamento de competência perpassaria também pela aplicação do princípio da proporcionalidade, uma vez que se mostra aplicável apenas às questões excepcionais, onde se tornaria necessário, imprescindível e adequado o deslocamento da competência para julgamento do crime que atentaria contra os Direitos Humanos de forma extremamente grave. Daí demonstrado o interesse da União quando o assunto se trata de tratados internacionais.[123]

E) Princípio ou Direito da Não Autoacusação ou do *Nemo Tenetur se Detegere*

Previsto na Convenção Americana de Direitos Humanos, mais especificamente no art. 8°, § 2°, letra "g", do Decreto 678/82, tem por desdobramento o direito ao silêncio, de não declarar nada contra si, de não praticar qualquer comportamento ativo que lhe comprometa nem de produzir prova incriminadora que envolva seu corpo sem a sua concordância.

Uma das garantias conferidas ao acusado que decorre deste princípio é a de não ser obrigado a participar da reconstituição do crime, prevista no artigo 7° do CPP, de não ser obrigado a soprar o bafômetro para constatação de embriaguez e de se recusar a fornecer qualquer material (ex.: sangue) que poderá ser utilizado em seu desfavor.

---

[123] No IDC 1, o Superior Tribunal de Justiça negou o deslocamento entendendo, entre outros, pela aplicação dos princípios da proporcionalidade e razoabilidade. Veja a decisão deste incidente na página do STJ, no endereço <http://www.stj.jus.br/SCON/jurisprudencia/doc.jsp?livre=@docn='000247820'>.

Segundo Eugênio Pacelli[124], discorrendo sobre este princípio:

> *O direito ao silêncio deflui da regra constitucional prevista no art. 5º, LXIII, da CF, e implicou a imediata revogação (implícita, por incompatibilidade) daquilo que dispunham o art. 186 (posteriormente revigorado pela Lei 10.792/03) e o art. 198 do Código de Processo Penal, pela simples e bastante razão de não se poder atribuir qualquer forma de sanção a quem esteja no exercício de um direito a ele assegurado em lei.*

O que o doutrinador quis dizer é que, diante do referido princípio, o interrogatório é um meio de defesa, garantindo-se ao acusado o direito de permanecer calado e não responder às perguntas e, também, não importar o silêncio em seu prejuízo.

Apesar de ser alvo de discussões acirradas entre estudiosos do Direito, percebe-se que tal mandamento traduz um privilégio, um direito público subjetivo assegurado a toda e qualquer pessoa e que pode ser utilizado em face das três esferas de Poder (Legislativo, Executivo e Judiciário).

O que tem sido também objeto de discussão é se tal princípio autorizaria ou não o investigado ou acusado a mentir. Bom, por uma interpretação doutrinária e jurisprudencial, poderíamos afirmar que também decorre desse princípio o direito de faltar com a verdade quando questionado em relação aos fatos que lhe são imputados. Contudo, numa visão mais estreita, verifica-se que a mentira não restaria protegida por esse princípio, ao menos, a nosso ver, pois se entendemos que o direito protegido é de ter um comportamento ativo que o incrimine e em contrapartida permite-lhe manter-se em silêncio, mentir a respeito dos fatos não estaria alcançado por essa disposição.

No entanto, como no Brasil não é crime o acusado mentir a respeito dos fatos, mas tão somente um óbice para a incidência

---

[124] DE OLIVEIRA, Eugênio Pacelli. *Curso de Processo Penal*. Rio de Janeiro: Lumen Juris, 2010, pp. 43-44.

de uma causa atenuante de pena, que é a confissão espontânea, permite-se ao investigado ou acusado faltar com a verdade durante o inquérito ou na ação penal.

Poderia parecer grosseiro de nossa parte ainda nos arriscarmos e afirmar que, por ser o Brasil, um país onde a mentira é estimulada e muitas vezes aplaudida e, sendo ela encarada como algo tão "normal", realmente não se poderia punir alguém que mente para se defender de um crime, porquanto o Estado, como detentor do *ius puniendi,* teria condições de buscar por outros meios para provar a verdade dos fatos.

F) Princípio da Verdade Real

É por meio do processo que o juiz, antes de decidir sobre a culpabilidade do réu, tenta chegar o mais próximo da verdade do que efetivamente aconteceu, de como os fatos se deram, para que a decisão alcance todos que praticaram ou concorreram para a prática do crime.

Também denominado princípio da verdade material ou substancial, sabe-se que a verdade real é praticamente inatingível, porquanto somente aqueles envolvidos nos fatos saberão contar como foi sua dinâmica. De qualquer forma, não obstante esse entendimento, deve o juiz, por meio de diligências, das provas produzidas tentar se aproximar o máximo da verdade que norteia os fatos, por isso mesmo que alguns doutrinadores afirmam que a denominação mais correta do princípio seria da verdade processualmente revelada, uma vez que o juiz irá formar sua convicção com o que foi produzido no processo.

É claro que não pode o juiz deixar de observar que a própria procura pela verdade deve respeitar os limites dispostos na Constituição Federal e em leis infraconstitucionais, como é o caso da inadmissibilidade de provas obtidas por meio ilícito, que afrontam garantias dispostas na Constituição Federal.

6. Poder de Polícia

6.1. Conceito

Tratado mais especificamente pelos autores de Direito Administrativo, o tema "Poder de Polícia" se justifica principalmente pela supremacia do interesse público sobre o particular, e pela necessidade de se impor restrições aos direitos dos particulares quando confrontados com os interesses públicos.

Segundo José dos Santos Carvalho Filho[125]:

> *Quando o Poder Público interfere na órbita do interesse privado para salvaguardar o interesse público, restringindo direitos individuais, atua no exercício do poder de polícia.*

Para o referido autor[126], a expressão abrange dois sentidos, um amplo, consistente em toda e qualquer ação restritiva do Estado em relação aos direitos individuais, e um estrito, configurando como atividade administrativa que restringe e condiciona a liberdade e a propriedade. Este último é conferido aos agentes da administração, definido por Rivero, de polícia administrativa.

O fato é que o Poder de Polícia é exercido por quaisquer órgãos administrativos, incluindo-se nestes as instituições de segurança pública.

---

[125] CARVALHO FILHO, José dos Santos. *Manual de Direito Administrativo*. 21. Ed. Rio de Janeiro: Lumen Juris, 2009, pp. 71-72.

[126] _____. *Manual de Direito Administrativo*. 21. Ed. Rio de Janeiro: Lumen Juris, 2009, p. 72.

Carvalho Filho[127], citando José Arthur Diniz Borges, alerta para a diferença entre polícia-função e polícia-corporação.

> *Apenas com o intuito de evitar possíveis dúvidas em decorrência da identidade de vocábulos, vale a pena realçar que não há como confundir **polícia-função** com **polícia-corporação**: aquela é a função estatal propriamente dita e deve ser interpretada sob o aspecto material, indicando atividade administrativa; esta, contudo, corresponde à ideia de órgão administrativo, integrado nos sistemas de segurança pública e incubido de prevenir delitos e as condutas ofensivas à ordem pública, razão por que deve ser vista sob o aspecto subjetivo (ou formal).*

Apesar do conceito de Poder de Polícia ser muito trabalhado pela doutrina, o artigo 78 do Código Tributário Nacional nos traz uma noção do que vem a ser tal poder:

> *Atividade da administração pública que, limitando ou disciplinando direito, interesse ou liberdade, regula a prática de ato ou a abstenção de fato, em razão de interesse público, concernente à segurança, à higiene, à ordem, aos costumes, à disciplina da produção e do mercado, ao exercício de atividades econômicas dependentes de concessão ou autorização do poder público, à tranquilidade pública ou ao respeito à propriedade e aos direitos individuais ou coletivos.*

A própria Constituição Federal de 88, em seu artigo 145, inciso II, trata da instituição de taxas pela União, Estados, Municípios e Distrito Federal, em razão do exercício do poder de polícia.

A doutrina, por sua vez, conceitua de várias formas o Poder de Polícia. Segundo Carvalho Filho[128], citando Marcelo Caetano:

---

[127] *idem*, p. 72

[128] *ibidem*, p. 72.

> Poder de polícia é o modo de atuar da autoridade administrativa que consiste em intervir no exercício das atividades individuais suscetíveis de fazer perigar interesses gerais, tendo por objetivo evitar que se produzam, ampliem ou generalizem os danos sociais que a lei procura prevenir.

Diante de tais conceitos, podemos verificar que o âmbito de abrangência do Estado, em virtude do poder de polícia, é amplo, justamente pela necessidade de se proteger os direitos coletivos em face dos direitos individuais. Por isso mesmo, a necessidade de se criar vários órgãos de polícia, como, por exemplo, a polícia sanitária, de trânsito e tráfego, de profissões, etc.

6.2. Diferença entre Polícia Administrativa e Polícia Judiciária

Os doutrinadores de Direito Administrativo costumam dividir o poder de polícia em dois segmentos: a Polícia Administrativa e a Polícia Judiciária. Não obstante tal divisão, o fato é que ambas se incluem nas funções administrativas do Estado que visam ao interesse público.

Carvalho Filho[129] traça a seguinte diferença:

> A Polícia Administrativa é atividade da Administração que se exaure em si mesma, ou seja, inicia e se completa no âmbito da função administrativa. O mesmo não ocorre com a Polícia Judiciária, que, embora seja atividade administrativa, prepara a atuação da atividade jurisdicional penal, o que a faz regulada pelo Código de Processo Penal (arts. 4º e seguintes) e executada por órgãos de segurança (policia civil e militar), ao passo que a Polícia Administrativa o é por órgãos administrativos de caráter mais fiscalizador.

---
[129] CARVALHO FILHO, José dos Santos. *Manual de Direito Administrativo*. 21. Ed. Rio de Janeiro: Lumen Juris, 2009, p. 78.

Outra diferença reside na circunstância de que a Polícia Administrativa incide basicamente sobre atividades dos indivíduos, enquanto a Polícia Judiciária preordena-se ao indivíduo em si, ou seja, aquele a quem se atribui o cometimento de ilícito penal.

Mesmo com essa diferenciação, o fato é que o poder de polícia pode incidir tanto na área administrativa quanto na área judiciária. Atuam, por sua vez, tanto na prevenção quanto na repressão de desordens ou mesmo delitos.

O estudo específico sobre a polícia judiciária, ou mesmo aos órgãos encarregados de prevenir e reprimir delitos, conforme bem delineado por Carvalho Filho, é mais bem desenvolvido no âmbito do processo penal, uma vez que as disposições acerca das investigações, dos limites legais de atuação e do uso da força se encontram elencados no Código de Processo Penal.

6.3. Atuação policial preventiva e repressiva

A Constituição Federal de 88, no Titulo V, que trata da Defesa do Estado e das Instituições Democráticas, prevê dois sistemas de defesa do Estado Brasileiro. Um que se dá em momento de crise, consistente no Estado de Defesa e o Estado de Sítio, com a finalidade de restabelecer a ordem e a paz públicas ameaçadas por instabilidades institucionais graves e iminentes ou calamidades na natureza de grandes proporções.

Nesses casos, estamos diante de situações de anormalidade que precisam de uma intervenção mais efetiva do Estado, a fim de fazer cessá-las. Sendo assim, pelo que se extrai dos artigos 136 a 139 da Constituição Federal de 88, alguns direitos estarão mitigados justamente pela necessidade do restabelecimento da ordem e da paz públicas.

Num outro sistema, de normalidade, temos que o Estado garante sua defesa por meio das Forças Armadas e da Segurança Pública. A primeira necessária à defesa do Estado Brasileiro propriamente dito, que envolve a defesa do território contra invasões estrangeiras, a defesa da soberania nacional e a defesa da Pátria.

Por sua vez, a segurança pública trata especificamente da defesa das instituições democráticas, buscando garantir o equilíbrio entre os poderes internos, a ordem e a paz pública internas.

Em relação à defesa interna, a área de segurança pública há muito vem sofrendo críticas, principalmente quando o tema é a atuação policial e combate à criminalidade. Sabe-se que o Estado tem o dever de agir com autoridade para manutenção das situações de normalidade interna e externa, contudo não pode exceder em suas ações sob pena de responder pelos atos praticados pelos seus agentes. Assim como a sociedade deve evitar causar desordem em observância aos ditames constitucionais e legais, deve o Estado, por ocasião de sua atuação, também observar os limites impostos pelo ordenamento jurídico, em especial aos direitos fundamentais preconizados na Constituição Federal.

As atribuições referentes à preservação da ordem, da segurança e da paz públicas, quando o tema se refere ao delito propriamente dito, incube aos órgãos que exercem funções de segurança pública. O artigo 144 da Constituição Federal de 1988 elenca quais são esses órgãos e suas atribuições.

No referido dispositivo temos que os órgãos encarregados da segurança pública são: a Polícia Federal, Polícia Rodoviária Federal, Polícia Ferroviária Federal, Polícia Civil, Polícia Militar e Corpo de Bombeiros Militar. Nos parágrafos do referido dispositivo constitucional, ficam definidas as competências e o âmbito de abrangência de cada um desses órgãos.

Importante ressaltar que o § 8º do artigo 144 facultou aos Municípios a criação das Guardas Municipais, apenas com a finalidade de preservação dos bens municipais sem, contudo, conferir-lhes poder de polícia ostensiva.

Por sua vez, as Polícias Federal e Civil, segundo o texto constitucional, exercem as funções de polícia judiciária – a primeira no âmbito da União e a segunda, no âmbito dos Estados e Distrito Federal.

Mas quais são as funções de polícia judiciária? O artigo 4º do Código de Processo Penal estabelece que tais funções serão exercidas pelas autoridades policiais no território de suas respectivas circunscrições, incumbindo-lhes a atividade destinada à apuração das infrações penais e da sua autoria. Nesse diapasão, depreende-se que a essas polícias cabe a condução das investigações necessárias visando colher elementos (indícios de autoria e prova de materialidade) que irão servir para a instauração da ação penal pelo Ministério Público.

Dessa forma, vimos que tal função é repressiva, porquanto exercida após a ocorrência do delito, visando punir o autor da infração penal.

Alguns doutrinadores de Processo Penal vão às minúcias, traçando diferenças entre polícia judiciária e investigativa, com base no § 4º do artigo 144 da CF/88, dispondo que, na primeira função, a polícia auxilia o Poder Judiciário no cumprimento de mandados de busca e apreensão, prisão, etc., enquanto na segunda desenvolve sua principal atividade, que é a de investigação e apuração da infração penal.

Quanto à atividade preventiva, infere-se da Constituição que esta é exercida, de regra, pela polícia militar, que tem as atribuições de polícia ostensiva e de preservação da ordem pública, além de auxiliar e de ser reserva do Exército. Sua atribuição é ostensiva na medida em que atua fardada, se mostrando presente, trazendo uma sensação de segurança para a população. Atua de forma preventiva porque age em patrulhamento pelas ruas, coibindo a ocorrência de delitos.

Por sua vez, após praticada a infração penal cessa a atuação da polícia militar e entra em cena a polícia judiciária, responsável pela investigação e apuração dessa infração.

Não obstante essas considerações, a verdade é que as funções preventiva e repressiva são exercidas tanto pelas polícias judiciárias quanto pela polícia militar. É fato que a polícia militar tem competência investigativa quando estivermos diante de uma infração militar, nos termos do artigo 8º do Código de Processo Penal Militar.

Também a polícia judiciária tem função preventiva, ao se fazer presente nas fronteiras do país, ao fazer campanhas para prevenção à criminalidade, entre outras.

Ocorre que há algum tempo a competência investigativa de crimes, exclusiva da polícia judiciária, mais especificamente da polícia civil, tem sido motivo de discussões pelos integrantes da polícia militar. Esta celeuma se deve ao fato de que, para muitos, as competências conferidas à polícia militar, na Constituição Federal, serem mais amplas do que aquelas conferidas à polícia judiciária, o que a autorizaria a exercer funções de investigação.

No RHC 1236 do Rio de Janeiro, o Superior Tribunal de Justiça[130], em 1991, entendeu que as investigações empreendidas pela Polícia Militar, bem como a representação da instituição pela busca e apreensão, que foi por ela realizada, não macularam a prisão do investigado, nem tampouco a ação policial. Interessante é que o Ministro Relator, José Dantas, ressalta o parecer do Ministério Público Federal, nos seguintes termos:

> 7. A demarcação em sede constitucional, das atribuições das polícias militar e civil não se presta a inibi-las de sua função maior, de combate ao crime, e não desconstitui a investigação como atividade estatal da persecutio criminis. As polícias são de igual modo o braço do Estado e não podem se furtar a propiciar-lhe os meios ao seu alcance para a consecução de seus fins.
> 8. O juiz, no caso, recebeu uma notitia criminis, ficando até obrigado a proceder como procedeu, sob pena de pecar pela omissão imperdoável, e de consequências irreparáveis. Não há, pois, que se discutir, a menor, ou seja, sobre categoria profissional das polícias, "competência" ou função delas. Importante assinalar é que o mandado em tela se apresenta formal, substancial e materialmente perfeito. É válido, pois.
> 9. Embora não sendo o habeas corpus a via própria para o questionamento acerca do mandado de busca e apreensão, legitimamente realizado, não custa lembrar que o Juiz, determinando a

---
[130] BRASIL. JUSBRASIL. RHC 1236. Disponível em: <http://www.jusbrasil.com.br/jurisprudencia/598034/recurso-ordinario-em-habeas-corpus-rhc-1236-rj-1991-0010556-2-stj>. Acesso em: 07.07.2010.

> *extração e o seu cumprimento, agiu no exercício de suas funções, igualmente firmados na lei.*
>
> **10.** *Descabida, portanto, a sugestão de invasão da PM na área de atuação da polícia judiciária, não só porque, além dela, outros órgãos podem realizar procedimentos preparatórios de investigação (parágrafo único do artigo 4º do CPP), como porque, na realidade, o que está sendo posta em cheque é a própria atividade jurisdicional, retratada na expedição do mandado por ordem do Juiz, que poderia e deveria tê-la ditado, ante as fundadas razões (art. 240 do CPP) que chegaram ao seu conhecimento. – fls. 28 e v.*[131]

Mesmo com esse posicionamento, o fato é que o assunto tem sido objeto de discussões, porque, para uns, os policiais militares não estariam autorizados a proceder com investigação criminal, fora dos casos expressos do Código de Processo Penal Militar, sob pena de responderem pelo crime de usurpação de função pública, tipificado no artigo 238 do Código Penal. Para outros, seguindo o posicionamento anteriormente mencionado, não haveria que se falar em proibição dessa conduta, até mesmo com fundamento na Teoria dos Poderes Implícitos[132], adotada hoje pelo Direito Constitucional.

Essa teoria, inclusive, tem sido utilizada pelo Supremo Tribunal Federal, que vem decidindo favoravelmente acerca dos poderes investigatórios do Ministério Público.

Como não cabe nesta obra ir às minúcias das discussões acerca do poder de investigar, é certo que, conforme demonstrado, fundamentos existem, inclusive retirados da própria Constituição Federal de 88, que conferiu poderes de investigação às Comissões Parlamentares de Inquérito e ao Senado Federal, no que tange aos crimes de responsabilidade. Além disso, o Código de Processo Penal,

---

[131] BRASIL. STJ. RHC 1236/RJ. Disponível em: <https://ww2.stj.jus.br/processo/ita/listarAcordaos?classe=&num_processo=&num_registro=199100105562&dt_publicacao=05/08/1991>. Acesso em: 12.07.2010.

[132] Segundo essa teoria, adotada pela Suprema Corte dos Estados Unidos em 1819, no caso McCulloch v. Maryland, quando a Constituição confere expressamente competências aos órgãos, implicitamente permite o uso dos meios lícitos para a consecução de suas finalidades.

no parágrafo único do artigo 4º, prevê também que a competência para apurar infrações penais, de regra, privativa da polícia judiciária, não excluirá a de outras autoridades administrativas que venham a ser autorizadas por lei.

Fora esses casos expressos na norma, o Superior Tribunal de Justiça e o Supremo Tribunal Federal, por meio de uma interpretação constitucional, têm se posicionado favoravelmente à quebra do monopólio da atividade investigativa pela polícia judiciária.

7. Situações de excesso e suas consequências

É certo que o uso abusivo da força pela polícia é objeto recente de estudo e preocupação no Brasil. Tal fato se dá em virtude da promulgação da Constituição Federal em 88, que veio a consagrar os Direitos Humanos em seu texto e elevá-los à condição de princípio fundamental no Brasil, como Estado Democrático de Direito.

Mesmo que os Direitos Humanos tivessem sido objeto de proteção em outras Constituições, o fato é que, ao se consolidar no Brasil um regime democrático, tais direitos ganharam uma importância extraordinária, diante de sua abrangência na Constituição de 88.

No artigo 5º, o constituinte originário priorizou os direitos e garantias fundamentais de tal forma que no artigo 60, parágrafo 4º, trata-os de cláusulas pétreas[133].

Vemos que o aumento da violência no Brasil está intimamente ligado ao desrespeito aos Direitos Humanos e aos direitos fundamentais, na visão diferenciada tratada no item 2. As estatísticas referentes ao aumento dos crimes violentos, em especial, aos crimes de lesão corporal e homicídio, demonstram que a sociedade brasileira está passando por um momento de crise, tanto social quanto institucional. Social, no sentido de que as desigualdades e a falta de acesso aos direitos sociais e econômicos podem justificar essas estatísticas e, institucional, porque muitas vezes a violência surge justamente dos agentes que deveriam combatê-la.

---
[133] Cláusulas pétreas são disposições legais que tratam de matérias que não podem ser suprimidas da normatividade constitucional, sob pena de desconstituir o sistema constitucional vigente e seu núcleo essencial, dispostos pelo Poder Constituinte Originário.

O uso desmensurado e injustificado da força pela polícia, a ação dos chamados grupos de extermínio e de esquadrões da morte, integrados muitas vezes por ex-policiais ou mesmo policiais, alimentam as estatísticas referentes aos crimes de homicídio e lesões corporais de natureza grave.

Dependendo de como é vista, a violência empreendida pela polícia pode se apresentar como consequência de uma subcultura policial desenvolvida nos idos da ditadura militar. Neste viés, o desrespeito, pelo próprio Estado, aos Direitos Humanos, à época do primeiro regime persiste no último, em virtude da acumulação de problemas não resolvidos anteriormente.

Poderíamos, neste tópico, nos ater tão simplesmente a falar sobre os crimes de homicídio, lesão corporal, abuso de autoridade e tortura, contudo esta obra tem uma finalidade ainda maior do que meramente analisar determinados tipos penais.

Digamos que tais resultados podem também decorrer de ações, muitas vezes abusivas, por parte dos agentes da lei. Contudo, não podemos afirmar, sem traçar uma análise mais minuciosa, que os abusos também não sejam consequências de vários outros fatores, que, muitas vezes, passam despercebidos ou mesmo propositadamente não nos são revelados. É a violência policial como forma de se manter o *status quo* social, ou seja, a atividade policial passa a ser levada a cabo como método de conter a violência antes que as classes mais favorecidas sejam afetadas, mantendo "os pobres longe das mesas dos ricos". É a visão do policial como vingador social. A violência passa a ser permitida e até estimulada desde que o justiçado seja uma pessoa de classe "inferior". Mas quando se trata de criminosos de "colarinho branco", corruptos e outros infratores de mesma classe social ou até mesmo das classes ditas "superiores", não tardam a surgir medidas que beiram o ridículo, como foi o caso da Súmula editada pelo STF restringindo de maneira abominável o uso das algemas, um importantíssimo equipamento de proteção para o policial, para o infrator e para a sociedade, por ocasião das operações da Polícia Federal que culminaram com a prisão de figurões, empresários e políticos em atividades criminosas Brasil afora.

Há muito se fala da necessidade de controle daqueles que exercem a função da segurança pública. John Howard, que foi considerado, no séc. XVII, como o precursor do penitenciarismo, já defendia a necessidade de se controlar aqueles que ficavam responsáveis pelo cumprimento da execução da pena dos condenados.

Nesse sentido, Cezar Roberto Bitencourt[134]:

> *Howard assinalou, quiçá por vez primeira, a conveniência da fiscalização por magistrados da vida carcerária. (...)*
> *Howard soube compreender a importância que tinha o controle jurisdicional sobre os poderes outorgados ao carcereiro. Tinha consciência da facilidade com que se pode cometer abusos e práticas desumanas no meio carcerário.*

Mesmo estando dentro de um contexto diferenciado, num momento histórico que as leis em vigor eram excessivamente cruéis para aqueles que viviam à margem do sistema feudal e da Igreja, principalmente quando o assunto era condenação e castigo, o fato é que a ideia de segurança, crime e desordem até hoje vivem atreladas, porquanto não há como se falar em uma sem lembrar da outra.

De lá pra cá, o Estado mudou no sentido de garantir, normativamente, a todos, os direitos fundamentais, o respeito à dignidade humana e a busca por afirmação dos valores inerentes ao homem, tanto em um plano interno quanto internacional. Contudo, a necessidade de se ensinar e reafirmar tais direitos não é uma tarefa fácil, principalmente quando se tem de um lado o Estado como garantidor da segurança pública, e do outro instituições que convivem diariamente com a carência de recursos, tanto materiais quanto humanos, e que têm de enfrentar e frear o aumento das estatísticas referentes à criminalidade, que são publicadas pelos meios de comunicação e exploradas, muitas vezes, em discursos políticos que visam tão simplesmente proteger os interesses de determinados grupos.

---

[134] BITENCOURT, Cezar Roberto. *Tratado de Direito Penal*. Parte geral 1. São Paulo: Saraiva, 2007, p. 42.

No mesmo sentido do observado por Howard tratamos no capítulo acerca de violência *versus* força sobre o Experimento da Prisão de Standford, de Philip Zimbardo, que chega a conclusões extremamente semelhantes.

Falar no controle das polícias, a fim de se evitar os abusos e excessos dos seus agentes, não é tarefa fácil. Hoje temos como principal Instituição o Ministério Público, que tem, entre outras, a função de exercer o controle externo da atividade policial.

O Ministério Público, segundo o artigo 127 da CF/88, é instituição permanente, essencial à função jurisdicional, incumbido da defesa da ordem jurídica, do regime democrático e dos interesses sociais e individuais indisponíveis.

Diante de tal conceito, era de se esperar que fosse conferido a essa Instituição essa função, principalmente porque os abusos afetam sobremaneira a ordem jurídica e o regime democrático. Fora isso, por ser o único legitimado a promover a ação penal pública, seria incoerente não se dotá-lo de poder para desempenhar tal mister.

Deve-ser ressaltar que as Corregedorias das instituições policiais também exercem esse controle, contudo sem prejuízo daquele realizado pelo Ministério Público. A ideia sempre foi dotar um órgão estranho à estrutura policial, que fosse imparcial e independente, a fim de se conferir lisura à apuração dos abusos e excessos.

Claro que, quando se está diante de órgãos de controle, verificamos que a fiscalização deverá ser feita por aqueles que não compõem a estrutura do órgão a ser fiscalizado. Isso não é prerrogativa somente da polícia e do Ministério Público.

Mas por que tratar de um capítulo só de excessos? É que no nosso ordenamento jurídico, os excessos trazem consequências graves, conforme verificaremos a seguir, ao estudarmos alguns tipos penais.

7.1. Homicídio

O crime de homicídio acompanha a história da humanidade desde o exato instante em que homem decidiu viver em grupo. A convivência harmoniosa entre os integrantes do grupo é um ideal perquirido por todas as formas de organização social, e foi para alcançá-lo que o Direito foi concebido.

A luta pela aquisição de bens e pela acumulação de riquezas, na defesa dos interesses particulares, acaba gerando conflitos entre os integrantes da sociedade, principalmente quando esses bens são escassos e os fatores econômicos que geram riquezas se encontram nas mãos de poucos.

Por sua vez, o crime de homicídio integra o Titulo I, da Parte Especial do Código Penal, que trata "Dos Crimes contra a Pessoa". Verifica-se dessa forma que o legislador de 1940, com o advento do Código Penal, elegeu a pessoa como objeto principal de proteção, e a vida e a integridade física como os bens mais relevantes, bem diferente dos Códigos Criminal do Império (1832) e Republicano (1890), que davam prioridade à criminalização das condutas que atentavam contra a existência do Império e da República, respectivamente, mostrando a superioridade do Estado sobre a pessoa.

O crime de homicídio, entre todas as infrações penais, é o que causa mais interesse à sociedade, principalmente porque a vida é concebida como algo divino, sublime, que provém de Deus e, de acordo com esse entendimento, a ninguém é dado o poder de tirá-la. Fora a questão religiosa, não podemos esquecer que todos os demais direitos fundamentais são concebidos e se justificam pela própria vida.

Rogério Greco[135], discorrendo sobre o crime de homicídio, nos lembra que:

---
[135] GRECO, Rogério. *Curso de Direito Penal*. Parte Especial. 7. Ed. Niterói: Impetus, 2010, p. 131.

> O homicídio reúne uma mistura de sentimentos – ódio, rancor, inveja, paixão, etc. – que o torna um crime especial, diferente dos demais. Normalmente, quando não estamos diante de criminosos profissionais, o homicida é autor de um único crime, do qual, normalmente, se arrepende.

E continua:

> Há, também, criminosos frios, que sentem prazer ao ver o sofrimento da vítima, que praticam atrocidades inomináveis, como temos presenciado pelos meios de comunicação. Valores são deixados de lado, para darem lugar a sentimentos desprezíveis. Filhos causando a morte de seus pais, com a finalidade de herdar-lhes os bens, maridos matando suas esposas para ficarem com suas amantes, enfim, o delito de homicídio, dentre todas as infrações penais, é aquele que requer um estudo mais detalhado, dada a sua complexidade.[136]

O crime de homicídio vem tipificado no artigo 121 do Código Penal, que tem uma redação clara, objetiva e bastante resumida, que diz: *matar alguém*. Temos, portanto, que o artigo é composto do verbo núcleo do tipo, *matar*, e do elemento objetivo, *alguém*.

Pela expressão "matar" tem-se o significado de retirar a vida; já por "alguém" temos que somente uma pessoa viva, que nasceu com vida, poderá ser vítima do crime de homicídio.

A vida inicia-se, diverso do que temos no Código Civil, no exato momento em que se inicia o parto, com a ruptura do saco amniótico, não necessitando a constatação da viabilidade do recém-nascido permanecer vivo. A partir dessa ruptura, toda ação contra este recém-nascido, com a finalidade de retirar-lhe a vida, será considerada, de regra, crime de homicídio, não sendo objeto deste livro a análise do crime de infanticídio.

---

[136] *Idem*, p. 131.

Significa dizer que qualquer ação para destruição do feto que ainda esteja no interior do útero será, em tese, o crime de aborto.

Quanto ao momento consumativo do crime de homicídio, tem-se que se dá no momento em que a vítima vem a óbito, após a ação do agente. Mas, qual o momento exato da cessação da vida? O Código Penal, por sua vez, não traz nenhuma norma explicando quando estamos diante do resultado morte, contudo, a Lei n. 9.434/97, que trata da remoção de órgãos e partes do corpo humano para fins de transplante e tratamento, dispõe que a vida cessa por ocasião da morte encefálica, havendo procedimento específico de diploma legal para sua constatação.

O *caput* do referido dispositivo penal dispõe sobre a forma simples do crime, que tem uma previsão de sanção penal de 6 a 20 anos de reclusão.

No § 1º temos a modalidade "privilegiada" do crime de homicídio, que na verdade se trata de uma causa de diminuição de pena a ser analisada pelo juiz, na terceira fase da dosimetria. Tanto a doutrina quanto a jurisprudência acabaram por utilizar a expressão "homicídio privilegiado" como forma de distingui-lo das demais modalidades, e também para se referir à conduta que impõe um tratamento penalógico mais leve.

As circunstâncias que implicam diminuição de pena são três: a primeira, quando o agente comete o crime impelido por motivo de relevante valor social; a segunda, quando comete o crime impelido por motivo de relevante valor moral; e a terceira, quando age sob o domínio de violenta emoção, logo em seguida à injusta provocação da vítima.

Importante ressaltar que o Código Penal não explica o que vem a ser relevante valor social ou moral, contudo a doutrina nos dá o direcionamento, conforme se extrai da definição de Cleber Masson[137]:

---

[137] MASSON, Cleber. *Direito Penal*. Parte Especial. V. 2. São Paulo: Método, 2010, p. 22.

> *Motivo de relevante valor social* é o pertinente a um interesse da coletividade. Não diz respeito ao agente individualmente considerado, mas à sociedade como um todo. (...)
> *Motivo de relevante valor moral* é aquele que se relaciona a um interesse particular do responsável pela prática do homicídio, aprovado pela moralidade prática e considerado nobre e altruísta. (...)

Importante ressaltar que a relevância do motivo deve ser comprovada, sob pena de não se configurar essa modalidade de homicídio.

Quanto à terceira circunstância, nos ensina Rogério Greco[138] que:

> **a)** Quando a lei penal usa a expressão *sob domínio*, isso significa que o agente deve estar completamente dominado pela situação. Caso contrário, se somente agiu influenciado, a hipótese não será de redução de pena em virtude da aplicação da minorante, mas tão somente de atenuação, em face da existência da circunstância prevista na alínea c do inciso III do art. 65 do Código Penal (sob a influência de violenta emoção, provocada por ato injusto da vítima). Isso significa que a injusta provocação levada a efeito pela vítima fez com que o agente perdesse a sua capacidade de autocontrole, levando-o a praticar o ato extremo.
>
> **b)** *Emoção*, na lição de Hungria, "é um estado de ânimo ou de consciência caracterizado por uma viva excitação do sentimento. É uma forte e transitória perturbação da efetividade, a que estão ligadas certas variações somáticas ou modificações particulares das funções da vida orgânica". (...)
>
> **c)** A expressão *logo em seguida* denota relação de imediatidade, de proximidade com a provocação injusta a que foi submetido o agente. Isso não significa, contudo, que *logo em seguida* não permita qualquer espaço de tempo. O que a lei busca evitar, com a utilização dessa expressão, é que o agente que, provocado

---

[138] GRECO, Rogério. *Curso de Direito Penal*. Parte especial. V. 2. Niterói: Impetus, 2010, pp. 147-148.

injustamente, possa ficar "ruminando" a sua vingança, sendo, ainda assim, beneficiado com a diminuição de pena. Não elimina, contudo, a hipótese daquele que, injustamente provocado, vai até a sua casa em busca do instrumento do crime, para com ele produzir o homicídio. Devemos entender a expressão logo em seguida *utilizando um critério de razoabilidade.*

d) Finalmente, merece destaque, também, a locução "injusta provocação". Prima facie, devemos distinguir o que vem a ser injusta provocação, que permite a redução de pena, da chamada injusta agressão, que conduzirá ao completo afastamento da infração penal, em virtude da existência de uma causa de justificação, vale dizer, a legítima defesa.

Conforme se verifica, só restará configurado o homicídio privilegiado, se a ação do agente for motivada por uma dessas três situações.

No § 2º, diverso do § 1º, temos o homicídio qualificado, onde se observa uma pena mínima e máxima muito superiores àquelas previstas para o homicídio simples.

Podemos definir o crime qualificado, de forma resumida, como aquele que deriva da modalidade fundamental do tipo em que o legislador agrega circunstâncias que o tornam mais grave, por isso mesmo a necessidade de penas mínimas e máximas superiores ao tipo original.

As qualificadoras que tornam o homicídio mais grave estão divididas em quatro grupos, a saber: motivos, meios, modos e fins.

Nos incisos I e II do § 2º do artigo 121, temos que o homicídio se torna qualificado quando o agente age mediante paga ou promessa de recompensa, ou outro motivo torpe e pelo motivo fútil. Aqui temos o grupo referente aos motivos.

No inciso III do referido dispositivo, qualifica o homicídio o emprego de veneno, fogo, explosivo, asfixia, tortura ou outro meio insidioso ou cruel, ou de que possa resultar perigo comum, tratando-se do grupo referente aos meios.

No inciso IV, temos as qualificadoras que se referem aos modos, ou seja, crime praticado à traição, mediante emboscada, dissimulação ou outro recurso que dificulte ou torne impossível a defesa da vítima.

Por derradeiro, no inciso V, qualifica-se o homicídio quando é praticado com a finalidade de assegurar a execução, ocultação, impunidade ou vantagem de outro crime. Neste, tem-se o grupo referente aos fins, denominando-se o homicídio de consequencial e teleológico.

Analisaremos a seguir, as qualificadoras referentes aos motivos, dispostas nos incisos I e II do artigo 121, § 2º, do CP, diante de algumas especificidades.

A) Mediante paga, promessa de recompensa ou outro motivo torpe (inciso I)

Verifica-se que o legislador utilizou-se neste inciso da interpretação analógica[139], ao utilizar a expressão genérica "ou outro motivo torpe", para abranger qualquer outro caso estigmatizado pela torpeza, a partir da fórmula casuística "paga ou promessa de recompensa".

Torpe é o motivo repugnante, abjeto, que causa uma sensação de repulsa diante do crime praticado. Podemos citar como exemplo de homicídio qualificado por motivo torpe aquele que é praticado pela cobiça, pela ambição do lucro.

Segundo Rogério Greco, ao analisar o referido inciso, nos esclarece que:

> A paga é o valor ou qualquer outra vantagem, que tenha ou não natureza patrimonial, recebida antecipadamente, para que o agente leve a efeito a empreitada criminosa. Já na promessa de

---
[139] Para Cleber Masson, interpretação analógica, também chamada de "intra legem", é a que se verifica quando a lei contém em seu bojo uma fórmula casuística seguida de uma forma genérica, sendo necessária para possibilitar a aplicação da lei aos inúmeros e imprevisíveis casos que as situações práticas podem apresentar.

recompensa, como a própria expressão está a demonstrar, o agente não recebe antecipadamente, mas sim existe uma promessa de pagamento futuro.[140]

Ocorre que não é pacífico na doutrina o entendimento de que a paga ou promessa de recompensa possam ter ou não natureza patrimonial. Para parte da doutrina, necessariamente tais motivos têm que ter conteúdo econômico. Fundamentam essa posição com o entendimento de que *a admissão de motivos não econômicos implicaria a necessidade de determinação, em cada caso, da especial reprovabilidade destes, o que criaria grande insegurança jurídica*[141].

B) Por motivo fútil – inciso II

Fútil é o motivo desproporcional, que *apresenta real desproporção entre o delito e a sua causa moral*[142].

O motivo fútil envolve uma maior reprovabilidade da conduta justamente porque se torna algo inexplicável à luz do senso do homem médio, um motivo insignificante.

Situação que tem merecido atenção é quanto à ausência de motivo no crime de homicídio. Para alguns, a falta de motivo caracteriza o motivo fútil, tendo em vista a interpretação que fazem de que a prática do homicídio motivada por nada o torna fútil. Contudo, para a maioria, a ausência de motivo não poderia levar ao entendimento da qualificação do crime de homicídio pela futilidade.

Quanto ao ciúme, existem decisões nos tribunais de que este não pode ser considerado motivo fútil. No *Habeas Corpus* 90.744, o Supremo Tribunal Federal entendeu que o ciúme não poderia servir

---

[140] GRECO, Rogério. *Curso de Direito Penal.* Parte especial. V. 2. Niterói: Impetus, 2010, p. 153.

[141] PRADO, Luis Regis. *Curso de Direito Penal Brasileiro.* 10. Ed. São Paulo: Revista dos Tribunais.

[142] CUNHA, Rogério Sanches. *Direito Penal:* parte especial. São Paulo: Revista dos Tribunais, 2010, p. 28.

para qualificar o homicídio pela futilidade, uma vez que entendeu o ministro relator que a vingança de uma mulher enciumada não poderia configurar algo insignificante.

Não se olvide que o crime de homicídio, por ser um crime doloso contra a vida, a competência para julgamento será do Tribunal do Júri, conforme determinação constitucional, composto por um conselho de sentença formado por sete jurados leigos, que serão soberanos em sua decisão.

Merece ressaltar que o Código Penal traz a previsão do homicídio culposo, cominando a pena para essa espécie de homicídio de detenção de 1 a 3 anos, com possibilidade de aplicação do perdão judicial, nos termos do § 5º do artigo 121. Nesse caso, por ser crime culposo, a competência para julgamento será da Vara Criminal Comum.

7.2. Lesão Corporal

O crime de lesão corporal encontra-se previsto no capítulo II do Titulo I do Código Penal, tendo por definição "ofender a integridade corporal ou a saúde de outrem".

Por integridade corporal entende-se o corpo humano, e a saúde engloba tanto a saúde física quanto a psíquica.

Prevê ainda o Código Penal as várias espécies de lesão, passando pela lesão leve do *caput* do artigo 129, lesão de natureza grave no § 1º, de natureza gravíssima no § 2º, seguida de morte no § 3º e culposa no § 6º.

Mais especificamente no § 9º do referido dispositivo legal, temos a lesão de natureza leve quando praticada no âmbito da violência doméstica. Tal dispositivo sofreu alterações quanto à sanção penal, quando da edição da Lei n. 11.340/06, retirando do âmbito da competência dos Juizados Especiais a lesão leve quando decorrer de violência doméstica.

Não obstante afetar a integridade física e a saúde, bens jurídicos considerados importantes, sabe-se que na atualidade pode qualquer pessoa dispor desses bens, seja praticando esportes radicais, seja colocando *piercing*, brincos, fazendo tatuagens, etc., principalmente porque não cabe ao Estado interferir na esfera estritamente privada das pessoas.

Além disso, constitui causa supralegal de exclusão da ilicitude o consentimento do ofendido, desde que, obviamente, seja expresso, livre, prévio, que não atinja os bons costumes e que o ofendido tenha a capacidade de consentir.

Por sua vez, a jurisprudência já entendeu pela aplicação do princípio da insignificância quando as lesões forem leves ou culposas, não vindo a ofender de forma significativa a integridade corporal ou a saúde da vítima.

Da mesma forma se dá com as lesões praticadas quando do exercício de atividade esportiva que seja estimulada pelo Estado e quando as lesões são provocadas por médicos em procedimento cirúrgico devidamente autorizado.

Salvo esses casos, todos os demais constituem crime e merecem a persecução penal.

7.3. Abuso de Autoridade

Ultimamente o que mais se vê são matérias jornalísticas sobre os abusos praticados pelos agentes da Lei. E isso é de importância tal para se analisar os motivos que levam autoridades a praticarem abuso no cumprimento de seu dever.

Em 1965 passou a integrar o ordenamento jurídico a Lei n. 4.898/65, que dispõe sobre o direito de representação e o processo de responsabilidade administrativa, civil e penal, contra autoridades que, no exercício de suas funções, cometam abusos, conforme se verifica do seu artigo 1º.

Mas, o que vem a ser abuso de autoridade? Antes de falar especificamente deste tema, é necessário esclarecer que a preservação da ordem pública, ideal perquirido pelos Estados, é função da polícia, a fim de possibilitar a convivência harmônica e garantir o exercício dos direitos fundamentais pelo cidadão.

Como já falamos em outro item, na busca pela manutenção da ordem pública, o Estado autoriza as instituições que compõem o Sistema de Segurança Pública a empregar a força, muitas vezes necessária, para o restabelecimento dessa ordem. Contudo, o uso da força pelos policiais encontra limitação no próprio ordenamento jurídico, em especial na Constituição Federal.

Ao se afastar dessas limitações, o agente do Estado, utilizando-se do uso abusivo da força, desrespeitando os direitos e garantias fundamentais dos cidadãos, pratica o abuso de autoridade.

O legislador infraconstitucional, atento a essas limitações, em 1965 editou a Lei n. 4.898 que sujeita o agente infrator a um processo de responsabilidade administrativa, civil e penal, por haver cometido abuso.

O artigo 2º da Lei disciplina o exercício do direito de representação da vítima do abuso. Assim, qualquer pessoa que tenha sido ou se sinta vítima do abuso de autoridade poderá pessoalmente, sem advogado, fazer a representação contra o agente a uma autoridade civil ou militar. Para garantir esse direito, o Ministério Público, como responsável constitucional pelo controle da atividade policial, conta com Promotorias específicas para recebimentos de representações e apuração dessas condutas, como ocorre no Distrito Federal.

Não se olvide que o crime de abuso de autoridade será apurado por meio de ação penal pública incondicionada, não sendo essa representação condição objetiva de procedibilidade da ação penal. Na verdade, a interpretação que se dá à palavra "representação" é no sentido de "informação", não dependendo dela o Ministério Público para o oferecimento da denúncia, se houver justa causa para tal.

Nos artigos 3º e 4º, o referido diploma legal elenca condutas que constituem abuso de autoridade. Importante ressaltar que, até mesmo na forma tentada, o crime de abuso é punido como se consumado fosse.

Para alguns doutrinadores[143], o artigo 3º, por se utilizar de expressão genérica[144], é de duvidosa constitucionalidade, porquanto ofende o princípio da legalidade.

Não obstante essas considerações, o fato é que o referido artigo tipifica qualquer conduta que atente contra os direitos fundamentais preconizados na Constituição Federal, em especial a liberdade, a inviolabilidade do domicílio, ao sigilo da correspondência, a liberdade de consciência, de crença, o livre exercício do culto religioso, a liberdade de associação e de reunião, os direitos e garantias legais assegurados ao exercício do voto, a incolumidade física do indivíduo e, por fim, aos direitos e garantias legais assegurados ao exercício profissional.

Como se vê, o rol acima apresentado encontra-se disposto no artigo 5º e seus incisos, na Constituição Federal de 88.

Já o artigo 4º trata de outras ações que constituem abuso de autoridade justamente por terem sido praticadas em desacordo com as prescrições normativas, como, por exemplo, ordenar ou executar medida privativa de liberdade sem as formalidades legais ou com abuso de poder, submeter qualquer pessoa que esteja sob sua guarda ou custódia a vexame ou a constrangimento não autorizado em lei, deixar de comunicar ao juízo a prisão ou detenção de qualquer pessoa, etc[145].

Registre-se que a referida lei alcança somente a autoridade, que é conceituada no artigo 5º como sendo qualquer pessoa que exerça cargo, emprego ou função pública, de natureza civil ou militar, ainda que transitoriamente e sem remuneração.

---

[143] Para Fernando Capez, in Curso de Direito Penal, Legislação Especial, V. 4, haverá ferimento da legalidade pois não há crime sem descrição pormenorizada do fato contido na lei, sendo a taxatividade decorrência do princípio da legalidade.

[144] "Art. 3º. Constitui abuso de autoridade qualquer atentado."

[145] Vide artigo 4º da Lei n. 4.898/65.

No artigo 6º prescreve o legislador que a autoridade que praticar o abuso se sujeitará a sanções administrativas, civil e penal, e a primeira consistente na aplicação de advertência, repreensão, suspensão do cargo, função ou posto por período de 5 a 180 dias, com perda de vencimentos e vantagens, destituição da função, demissão e demissão a bem do serviço público.

Já as sanções civis consistirão em indenizações pelo dano experimentado pela vítima[146].

Quanto à sanção penal, observa-se que o § 3º do artigo 6º comina a pena de multa, em cruzeiro, e a privativa de liberdade de 10 dias a 6 meses de detenção. Inicialmente, é bom esclarecer que a parte geral do Código Penal revogou qualquer sistema de multa expresso por unidade monetária, adotando-se hoje tão simplesmente a expressão "multa". Já em relação à pena privativa de liberdade, percebe-se que andou mal o legislador ao cominar sanção em patamar tão irrisório, diante da gravidade da conduta, deixando de observar a proporcionalidade. Ocorre que não podemos esquecer que a lei é de 1965, editada em um período autoritário e que, segundo Fernando Capez[147], *com intuito meramente simbólico*.

Dispõe ainda o § 5º do artigo 6º, que se o abuso de autoridade for cometido por agente de autoridade policial, civil ou militar, de qualquer categoria, poderá ser cominada a pena autônoma ou acessória de não poder o acusado exercer a função de natureza policial ou militar no município de culpa, por prazo de 1 a 5 anos.

Como a lei prevê condutas tipificadas como abuso de autoridade, existe uma discussão doutrinária e jurisprudencial se o artigo 350, do Código Penal, que trata do crime de *Exercício Arbitrário ou Abuso de Poder*, restaria revogado pela Lei n. 4.898/65.

---

[146] A lei fala que se não for possível quantificar o dano, a indenização será de quinhentos a dez mil cruzeiros. Ocorre que, com as modificações e a desvalorização da moeda, essa regra não mais se aplica.

[147] CAPEZ, Fernando. *Curso de Direito Penal:* legislação penal especial. V. 4. São Paulo: Saraiva, 2010, p. 7.

Discorrendo sobre esse assunto, Fernando Capez[148] nos mostra a sua posição e de vários outros doutrinadores:

> Ocorre que a Lei n. 4.898/65, constituindo diploma penal específico, abarca em seus arts. 3º e 4º todas as hipóteses previstas no citado artigo. Dessa forma, entendemos que o art. 350 do Código Penal foi revogado (ab-rogado) pela Lei de Abuso de Autoridade. Vejamos alguns posicionamentos doutrinários:
> **a)** *Para Damásio E. de Jesus, a Lei do Abuso de Autoridade apenas derrogou o art. 350 do Código Penal, pois o "caput e o inciso III foram reproduzidos pelas alíneas a e b do art. 4º da referida lei, de modo que continuam em vigor os incs. I, II e IV do parágrafo único do art. 350". Portanto, para o autor subsistem os incisos I, II e IV do referido artigo.*
> **b)** *Para Gilberto Passos de Freitas e Vladimir Passos de Freitas há a seguinte situação: (1) O art. 350, caput e seu inciso III, foi revogado pelo art. 4º, a e b, da Lei do Abuso de Autoridade, sendo idênticas as condutas previstas em ambos os diplomas legais. (2) No que diz respeito aos incisos I e II, afirmam os autores: "Apesar de não revogados expressamente pela Lei 4.898 de 09.12.1965, e da redação do art. 4º, a e b, não reproduzir, exatamente, os tipos referidos, entende-se que houve revogação. (...)*
> **c)** *Para Celso Delmanto, "não só o art. 350, caput, e inciso III estão revogados, como também o estão os incisos I, II e IV, que encontram previsão semelhante na Lei 4.898/65". Portanto, para o autor houve ab-rogação do art. 350 do CP. No mesmo sentido é a lição de Júlio Fabbrini Mirabete.*

Merece registro que os crimes contidos na referida Lei são de competência dos Juizados Especiais criminais estaduais ou federais, a depender se servidor público estadual ou federal. Se for o crime praticado por policial militar, cabe observar que a competência será da justiça comum e não da militar, nos termos da Súmula 172 do Superior Tribunal de Justiça[149].

---

[148] *Idem*, pp. 29-30

[149] Compete à Justiça Federal processar e julgar militar por crime de abuso de autoridade, ainda que praticado em serviço.

Por fim, se houver concurso entre os crimes de abuso de autoridade e homicídio doloso, de quem será a competência para o julgamento? Na hipótese de conexão ou continência, nos termos do artigo 60 da Lei n. 9.099/95 e do artigo 2º da Lei n. 10.259/01, respeitando-se as regras do artigo 78 do Código de Processo Penal, a competência para julgamento será do Tribunal do Júri, com aplicação, ao crime de abuso de autoridade, dos institutos da transação penal e suspensão condicional do processo.

7.4. Tortura

No âmbito internacional, a Convenção contra a tortura e outros tratamentos ou penas cruéis, desumanas ou degradantes e a Convenção interamericana para prevenir e punir a Tortura são os principais tratados de proteção dos Direitos Humanos contra essa forma de criminalidade violenta, autolimitando o Estado, impedindo-o de aplicar, tanto na persecução quanto na punição, medidas violentas que atentem contra a dignidade humana.

Diverso das Convenções, no Brasil, a previsão da prática da tortura se estende não somente ao Agente do Estado, mas ao particular, rompendo com a sistemática internacional.

O crime de Tortura, com assento Constitucional, é tratado no artigo 5º, inciso XLIII, sendo inafiançável e insuscetível de graça e anistia. Por sua vez, a Lei n. 8.072/90, denominada Lei dos Crimes Hediondos, dispõe ser a Tortura um crime equiparado a hediondo.

Nesse diapasão, a Lei n. 9455/97 traz as disposições acerca do crime de Tortura, prevendo as espécies de tortura-prova, tortura-discriminatória e tortura-castigo. No artigo 1º, vemos que o crime é material e se consuma com o sofrimento físico ou mental provocado na vítima, trazendo finalidades subjetivas específicas do agente ao praticar a tortura, conforme se verifica a seguir:

Art. 1º. *Constitui crime de tortura:*
I – constranger alguém com emprego de violência ou grave ameaça, causando-lhe sofrimento físico ou mental:
a) com o fim de obter informação, declaração ou confissão da vítima ou de terceira pessoa;
b) para provocar ação ou omissão de natureza criminosa;
c) em razão de discriminação racial ou religiosa;
II – submeter alguém, sob sua guarda, poder ou autoridade, com emprego de violência ou grave ameaça, a intenso sofrimento físico ou mental, como forma de aplicar castigo pessoal ou medida de caráter preventivo.
Pena – reclusão, de dois a oito anos.

Importante registrar, no inciso I, deve o agente agir imbuído das finalidades de obter informação, declaração ou confissão da vítima ou de terceira pessoa, para provocar ação ou omissão de natureza criminosa, e em razão de discriminação racial ou religiosa.

Logo em seguida, no § 1º do referido artigo, elenca conduta equiparada à tortura, quando o agente submete pessoa presa ou sujeita à medida de segurança a sofrimento físico ou mental, por intermédio da prática de ato não previsto em lei ou não resultante de medida legal.

No § 2º, também chamado pela doutrina de crime de tortura impróprio, dispõe o diploma legal sobre a responsabilização daquele que se omite em face dessas condutas quando tem o dever de evitá-las ou apurá-las. Aqui o crime é praticado por omissão imprópria, punindo-se a conduta do agente garantidor, nos termos do artigo 13, inciso II, alínea a, do Código Penal.

A lei prevê, no § 3º, a tortura qualificada, quando ocorrer lesão grave, gravíssima e morte, trazendo um gravame penalógico maior diante desses resultados. Aqui temos delitos eminentemente preterdolosos, ou seja, o resultado é imputado ao agente a título de culpa. Se o resultado for o pretendido pelo agente, nada obsta de se aplicar a regra do concurso material de crimes.

Sendo o crime praticado por agente público, contra criança, gestante, portador de deficiência, adolescente ou pessoa maior de 60 anos, a pena do crime de tortura aumenta 1/3. Igual aumento incidirá se a tortura for praticada mediante sequestro, ou seja, com privação da liberdade da vítima.

Como se pode perceber, apesar do crime de tortura estar quase que, de regra, associado a agressões físicas reiteradas, o legislador ampliou o entendimento do crime de tortura, ao prever também o sofrimento psíquico infligido a alguém, justamente pela ideia de que a tortura nem sempre deixa vestígios visíveis "a olho nu", o que dificulta a sua apuração.

Não obstante essa análise legal, o fato é que o crime de tortura é considerado um crime grave, inclusive incluído no rol dos crimes hediondos, da Lei n. 8.072/90, principalmente quando estatisticamente se verifica que o âmbito da sua incidência se dá nos presídios, justamente por parte daqueles que deveriam evitá-la. Fora dos presídios, também os números mostram que é prática corrente a utilização da tortura pelos agentes da lei.

A preocupação com o crime de tortura é tal que, em 2003, o Centro de Direitos Humanos, da Universidade de Essex, elaborou um Manual de Combate à Tortura para Magistrados e Membros do Ministério Público[150]. No prefácio, o Professor Sir Nigel Rodley *KBE* afirma que:

> *Apesar de sua proibição absoluta tanto pelo direito internacional quanto pelas leis da maioria – senão de todas – as jurisdições nacionais, a prática da tortura ainda persiste. Embora condenada publicamente, a tortura é praticada clandestinamente em muitos países. Com efeito, a tortura tipicamente é perpetrada pelos mesmos funcionários do Estado que são responsáveis por sustentar e aplicar a lei.*

---

[150] Retirado do *Manual de Combate à Tortura*, elaborado para Magistrados e Membros do Ministério Público.

Os magistrados e promotores têm um papel crucial a desempenhar no combate à tortura. Em primeiro lugar, porque eles são de importância basilar na manutenção do estado de direito. Nada é mais prejudicial ao estado de direito do que a ilegalidade oficial, principalmente crimes praticados por funcionários do Estado.

Conforme se verifica, a preocupação com o combate à tortura é preocupação internacional, uma vez que afeta a dignidade da pessoa humana. Além do que o Brasil, como signatário da Convenção contra a Tortura e outros Tratamentos ou Penas Cruéis, Desumanos ou Degradantes e de outras normas de Direito Internacional que tratam sobre Direitos Humanos tem o dever de prevenir, investigar e punir qualquer pessoa que pratique tortura.

8. O Direito Penal e as Excludentes de Antijuridicidade

As principais excludentes de antijuridicidade, também chamadas de excludentes de ilicitude, estão elencadas no artigo 23 do Código Penal. São elas: estado de necessidade, legítima defesa, estrito cumprimento do dever legal e exercício regular do direito.

Além do referido dispositivo legal, também encontramos outras excludentes na parte especial do Código Penal, a exemplo dos artigos 24 e 124, e na legislação extravagante, como a Lei n. 9.605/98, que trata dos crimes contra o meio ambiente.

Fora as hipóteses legais, destacamos o consentimento do ofendido como excludente supralegal.

De regra, no Direito Penal, quando alguém realiza uma conduta típica, pressupõe-se que ela seja também antijurídica. Contudo, esta afirmativa não é de todo verdadeira, já que o ordenamento prevê situações que justificam a ocorrência daquela conduta típica.

Somente para fins de conceituação, ilicitude, para a maioria da doutrina, é a relação de contrariedade da conduta do agente com o ordenamento jurídico.

Segundo Rogério Greco:

> *Quando nos referimos ao ordenamento jurídico de forma ampla estamos querendo dizer que a ilicitude não se resume à matéria penal, mas sim que pode ter natureza civil, administrativa, tributária,*

etc. Se a conduta típica do agente colidir com o ordenamento jurídico penal, diremos ser ela penalmente ilícita.[151]

Contudo, o conceito acima é meramente formal, pois se a conduta do agente, de alguma forma, contraria a norma, acabamos por limitar essa situação. Ocorre que a doutrina tem, também, uma visão material da ilicitude, tentando demonstrar que a ilicitude formal por si só não se conclui pela antijuridicidade da conduta.

Rogério Greco, citando Francisco de Assis Toledo, segue conceituando o aspecto material da ilicitude:

> *Ilicitude é a relação de antagonismo que se estabelece entre uma conduta humana voluntária e o ordenamento jurídico, de sorte a causar lesão ou a expor a perigo de lesão um bem jurídico tutelado.*[152]

O artigo 23 do Código Penal elenca quatro situações que excluem a antijuridicidade do fato típico. A seguir, faremos um estudo individualizado de cada uma delas.

A) Estado de necessidade

Segundo o artigo 24 do Código Penal, *considera-se em estado de necessidade quem pratica o fato para salvar de perigo atual, que não provocou por sua vontade, nem podia de outro modo evitar, direito próprio ou alheio, cujo sacrifício, nas circunstâncias, não era razoável exigir-se.*

Primeiramente, verifica-se que no estado de necessidade temos dois bens jurídicos em perigo, permitindo a lei sacrificar-se um bem para proteger o outro.

---

[151] GRECO, Rogério. *Curso de Direito Penal:* parte geral. Niterói: Impetus, 2010, p. 299.

[152] GRECO *apud* TOLEDO, Francisco de Assis. *Curso de Direito Penal*. Niterói: Impetus, 2010, p. 300.

Por sua vez, elenca o artigo alguns requisitos objetivos para que se configure o estado de necessidade. O primeiro deles é a ocorrência do perigo, podendo este advir de comportamentos humanos, fatos da natureza e fatos animais. Interessante ressaltar que o perigo não pode visar a destinatário certo, devendo ser dirigido a pessoas ou bens indeterminados. Além disso, obriga o legislador ser o perigo atual, que esteja ocorrendo.

Outra exigência para se configurar o estado de necessidade é que a situação de perigo não seja causada voluntariamente pelo agente, não podendo ele ter agido dolosamente, buscando o perigo. Parte da doutrina entende que se o agente causou o perigo ainda que culposamente, não poderá alegar o estado de necessidade, porquanto se tornou um agente garantidor[153], com obrigação de evitar o resultado, nos termos do artigo 13, § 2º, alínea "c", do Código Penal. Contudo, esse posicionamento é minoritário.

Autoriza ainda o dispositivo legal que o agente aja para salvar direito próprio ou alheio, sem a necessidade neste último caso de estar autorizado pelo terceiro. Para alguns doutrinadores, o consentimento do terceiro é indispensável somente quando o bem em perigo for disponível.

Existe ainda a determinação de que somente poderá alegar estado de necessidade aquele que não tenha o dever legal de enfrentar o perigo. Neste caso, um bombeiro ou um policial não podem, pelo dispositivo, alegar o estado de perigo, para se eximir da responsabilidade penal[154]. Importante ressaltar que o dispositivo fala em "dever legal", excluindo-se da proibição aquele que tenha o dever contratual.

Por derradeiro, dispõe o artigo 24 sobre dois outros requisitos para se configurar o estado de necessidade, que é a inevitabilidade do comportamento lesivo, no sentido de que o sacrifício ao direito

---

[153] Para o Direito Penal, agente garantidor é aquele que tem o dever de agir, não podendo se omitir, estando tal figura prevista no artigo 13, § 2º, a, b e c, do Código Penal.

[154] Nelson Hungria costumava dizer que o Direito Penal não exige ato de heroísmo de ninguém. Nem mesmo aqueles que tenham o dever legal de agir são obrigados a ir além dos limites de suas forças para salvar-se do perigo.

alheio tem de ser necessário, não podendo ser decorrente de comodismo do agente e a inexigibilidade do sacrifício do direito ameaçado, devendo haver proporcionalidade entre o direito protegido e o direito sacrificado.

Neste último caso, o Brasil adota a teoria unitária no artigo 24 do Código Penal, onde o bem protegido deve ter um valor igual ou superior ao bem jurídico sacrificado, para justificar o comportamento do agente e excluir a antijuridicidade do fato típico. Caso o bem jurídico protegido tenha menos valor do que o sacrificado, autoriza-se tão simplesmente a diminuição da pena do agente, respondendo ele pelo crime.

Vale ressaltar que o Código Penal Militar, nos artigos 39 e 42, adotou a teoria diferenciadora ao prever duas espécies de estado de necessidade, o exculpante, que exclui a culpabilidade do agente, e o justificante, excluindo-se a antijuridicidade da conduta.

Além dos requisitos objetivos, deve o agente ter ciência de estar agindo em estado de necessidade, e sua ação, como única possibilidade de arrostar o perigo, deve ser objetivamente necessária e subjetivamente conduzida pela vontade de salvamento.

B) Legítima Defesa

O conceito de legítima defesa encontra-se descrito no artigo 25 do Código Penal, que dispõe sobre a situação daquele que, *usando moderadamente dos meios necessários, repele injusta agressão, atual ou iminente, a direito seu ou de outrem.*

Assim como no estado de necessidade, o legislador elencou também no referido dispositivo legal, requisitos objetivos que configuram a situação da legítima defesa como justificante da conduta do agente.

O primeiro requisito é que a agressão dirigida contra o agente seja injusta. Diverso do estado de necessidade, aqui o agente defende-se de um comportamento humano contrário ao direito, que coloca em perigo, de forma injusta, bens jurídicos.

Outro requisito é que a agressão deve ser atual ou iminente, cabendo esclarecer que o comportamento do agente é autorizado tanto no caso da agressão presente ou prestes a ocorrer. Segundo Cleber Masson[155]:

> *Não pode o homem de bem ser obrigado a ceder ao injusto. Seria equivocado exigir fosse ele agredido efetivamente para, somente depois, defender-se. Exemplificativamente, não está ele obrigado a ser atingido por uma arma de fogo para, após, defender-se matando o seu agressor. Ao contrário, com a iminência da agressão é permitida a reação imediata contra o agressor, desde que presente o justo receio quanto ao ataque a ser contra ele perpetrado.*

Merece destaque que a agressão passada ou futura não permite o reconhecimento da legítima defesa. A doutrina, de forma tímida, já reconhece que a agressão futura e certa é uma causa supralegal de excludente da culpabilidade do agente.

Para agir em legítima defesa deve o agente utilizar moderadamente os meios necessários para repelir a injusta agressão. Por meio necessário entende-se o meio menos lesivo, entre os suficientes, à disposição do agente. Neste caso, encontrado o meio necessário, ele tem de ser usado de forma moderada, sob pena de responder o agente pelo excesso em legítima defesa.

Vejamos o magistério do Cleber Masson[156] sobre o assunto:

> *A legítima defesa não é desforço necessário, mas medida que se destina à proteção de bens jurídicos. Não ter por fim punir, razão pela qual deve ser concretizada de forma menos lesiva possível.*

---

[155] MASSON, Cleber. *Direito Penal Esquematizado*. Parte Geral. V. 1. São Paulo: Método, 2010, p. 384.

[156] Idem, p. 386

Por fim, a legítima defesa é cabível quando a agressão injusta ameaça direito próprio ou de terceiro. Importante lembrar que qualquer bem jurídico pode ser protegido pela legítima defesa, diante do entendimento de que o Direito Penal não pode proteger um bem de forma mais ampla do que o outro, pois todos merecem a mesma proteção.

Nas precisas lições de Cleber Masson[157]:

> É possível o emprego da excludente para a tutela de bens pertencentes às pessoas jurídicas, inclusive do Estado, pois atuam por meio de seus representantes e não podem defender-se sozinhas. Veja-se o exemplo da pessoa que, percebendo uma empresa ser furtada, luta com o ladrão e o imobiliza até a chegada da força policial.

C) Estrito Cumprimento de Dever Legal

Dispõe o artigo 23, inciso III, primeira parte, que *não há crime quando o agente pratica o fato em estrito cumprimento de dever legal*.

Mas como saber se o agente agiu no estrito cumprimento de um dever legal. Aqui, mister se faz lembrar que diversamente do estado de necessidade e da legítima defesa, o Código Penal, no artigo 23, não nos trouxe um conceito do que seria estrito cumprimento de um dever legal. Contudo, a doutrina supriu essa omissão, entendendo que a expressão "dever legal" decorre de algo imposto pela lei, ou seja, diante de determinadas situações o agente tem a obrigação de agir.

A expressão "lei" é entendida em sentido amplo, abrangendo tanto a lei penal, quanto a civil, administrativa, regulamentos, atos administrativos infralegais, decisões judiciais, desde que esses últimos, originários de lei em sentido estrito.

Já a expressão "estrito cumprimento" denota a existência de limites e parâmetros para que a obrigação seja cumprida pelo agente, pois, fora desses limites, surge o excesso ou abuso.

---

[157] Ibidem, p. 385.

Neste caso, poderá alegar o estrito cumprimento de dever legal aquela pessoa (funcionário público ou particular) que age dentro dos limites da lei.

D) *Exercício Regular de Direito*

Tal excludente é tratada no artigo 23, inciso III, do Código Penal, que dispõe que "não há crime" quando o agente age no exercício regular de direito. Por Direito entende-se todas as regulamentações legais, em sentido amplo, e até mesmo os costumes.

Cleber Masson[158], citando Nelson Hungria, nos lembra que:

> *O direito é um complexo harmônico de normas, não sendo admissível um real conflito entre estas. Assim, se a norma penal incrimina tal ou qual fato, que, entretanto, em determinados casos, outra norma jurídica, penal ou extrapenal, permite ou impõe, não há reconhecer, em tais casos, a existência do crime. Esta ilação é inquestionável ainda quando a norma de excepcional licitude seja de direito privado.*

Assim como as demais excludentes aqui tratadas, deve o agente, ao agir, obedecer aos limites impostos pelo Direito.

Cezar Roberto Bitencourt[159] também nos ensina que:

> *Qualquer direito, público ou privado, penal ou extrapenal, regularmente exercido, afasta a antijuridicidade. Mas o exercício deve ser regular, isto é, deve obedecer a todos os requisitos objetivos exigidos pela ordem jurídica.*

---

[158] MASSON, Cleber apud HUNGRIA, Nelson. *Direito Penal Esquematizado*. Parte geral. V.1. São Paulo: Método, 2010, p. 404.

[159] BITENCOURT, Cezar Roberto. *Tratado de Direito Penal*. V.1. São Paulo: Saraiva, 2007, p. 324.

Podemos citar como exemplos do exercício regular do direito a defesa da posse regulada no artigo 1.210, § 1º do Código Civil[160], as intervenções cirúrgicas sem situação emergencial, pois neste último caso o médico agiria respaldado pela excludente do estado de necessidade, a violência esportiva, desde que o esporte seja praticado no estrito limite de seu regulamento, como é o caso do futebol.

Vale lembrar que alguns doutrinadores chegam a entender que, no caso dos esportes, a violência empreendida, por ser aceita socialmente, implicaria reconhecimento do princípio da adequação social, que é causa excludente da tipicidade e não da antijuridicidade. As discussões nos ramos do direito são importantes porque trazem soluções, muitas vezes, mais justas aos casos concretos.

Podemos ainda citar, com cuidado, o dever que os pais têm de educar os filhos, disposto nos artigos 1.566, IV, e 1.634, inc. I, todos do Código Civil. Esse dever, que na verdade é um direito, muitas vezes implica a necessidade da utilização de meios de correção e disciplina, contudo não se deve exceder nos limites, utilizando-os de forma moderada, sob pena de responder pelo crime de maus-tratos[161].

Não se olvide que, no dia 14.07.2010, o Presidente da República enviou ao Congresso Nacional um Projeto de Lei que estabelece o direito da criança e do adolescente de serem educados e cuidados sem o uso de castigos corporais e tratamento cruel ou degradante. Apesar de não aprofundarmos nesse tema, uma vez que não é objeto específico desta obra, tal projeto vem ao encontro da preocupação que existe nos abusos praticados pelos pais contra seus filhos, que excedem os limites do seu direito ao educar seus filhos, implicando, dessa forma, reconhecimento da ilicitude da conduta.

Nem bem iniciou a sua tramitação o projeto já é alvo de críticas pela sociedade. O fato é que, como não há direito absoluto, na ponderação entre o direito do pai de disciplinar seu filho e o direito da criança em não ser atingido em sua integridade física ou psíquica,

---

[160] O artigo citado regula o que a doutrina chama de "desforço imediato".

[161] Previsto no artigo 136 do Código Penal.

deverá preponderar a norma que homenageie os direitos humanos e o interesse da sociedade.

Caso o Projeto de Lei seja aprovado pelo Congresso Nacional e sancionado pelo Presidente da República, o Estatuto da Criança e do Adolescente passará a conferir à criança e ao adolescente novo direito, que se for descumprido poderá ter como consequência o afastamento cautelar dos pais da moradia comum, nos termos do artigo 130 da Lei n. 8.069/90. Nesse caso, a nova disposição vem a colocar uma pá de cal nas discussões que sempre existiram acerca do direito dos pais de punirem seus filhos, como forma de educá-los.

Do que foi referido, verifica-se que ao exceder no seu direito o agente comete abuso, caracterizando, a partir daí, a ilicitude.

8.1. As Excludentes de Ilicitude sob a ótica da Teoria da Tipicidade Conglobante

O tema "excludentes de ilicitude" tem recebido um tratamento diferenciado diante da moderna teoria da tipicidade conglobante, trazida por Eugênio Raúl Zaffaroni[162].

Antes mesmo de falar sobre o conceito da tipicidade conglobante, mister se faz esclarecer o que vem a ser a tipicidade no Direito Penal. Por sua vez, falar em Direito Penal é esclarecer como se dá a construção de um tipo penal.

Sabemos que o Direito Penal, como ramo do Direito Público, tem a finalidade maior de estabelecer condutas delitivas, cominando--lhes determinadas sanções – penas ou medidas de segurança, que são as consequências jurídicas decorrentes da prática dessas condutas. De outro lado, ao determinar quais os comportamentos que devam merecer sua atenção, o Direito Penal elege os bens jurídicos da sociedade que visa proteger.

---

[162] O referido autor é Juiz da Suprema Corte Argentina e escritor de várias obras referentes ao Direito Penal.

Desta forma, verifica-se que a finalidade do Direito Penal é proteger os bens jurídicos mais importantes para a sociedade, bens estes necessários para sua própria sobrevivência, nas precisas lições de Rogério Greco.[163]

Mas como se dá a seleção desses bens pelo legislador? Apesar de sabermos que a seleção é uma escolha política, influenciada pelos anseios da sociedade, não poderá o legislador se afastar dos valores contidos na Constituição Federal de 88, consistentes na liberdade, igualdade, justiça, segurança, bem-estar social e outros.

Rogério Greco, citando André Copetti, dispõe que:

> *É nos meandros da Constituição Federal, documento onde estão plasmados os princípios fundamentais de nosso Estado, que deve transitar o legislador penal para definir legislativamente os delitos, se não quer violar a coerência de todo o sistema político-jurídico, pois é inconcebível compreender-se o Direito Penal, manifestação estatal mais violenta e repressora do Estado, distanciado dos pressupostos éticos, sociais, econômicos e políticos constituintes de nossa sociedade.*[164]

Não obstante a finalidade do Direito Penal, o fato é: o que vem a ser o crime? Qual o seu conceito?

Quando falamos em crime, pensamos logo em homicídio, furto, roubo, estupro, etc. Mas por que essas condutas são consideradas crimes? Porque a lei, por meio dos artigos 121, 155, 157 e 213 do Código Penal, proíbe tais condutas, impondo a quem as praticou, como consequência, uma pena privativa de liberdade cumulada ou não com uma pena de multa.

Nesse contexto, com essa mera descrição da conduta disposta na lei é que nos interessa definir o que vem a ser a tipicidade, um

---

[163] GRECO, Rogério. *Curso de Direito Penal:* parte geral. Niterói: Impetus, 2010, p. 2.
[164] GRECO *apud* COPETTI, André. *Curso de Direito Penal:* parte geral. Niterói, RJ: Impetus, 2010, pp. 4-5.

dos elementos que compõem a estrutura do conceito analítico de crime. Ao se definir o crime por seu conceito analítico, analisamos as características ou elementos constitutivos do crime.

Sob esse enfoque, várias teorias se dispuseram e se dispõem, até hoje, a explicar o conceito de crime, por meio de uma análise dos elementos que lhe integram sem, contudo, fragmentar-lhe. Tivemos ao longo da história a teoria causal-naturalista, finalista, o funcionalismo moderado ou teleológico, funcionalismo reducionista ou sistêmico e a teoria constitucionalista do delito.

Para a teoria causal-naturalista, defendida por Beling e Liszt, crime é um fato típico, ilícito e culpável, sendo o fato típico composto pela conduta objetiva (ação e omissão), resultado, nexo de causalidade e tipicidade. Por sua vez, a ilicitude diz respeito à contrariedade da conduta ao ordenamento jurídico, e a culpabilidade composta da imputabilidade, dos elementos normativos (potencial consciência da ilicitude e inexigibilidade de conduta diversa) e dos elementos psicológicos (dolo e culpa).

A conduta, para Beling e Von Liszt, é tão somente um comportamento humano e voluntário, que produz uma modificação no mundo exterior.

Avançando nos estudos do conceito analítico de crime, Hans Welzel, idealizador da teoria finalista, propõe uma mudança de posição dos elementos psicológicos (dolo e culpa), da culpabilidade para o fato típico, passando este a ser integrado pela conduta objetiva (ação e omissão) e subjetiva (dolo e culpa), resultado, nexo de causalidade e tipicidade. Essa modificação proposta foi de grande importância e corrigiu a falha da teoria causal-naturalista que dissociava a relação psíquica do agente para com o resultado.

A conduta, para Welzel, é um comportamento humano voluntário e consciente, dirigido a um fim.

Não livre de falhas e críticas as duas teorias, porquanto a teoria causal-naturalista não conseguia explicar os crimes praticados por omissão e, por sua vez, o finalismo não explicava o crime culposo, o fato é que elas contribuíram sobremaneira para os estudos a respeito do conceito de crime.

Posteriormente, surge a teoria funcionalista, que discute a função do Direito Penal, sob dois enfoques. Um baseado no entendimento de que a missão do Direito Penal é proteger os bens jurídicos indispensáveis ao homem (Claus Roxin), enquanto o outro, diametralmente oposto, baseado na afirmativa de que a missão do Direito Penal é resguardar o sistema, reafirmando a imperatividade da norma (Gunter Jacobs). O primeiro é chamado funcionalismo teleológico, e o segundo, sistêmico.

Numa visão mais específica do conceito de crime, já que a finalidade desta obra não é expor a teoria geral do delito a pormenores, podemos dizer que a tipicidade, sob o aspecto formal, é toda conduta humana que se ajusta perfeitamente à norma penal incriminadora passível de sanção penal. Já do ponto de vista material, típica será a conduta humana indesejada que causar relevante e intolerável lesão ou perigo de lesão ao bem jurídico tutelado, passível de sanção penal.

Durante muitos anos, o conceito de crime se ajustou tão simplesmente ao conceito formal da tipicidade que era a subsunção perfeita da conduta praticada pelo agente ao previsto no tipo penal incriminador. Entretanto, ao longo do tempo, mostrou-se insuficiente para explicar a tipicidade penal, pois não se poderia perder de vista a finalidade do Direito Penal, consistente na proteção de determinados bens jurídicos de consideráveis lesões ou ameaças de lesão.

Nesse sentido, surgiu o conceito de tipicidade com base na expressão *nullum crimen nulla poena sine injuria*, um dos axiomas do modelo garantista, desenvolvido por Luiggi Ferrajoli. Para este autor, a conduta do agente só pode ser considerada típica se trouxer substancial lesão ou perigo efetivo de lesão ao bem jurídico tutelado formalmente pela norma, imprimindo um conceito material à tipicidade.

Com essa ideia, surge, por exemplo, o princípio da insignificância como excludente de tipicidade. Por mais que uma conduta esteja descrita como crime na norma, se não trouxer uma lesão relevante ou perigo de lesão ao bem jurídico, não se justifica a incidência da norma sobre essa conduta, excluindo-se a tipicidade material.

Mais tarde, Eugênio Zaffaroni e Pierangeli com seus estudos sobre a tipicidade constroem a teoria da tipicidade conglobante, trazendo um novo conceito para tipicidade no Direito Penal. Segundo os autores, a tipicidade passa a ter a visão formal e conglobante, sendo a última composta pela tipicidade material e pela antinormatividade.

Esclarecendo melhor, pela teoria da tipicidade conglobante, para que a conduta do agente seja típica, deve ela estar prevista na norma como crime, deve essa conduta ter provocado substancial lesão ou perigo de lesão ao bem jurídico e ser antinormativa, ou seja, proibida ou mesmo não imposta ou não estimulada pelo Estado, pois é inadmissível que no ordenamento jurídico exista norma que proíba determinada conduta e ao mesmo tempo outra norma que determine ou estimule essa mesma conduta.

A maioria da doutrina, para explicar essa teoria, utiliza o exemplo do oficial de justiça responsável pela penhora de um bem por ordem judicial. Se ainda vivêssemos em uma época em que a tipicidade penal era meramente formal, o comportamento desse servidor público ao adentrar em um imóvel e retirar um móvel que está sendo objeto de penhora configurar-se-ia crime de furto, previsto no artigo 155 do Código Penal. Contudo, sua conduta foi determinada pela lei e, mais ainda, está respaldada por uma ordem do Estado Juiz, e desta forma, apesar de formalmente típica, sua conduta não é alcançada pela proibição implícita contida no referido artigo, que é "não furtarás".

Rogério Greco[165], por sua vez, nos dá o exemplo do carrasco que tem a obrigação legal de executar o condenado, vindo a disparar contra ele um tiro mortal por ter sido sentenciado à morte por fuzilamento. Neste caso, responderia esse carrasco pelo crime de homicídio, previsto no artigo 121 do Código Penal? A resposta que nos é dada pelo autor é negativa, pois, apesar da conduta "matar alguém" estar prevista na norma como crime, a conduta do carrasco imposta pela norma é justamente causar a morte de determinadas pessoas. Então, apesar de formalmente típica, sua conduta não é antinormativa, porque agiu nos limites impostos por ela.

---

[165] GRECO, Rogério. *Manual de Direito Penal:* parte geral. Niterói: Impetus, 2010, p. 356.

Aqui é justamente que entra a nova visão das excludentes de ilicitude em face da teoria da tipicidade conglobante. Com a inclusão do conceito da antinormatividade como integrante do conceito da tipicidade, a causa excludente de ilicitude, consistente no estrito cumprimento do dever legal, passa a ser tratada como excludente de tipicidade e, os policiais que ajam no estrito cumprimento da lei, mesmo que venham a lesionar alguém, têm seus comportamentos considerados atípicos.

Vejamos:

Durante muito tempo entendeu-se que os policiais, em serviço, ao provocarem lesão em uma pessoa que estava a reagir injustamente, agiam em legítima defesa, própria ou de terceiros, ou tratando-se de um perigo atual, mediante estado de necessidade, também próprio ou de terceiros, pois no Brasil ninguém, nem mesmo os policiais, podem alegar o estrito cumprimento do dever legal como justificante desse comportamento, porquanto lei nenhuma autoriza os agentes da lei a lesionarem alguém, principalmente porque a ideia é de que se o Estado age, deve se preocupar com o respeito à integridade física das pessoas.

Alguns autores chegavam a afirmar que a lei do abate de aviões seria uma exceção a essa regra, porquanto ocorrendo a morte de alguém, o agente do Estado estaria a praticar a conduta lesiva no estrito cumprimento de um dever decorrente da lei. Esse entendimento também é alvo de críticas porque a lei determina abater a aeronave e não matar alguém. Contudo, não se pode conceber que, em um abate de um avião, piloto e passageiros saiam ilesos.

Em resumo, para a teoria da tipicidade conglobante, se o policial age conforme lhe determina a lei e dentro dos limites impostos por ela, esse tipo de conduta deverá considerar-se atípico pelo ordenamento jurídico, a fim de harmonizá-lo, evitando distorções e contradições.

Para essa teoria, tanto o estrito cumprimento do dever legal e o exercício regular do direito passariam a ser analisados sob a ótica da tipicidade, e não mais da antijuridicidade. Vocês então devem estar se perguntando: mas e a legítima defesa e o estado de necessidade? A resposta é simples: a lei não os autoriza, mas sim os tolera em situações excepcionais, por isso, continuam a ser estudados na antijuridicidade.

A interpretação trazida pela teoria da tipicidade conglobante atinge sobremaneira o processo penal. De regra, as excludentes de ilicitude são tidas por matéria probatória, cabendo ao réu provar que agiu amparado por uma das quatro excludentes (legítima defesa, estado de necessidade, estrito cumprimento de um dever legal e exercício regular de um direito).

Antes da Lei n. 11.719/08, que alterou o Código de Processo Penal, seria necessário caminhar até a fase de instrução processual, que é justamente o momento de produção de prova, para que o réu tivesse oportunidade de provar a tese da excludente de ilicitude, para que ao final da sentença fosse absolvido.

Após o advento da referida lei, existe hoje a possibilidade de, iniciada a ação penal, após a fase da resposta à acusação, entendendo o juiz que a excludente de ilicitude se mostra patente, absolver sumariamente o réu sem sequer falar em produção de prova. Mesmo assim, para que haja essa antecipação de decisão, que alguns doutrinadores têm chamado de "julgamento antecipado da lide penal", a excludente deve ser manifesta, não deve pairar qualquer dúvida sobre sua existência, conforme abaixo:

> Art. 397. Após o cumprimento do disposto no art. 396-A, e parágrafos, deste Código, _o juiz deverá absolver sumariamente_ o acusado quando verificar: (Redação dada pela Lei n. 11.719, de 2008).
> I – _a existência manifesta de causa excludente da ilicitude do fato_; (Incluído pela Lei n. 11.719, de 2008). [grifo nosso]

Nesse ponto, a teoria vem ao encontro das finalidades da alteração do Código de Processo Penal, que é a economia processual e a celeridade da resposta estatal, tanto para a sociedade quanto para o denunciado, evitando-se ações penais temerosas e sentenças injustas.

É fato que a ideia do Jurista Zaffaroni deve ser analisada de forma cuidadosa, merecendo atenção dos doutrinadores e dos tribunais quando da possibilidade de sua aplicação, porquanto o que o Estado autoriza ou estimula não poderá ao mesmo tempo proibir ou mesmo punir.

Parte 3

INSTRUMENTOS DE MENOR POTENCIAL OFENSIVO

1. Técnicas de Menor Potencial Ofensivo (TeMPO) e Instrumentos de Menor Potencial Ofensivo (IMPO) debilitantes e incapacitantes

A Diretiva número 3.000-3 do Departamento de Defesa Norte-americano[166] define o que convencionamos como a espécie Armas de MPO do gênero Instrumentos de Menor Potencial Ofensivo como:

> *Armas que são explicitamente desenvolvidas e primariamente empregadas para incapacitar pessoal ou material enquanto minimizam fatalidades, injúrias permanentes a pessoal e danos indesejáveis à propriedade e ao meio ambiente.*

Este pode ser um conceito adequado do ponto de vista do emprego militar, contudo, o uso na atividade policial demanda um pouco mais de critério na elaboração das definições. Os IMPO são um gênero do qual fazem parte as seguintes espécies: Armas de Menor Potencial Ofensivo (AMPO); Munições de Menor Potencial Ofensivo (MuMPO) e Equipamentos de Menor Potencial Ofensivo (EMPO), ou seja, armas, equipamentos e munições fazem parte do gênero Instrumentos. Estas definições foram estabelecidas pelo Grupo de Trabalho para a Elaboração de Políticas Públicas sobre o

---
[166] Marine Corps. Tactical Employment of Nonlethal Weapons. Air Sea Land Application. USA. January, 2003.

Uso da Força, instituído no âmbito da Secretaria Especial de Direitos Humanos (SEDH) da Presidência da República e da SENASP (Secretaria Nacional de Segurança Pública), do Ministério da Justiça, e que teve como resultado a publicação da Portaria Interministerial 4226 de 10 de dezembro de 2010, que versa sobre as Diretrizes Nacionais sobre o Uso da Força.

Superada esta questão inicial, partiremos agora para a definição acerca das TcMPO e IMPO debilitantes e incapacitantes. De acordo com o disposto na apostila denominada *Curso Técnicas e Tecnologias Não Letais de Atuação Policial da SENASP*, existe o mito de que as armas não letais (armas de menor potencial ofensivo) sejam incapacitantes:

> *Para quebrar este mito é preciso entender que existem dois grandes grupos de armas não letais:*
> - *Um grupo, o maior deles na atualidade, é o das armas debilitantes. O outro, ainda restrito, mas com grandes possibilidades de crescer a cada dia, é o das armas incapacitantes.*
> - *A grande diferença é que as armas consideradas debilitantes se baseiam principalmente na dor, no desconforto ou na inquietação. Com isso, nem sempre o efeito desejado é alcançado. Podem ser consideradas debilitantes: as munições de borracha, os agentes químicos (inquietante), o uso da força física e outros.*

O exemplo dos agentes químicos é excelente. Quando estudamos o gás lacrimogêneo CS[167], por exemplo, ao abordarmos a característica da concentração dos agentes químicos, podemos observar que esta pode ser classificada em três níveis, de maneira bem simples. A concentração pode ser inquietante, eficiente e letal. Para o uso policial não nos interessa esta última, pois o evento morte resultante da aplicação de um agente químico, dentro do conceito de Uso Diferenciado da Força, é totalmente indesejado. Sobra-nos, portanto, como opção tática a utilização da concentração na sua forma inquietante em que o agente químico atua na sua forma

---
[167] Ortoclorobenzilmalanonitrila.

debilitante e a concentração denominada eficiente, que, taticamente, corresponde à forma **incapacitante** do agente químico. Portanto, a distinção entre debilitar e incapacitar depende basicamente de dois aspectos, o primeiro físico e o segundo psicológico. Quando falamos em incapacitação e debilitação por meio de mecanismos físicos, o que estamos tentando evidenciar é a diferença na motivação psicológica do agente. Para sermos mais claros, partiremos para um exemplo prático: o uso do equipamento de condutividade elétrica conhecido como "Taser". A tecnologia presente neste tipo de equipamento, denominada INM (ver capítulo sobre Equipamentos de Condutividade Elétrica) age no sistema nervoso central, provocando a incapacitação do agente independentemente de sua motivação psicológica e de questões fisiológicas, como o consumo de drogas psicotrópicas. Por outro lado, outros ECE, como por exemplo os Dispositivos de Choque Periférico comuns, agem exclusivamente no sistema nervoso periférico, provocando basicamente dor no agente contra o qual o instrumento é utilizado. Por isso mesmo dizemos que estes debilitam e aqueles incapacitam.

É importante, porém, fazermos uma ressalva. Quando falamos em incapacitação trata-se, na realidade, de um gênero que comporta duas espécies. A primeira é a incapacitação propriamente dita, como a definimos anteriormente. A segunda, oriunda da doutrina de Tiro de Precisão, refere-se à incapacitação instantânea, a qual consiste na única certeza de se neutralizar completamente uma ameaça sem possibilitar ao agente, por exemplo, acionar um gatilho devido a um espasmo muscular, mesmo após ter sido atingido por um projétil de arma de fogo. Nas aulas de Tiro de Precisão, costumamos dizer que o tiro do Atirador de Precisão contra um provocador de evento crítico que posiciona uma arma contra a cabeça da vítima ou refém deve ser contra uma estrutura cerebral específica, a qual provocaria o efeito de se "desligar a chave geral" do cidadão infrator. Por este motivo, gostaríamos de chamar a atenção para o risco de se confundir incapacitação no contexto do UDF com incapacitação instantânea (alguns autores costumam ainda utilizar como sinônimo o termo incapacitação imediata ou "síncope brutal"), utilizada no contexto do tiro de Precisão Policial (TPP).

No caso do Uso Diferenciado da Força e das TeMPO e IMPO não existe como termos certeza de que a incapacitação ocorrerá na sua forma instantânea, possibilitando sempre uma reação do tipo espasmo, mesmo que involuntária algumas vezes. Por isso soa-nos estranho quando observamos empresas recomendarem o uso de determinado IMPO em situação de crise onde os provocadores do evento crítico (PEC) possuem armas de fogo ou posicionam instrumentos perfurocortantes contra partes vitais dos reféns ou vítimas. Neste caso, a situação deve ser tratada no âmbito da doutrina de Gerenciamento de Crise, de acordo com um protocolo previamente estabelecido e internacionalmente aceito. De acordo com a definição do FBI (Federal Bureau of Investigation), uma crise pode ser definida como o "evento ou situação crucial que demanda uma resposta especial da polícia a fim de se obter uma solução aceitável". Portanto, de acordo com a doutrina de UDF, quando falarmos em incapacitação estaremos sempre tratando da incapacitação *lato sensu*, jamais na incapacitação *stricto sensu* (incapacitação instantânea).

2. Equipamentos de Condutividade Elétrica – ECE

Por vezes temos visto alguma nova tecnologia se tornar verdadeira panaceia para todos os males referentes à atuação dos agentes da lei. Com as tecnologias ECE, sobretudo as causadoras de Incapacitação Neuromuscular (INM) não haveria de ser diferente. Durante anos de cursos, treinamentos, instruções e missões policiais Brasil afora, podemos dizer que ouvimos de tudo um pouco. Do instrutor credenciado junto a determinada fábrica, interessado em vender determinado equipamento, sugerindo que o ECE deveria ser utilizado *"como nos Estados Unidos da América, na sequência: presença policial, verbalização, mãos abertas, **ECE**, mãos fechadas..."*. Este tipo de afirmação em nada contribui para o fortalecimento de uma doutrina coerente do Uso Diferenciado da Força. É impressionante como este tipo de "argumento de autoridade" é repetido sem a mínima preocupação com a realidade dos fatos, sem nenhum teste de fidedignidade.

No mesmo viés do norte estabelecido no início deste trabalho, afirmamos que este tipo de equipamento fornece mais uma opção tática em termos de atuação dos agentes da lei. De acordo com o Cel. John Alexander[168]:

> *Armas eletrônicas de atordoamento oferecem uma excelente alternativa às armas letais, espargidores químicos e cassetetes. Tem aplicação para a polícia, para o pessoal militar em Operações de Apoio de Paz e para defesa pessoal (...) o treinamento é requisito básico, antes que alguém seja autorizado a utilizá-las.*

---

[168] ALEXANDER, John B. *Armas Não Letais:* alternativas para os conflitos do século XXI. Rio de Janeiro: Editora Lidador, 2003.

Não é intuito deste trabalho superestimar a importância deste tipo de equipamento, nem tampouco elevá-lo, de modo a ocupar, topograficamente, níveis reservados a outras opções quanto ao uso da força, considerados básicos em relação aos ECE. Lembramos ainda que, da mesma maneira que não podemos permitir que qualquer espécie de raciocínio indutivo nos direcione ao erro de banalizar a utilização deste tipo de instrumento, não podemos colocá-lo em posição de destaque em relação às armas de fogo. Cumpre-nos, pois, salientar que, no que tange à atuação de forças da lei, sobretudo, de policiais, nenhum equipamento até hoje inventado possui o condão de substituir a velha pistola como instrumento indispensável à defesa e sobrevivência policial, como atestado por Massad Ayoob[169] já no ano de 1987. Por isso mesmo, preferimos trabalhar com a palavra "opção", tratando-se de importante ferramenta que tanto pode auxiliar na redução do risco para o agente da lei em situações envolvendo o uso da força, quanto para a sociedade, com a menor probabilidade de ocorrência de mortes resultantes da ação policial.

De acordo com o constante no material didático do CBT – Lição 9 (Curso de Certificação para Operadores Taser M26):

> *As tecnologias não letais disponíveis atualmente não são um substituto para as armas de fogo, mas, associadas a elas, enriquecem o arsenal de instrumentos à disposição do agente da lei, retardando a necessidade da força letal. As tecnologias não letais, usadas precocemente, antes que algumas situações específicas evoluam para um cenário que exija a escalada para o uso da força letal, permitem uma alta eficiência operacional e reduzem de maneira significativa os desfechos indesejáveis e as consequências advindas do emprego das armas de fogo.*

O trecho retrocitado é prova cabal da orientação no sentido de se empregar os Instrumentos de Menor Potencial Ofensivo (IMPO) como meio para otimizar a utilização da força, pois parte de orientações práticas para operadores Taser.

---

[169] AYOOB, Massad. *The Semiautomatic Pistol in Police Service and Self-Defense*. 2ª Ed. New Hampshire: Police Bookshelf, 1987.

São incontáveis os benefícios que o uso da eletricidade trouxe para a humanidade. Contudo, existe um verdadeiro tabu em relação à utilização de armas elétricas pela polícia. E não é à toa. Infelizmente o emprego inadequado da eletricidade deixou profundas marcas em nossa sociedade, criando verdadeira ojeriza a qualquer método que venha a utilizá-la novamente, mesmo que desta vez o emprego seja pautado no respeito aos direitos do cidadão.

Temos observado que, geralmente, o uso destes equipamentos é relacionado a diversos aspectos negativos, entre eles a associação entre o uso da eletricidade e a eletrocussão[170], conhecida vulgarmente como "choque". Em uma interessante analogia, o Curso de Certificação para Operadores TASER M26 (CBT – Lição número 6) propõe que "associar eletricidade a eletrocussão é tão impróprio quanto associar água a afogamento".

Sobre o uso inapropriado destes equipamentos, John Alexander, em seu livro *Vencendo a Guerra:* armas avançadas, estratégias e conceitos para um mundo pós 11 de setembro[171] afirma que:

> *A resistência básica à exportação e ao emprego de sistemas elétricos de armas tem a ver com questões de Direitos Humanos e com alegações de torturas. Embora seja verdade que o emprego indevido do TASER possa ocorrer, não é a arma que é inerentemente nociva. O uso da eletricidade como instrumento de tortura é velha prática no mundo. Durante muitos anos, os telefones e rádios com energia gerada por magnetos foram bastante empregados com tal finalidade. As vítimas eram imobilizadas e eletrodos colocados nas partes sensíveis de seus corpos enquanto outra pessoa acionava o gerador manual. A dor era cruciante e, normalmente, resultava em confissões. No entanto, jamais houve um movimento para banir os telefones.*

E conclui que: "O importante não é o instrumento, mas a intenção do usuário".

---

[170] Morte produzida pela passagem de uma corrente elétrica através do organismo (nos Estados Unidos da América, em certos Estados, executam-se por eletrocussão, em cadeira elétrica, os condenados à morte). Fonte: *Dicionário Aurélio*.

[171] ALEXANDER, John. B. *Vencendo a Guerra:* armas avançadas, estratégias e conceitos para um mundo pós 11 de setembro. Rio de Janeiro: Editora Lidador, 2005.

2.1. Características dos ECE

Podemos dizer, de uma maneira bem prática e simples, que existem duas categorias de ECE, os artefatos que provocam "atordoamento" (do inglês *stun*) e as que provocam a Incapacitação Neuromuscular (INM). O conceito de incapacitação *versus* debilitação pode ser aqui aplicado, sendo possível correlacionar as técnicas de ECE atordoantes mais intimamente como debilitantes e os ECE causadores de INM como incapacitantes. Ambos, sobretudo estes, operam sob fundamentos eletrofisiológicos enquanto aqueles exploram elementos psicológicos aliados ao processo da dor.

Vamos analisar a eletricidade. Ela pode ser medida por três parâmetros distintos, a saber: tensão (voltagem), corrente (amperagem) e potência (watts). Lembrando que o conceito de energia é a capacidade de um sistema de realizar trabalho. Vejamos algumas definições extraídas do sítio www.fisica.cdcc.sc.usp.br.

- **Tensão elétrica** – é a diferença de potencial entre dois pontos, cuja unidade de medida é o volt e o símbolo é "V".
- **Corrente elétrica** – é o resultado da aplicação de uma tensão entre dois pontos, continuamente ou durante um certo tempo. Sua unidade é o "ampère" e o símbolo, "A".
- **Potência** – é o trabalho realizado em um determinado tempo. Potência de 1 watt desenvolvida quando se realiza o trabalho de 1 joule, em cada segundo, contínua e uniformemente. Sua unidade é o "watt", o símbolo, "W".

De acordo com o CBT – Lição número 6:

A tensão elétrica, medida em volts, é a "pressão" que faz a eletricidade se movimentar. É como a pressão da água, que empurra a água para fora da torneira. A corrente elétrica, medida em Ampères, é a quantidade de eletricidade que circula. Compare com a quantidade de água que sai de uma torneira, que depende de quanto abrimos ou fechamos. A potência é a quantidade de energia que o circuito transmite, e é medida em watts. Em qualquer circuito, a Corrente circulante depende da Tensão aplicada e da Resistência que limita a circulação de energia. Num bom condutor (fio de cobre) a resistência é baixa e a corrente pode ser alta; num mau condutor (isolante) a corrente pode ser baixíssima ou nula. O corpo humano não é bom condutor nem isolante, e a Corrente que irá circular por ele depende basicamente da sua resistência superficial (pela). Quando usamos alta-tensão (alta voltagem, como na Tecnologia TASER, e temos controle da potência, a corrente resultante será muito baixa, e não causará dano algum ao organismo. (...) De maneira simplificada, podemos dizer que, no caso da estimulação por pulsos elétricos, devemos nos preocupar mais com a Corrente e com a Largura de Pulsos, do que com a Tensão, que pode assustar pelos seus valores elevados. De modo mais simplificado ainda, podemos dizer que "não são os volts, são os ampères que são perigosos".(...) Poderíamos melhorar a afirmação dizendo: "A Voltagem por si só não é suficiente para causar danos à saúde; é necessário que haja uma combinação de corrente (ampères) e quantidade de energia (joules) mínimas, acima das quais poderá ocorrer dano à saúde ou morte".

ECE atordoantes

São também denominadas ECE de submissão pela dor. A questão central, ao redor da qual orbitam as demais, é a dor. Na sua condição de sofrimento físico, contudo, trata de algo extremamente subjetivo, de difícil quantificação e para a qual existem diversas reações possíveis.

Depreende-se, pois, a impossibilidade de se prever a reação de uma pessoa diante da dor. Alguns podem simplesmente se prostrar diante dela, outros, contudo, podem agigantar-se, utilizando-a como verdadeiro "tônico dos ânimos" e, inclusive, motivando-se através dela. Napoleão Bonaparte dizia que *"na guerra, o moral está para o físico como três para um"*. De certa forma, em algumas situações do nosso cotidiano, sobretudo as que envolvem o uso da força e a submissão de outro ser humano a uma ordem ou comando, a questão do "moral[172]" é incontroversa. Um dos maiores teoristas militares da

---
[172] De acordo com o Dicionário Aurélio, e no contexto em que gostaríamos fosse considerado, não como substantivo feminino (a moral), nem como adjetivo (moral), mas sim como substantivo masculino, depreende-se, portanto, o significado de "estado de espírito, disposição de ânimo".

modernidade, o Capitão Liddell Hart, ao tratar da estratégia de ação indireta, apregoa em sua obra "As Grandes Guerras da História[173]" que "*a vontade humana é imponderável*". Significa que tentar prever a reação de um ser humano é extremamente difícil, principalmente se este se encontra em uma situação de estresse, seja ele físico ou mental.

Existem várias situações onde pessoas convencionais superaram a barreira do possível para defender suas vidas, ou a vida de um ente querido. Quem não se lembra do caso da dona de casa Jerônima Campos (37) que, diante das câmeras de vídeo, salvou o filho Gabriel (7) do afogamento, ao cair em um reservatório de quatro metros de profundidade, na cidade de Franca-SP, durante um período de fortes chuvas que castigaram a cidade durante janeiro de 2007. O detalhe surpreendente: Jerônima não sabia nadar. É a imponderabilidade da vontade humana.

Fatores como o uso de psicotrópicos, com alteração da percepção à dor e capacidade de entendimento, uso de álcool, alterações psíquicas, surtos psiquiátricos, doenças mentais, entre outros, dificultam sobremaneira a previsão acerca da reação que um ser humano apresentará frente a um episódio de estresse, envolvendo força física, colocando em "xeque" qualquer IMPO cujos princípios de funcionamento estejam calcados na resposta a um estímulo doloroso.

ECE causadores de INM

Este tipo de IMPO opera sobre fundamentos eletrofisiológicos, produzindo sinais elétricos na forma de ondas, de comprimento e frequência semelhantes aos produzidos pelo cérebro humano, gerando uma verdadeira sobreposição de ondas e proporcionando o "descontrole neuromuscular", na medida em que produzem, no indivíduo atingido pelos dardos condutores, violentas contrações involuntárias que resultam na *incapacidade relativa* de realizar movimentos coordenados.

---

[173] HART, B. H. Liddell. *As Grandes Guerras da História.* São Paulo: Ibrasa, 1963. 470 p.

De maneira simplória, podemos dizer que nosso corpo é "comandado" por meio de impulsos elétricos. Estes "viajam" através de nosso corpo, sendo transmitidos pelos neurônios. O impulso nervoso (ondas elétricas) passa pelos dendritos de um neurônio para o axônio do próximo e assim por diante, através das sinapses. Entre dois neurônios temos os denominados "receptores nervosos". No caso da modalidade sensorial "dor", são os nociceptores. De acordo com Nishida (2007),[174] "sensação corresponde à capacidade dos animais codificarem certos aspectos da energia física e química do meio ambiente em impulsos nervosos". Percepção, por sua vez, refere-se "à capacidade de veicular os sentidos a outros aspectos da existência como comportamento e o pensamento". E continua, explicando que "denomina-se estimulação sensorial o processo em que uma modalidade de energia do ambiente interage com um receptor sensorial apropriado". A dor é, portanto, uma manifestação de uma percepção sensorial, podendo, portanto, sofrer influências.

Para ficar mais claro, trataremos de uma rápida definição e conceituação acerca do Sistema Nervoso[175]:

> *O Sistema Nervoso (SN), em associação com o sistema endócrino, não somente cria um conhecimento do meio ambiente, mas torna-o possível para que o corpo responda às mudanças ambientais com a necessária precisão. (...) O SN é constituído de duas partes: Sistema Nervoso Central (SNC) e Sistema Nervoso Periférico (SNP). O SNC está protegido por um arcabouço ósseo: o encéfalo, que é a porção mais superior e está encerrado dentro do crânio, e a medula, mais inferior, alongada e cilíndrica fica dentro da coluna vertebral. (...) O SNP é formado pelos nervos espinhais e cranianos, gânglios, terminais sensitivos e motores cujas fibras nervosas, respectivamente, colhem informações sensoriais para o SNC e, a partir deste, envia mensagens aos órgãos efetuadores.*

---

[174] NISHIDA, Silvia, M.. *Apostila do Curso de Fisiologia*. Departamento de Fisiologia, IB. UNESP Botucatu. 2007.

[175] Sítio <www.bioaulas.com.br>. Acessado em: 13 de outubro de 2010.

Podemos dizer que o SN é o coordenador de todos os processos que visam adaptar o indivíduo ao meio, sendo, portanto, dividido estruturalmente em SNC e SNP e, funcionalmente, em SN Somático e SN Autônomo.

O SNP compreende os elementos que ficam fora das cavidades do esqueleto axial[176], ou seja, nervos e gânglios. É composto, pois, das fibras sensitivas (aferentes – conduzem os impulsos para o SNC) e as motoras (eferentes – conduzem os impulsos do SNC) e sua função é conectar o SNC às diversas partes do corpo humano. É a parte do SN que se encontra fora do SNC e que proporciona aos impulsos nervosos chegarem ou saírem deste.

Ainda de acordo com a professora do Departamento de Fisiologia da UNESP-Botucatu:

> *Sistema Nervoso Sensorial é a parte do sistema nervoso responsável pela análise dos estímulos oriundos dos meios ambientes externo e interno ao organismo. As informações sensoriais são usadas para atender quatro grandes funções: percepção e interpretação, controle do movimento, regulação de funções de órgãos internos e a manutenção de consciência.*

O Sistema Nervoso Sensorial ou Sensitivo somático transmite sensação de tato, dor, temperatura e posição. Os aparelhos de choque elétrico comuns agem basicamente no SNS, causando dor. Pessoas muito fortes, com alterações psíquicas ou sob o efeito de drogas podem ser imunes aos aparelhos de choque elétrico, portanto.

O Sistema Nervoso Motor, por sua vez, é composto de nervos que transportam os comandos (na forma de impulsos elétricos) do cérebro até os músculos, controlando os movimentos do corpo. De acordo com o Caderno Didático CENL-1[177] (Departamento de Polícia Federal):

---

[176] Formado pela caixa craniana, coluna vertebral e caixa torácica.

[177] MADDARENA, G.L.; SANTOS, C.P.; DIAS, W de O.; ROCHA, M.F. de. *Curso de Extensão em Equipamentos Não Letais I – Caderno Didático*. Material Homologado Pelo Departamento de Polícia Federal. Extraído de: <www.dpf.gov.br>.

Alguns modelos, como as armas de dardos energizados (IEM), atuam no Sistema Nervoso Sensorial e também no Sistema Nervoso Motor. Paralisando e derrubando imediatamente qualquer pessoa, não importando quão forte, treinada – ou mesmo drogada e embriagada – esta esteja.

O ECE causadores de INM geram pulsos elétricos especiais, de formato, amplitude e intensidade precisos que provocam o "descontrole" da atividade muscular por meio da utilização de ondas com intensidade superior às geradas ao nível muscular. Passam, portanto, a controlar as contrações destes.

2.2. Tipos de ECE

Neste tópico, abordaremos alguns dos equipamentos ECE disponíveis para comercialização. Não é nossa intenção esgotar o assunto, nem servir de catálogo para determinada empresa, quanto menos ousamos ter a pretensão de servir como manual deste ou daquele equipamento.

Lembramos que existem características específicas a serem observadas por ocasião da operacionalização destes equipamentos que devem ser consideradas e abordadas por meio do treinamento e capacitação especializados. Um livro não é local para desenvolver habilidades, mas tão somente serve de subsídio para se formar uma base mínima de conhecimentos sobre o tema tratado. Recomendamos, pois, que o leitor busque o aperfeiçoamento contínuo e, na medida do possível, priorize o conhecimento prático e as atividades de simulação da realidade como forma de atingimento da proficiência na utilização de determinado instrumento.

2.2.1. Taser

Considerada a primeira arma que causa INM. Classificada como uma ACE (Arma de Condutividade Elétrica) ou ECE (Equipamento de Condutividade Elétrica) causadora de INM.

Figura 1: Taser M26. Fonte: <www.taser.com>.

A arma emite um tipo de pulso que tem frequência semelhante a das ondas cerebrais responsáveis pelo controle muscular. O corpo prioriza a nova mensagem e "deixa o cérebro falando sozinho", ou seja; ondas cerebrais reais deixam de ser reconhecidas por alguns segundos. Estímulos elétricos contínuos provocam despolarização da placa neuromuscular e completa perda de controle sobre a atividade muscular voluntária.

Características

Apesar da insistência da fábrica em se utilizar outros termos, podemos, de uma maneira bem simples, considerá-la uma arma de eletrochoque. Isto porque seu funcionamento ocorre pela emissão de uma carga elétrica (tensão) de 50.000 Volts, com corrente elétrica baixa, com valores inferiores a 0,04 Ampères e alta potência, de 26 Watts. Aliás, parte do nome dos modelos M26 e X26 decorre justamente do fato da voltagem do equipamento ser 26 Watts.

Trata-se de IMPO (Instrumento de Menor Potencial Ofensivo) da espécie armas (AMPO – Armas de Menor Potencial Ofensivo), também podendo ser classificada, de acordo com outras denominações, como arma: não letal, subletal, de baixa letalidade, menos letal, menos do que letal, entre outros.

Pode ser utilizada na modalidade contato (*Dive Stun*) ou à distância, devendo haver preferência para o segundo modo. A fonte de energia pode ser tanto por meio de pilhas (1,5 V), que podem ser recarregáveis ou não, ou baterias (no modelo X26).

As armas vêm equipadas com miras *laser* e travas ambidestras, podendo ainda contar com lanternas, no caso da X26. Contudo, não se trata de lanterna tática e sim lanterna convencional montada na armação da arma.

Histórico

Para podermos entender a História do desenvolvimento das pistolas TASER, precisamos curiosamente remeter-nos ao ano de 1911 e à obra de Victor Appleton[178]. É que um dos responsáveis pela façanha foi Jack Cover, um cientista da NASA[179], leitor assíduo das histórias do jovem inventor que vislumbrou a criação do equipamento a partir de uma interessante história de ficção. De acordo com Rick Smith[180], este é o histórico do desenvolvimento do TASER (www.taser.com):

> *O ECE TASER original (TF-76) foi lançado em 1970 por Jack Cover, o inventor do TASER. O equipamento lançava dois dardos a uma distância de 15 pés (aproximadamente 5 metros) utilizando a pólvora como propelente. Por isso mesmo foi classificado pela ATF*[181]

---

[178] Victor Appleton foi o codinome usado por Howard R. Garis (1873-1962). Nascido em Binghamtom, Nova Iorque. Autor americano, publicou, entre outras obras, das ficções que traziam as histórias de Tom Swift, um jovem inventor que utilizava a ciência para protagonizar histórias fantásticas, do gênero "ficção inventiva". Na obra *Tom Swift e o Fuzil Elétrico*, também conhecida como *Aventuras Ousadas na Terra dos Elefantes*, Tom cria o fuzil elétrico, uma arma que dispara raios de eletricidade, podendo ser calibrado para diferentes níveis de intensidade, entre outras vantagens. Nesta mesma obra desenvolve a aeronave "The Black Hawk", mais leve e manobrável, para substituir o "Red Cloud", destruída durante suas aventuras em *Tom Swift nas Cavernas de Gelo*. (Fontes: <www.online-literature.com> e <www.tomswift.com>).

[179] National Aeronautics and Space Administration.

[180] Presidente da TASER.

[181] Agência Federal Norte-americana responsável pelo controle do álcool, tabaco e armas de fogo.

como arma de fogo. (...) Enquanto isso a empresa TASERTRON se desenvolve, comercializando, com alguma dificuldade, equipamentos de sete e, posteriormente, onze watts. (...) No início dos anos 1990 dois amigos meus (Corey e Todd) foram baleados e mortos em uma briga de trânsito em Scottsdale, Arizona. Este evento trágico me levou a começar a pensar sobre crimes violentos e questionar por que o estado de defesa pessoal pode nos levar a sermos obrigados a matar outros seres humanos – como tem sido a séculos. Eu comecei a pensar que, se as tecnologias avançadas pudessem proporcionar alternativas não letais confiáveis e efetivas, muitas pessoas poderiam escolher utilizar armas não letais em detrimento das letais – como consequência, muitas vidas poderiam ser salvas. (...) Em setembro de 1992 eu e meu irmão Tom Smith formamos a ICER Corporation – uma companhia cuja missão seria desenvolver futuras armas não letais elétricas. Como parte da nossa pesquisa inicial, eu convidei Jack Cover, o inventor do TASER original. Ele compartilhou comigo o ideal de desenvolver a tecnologia TASER.

A partir de então, Jack Cover substituiu o propelente inicial (pólvora) por nitrogênio. Em 1993, Cover acordou com a empresa ICER Corporation os direitos sobre a tecnologia TASER e passou a trabalhar em tempo integral na empresa que, paulatinamente, se transformava na AIR TASER, Inc. Este trabalho culminou, no ano de 1994, no lançamento do AIR TASER modelo 34000, cujo *design* era semelhante ao original TF-76, contudo, com o nitrogênio como propelente e incorporando a tecnologia AFID (Anti Felow Identification – Identificação Antiutilização Criminosa), que utilizava confetes marcados com o número de série da arma que eram dispersados do cartucho durante o disparo. Esta tecnologia visava, entre outros fatores, auxiliar as forças da lei a identificar e proceder no caso de utilização imprópria do novo equipamento.

No final dos anos 1990 é lançado o TASER M26, que foi projetado para causar incontroláveis contrações musculares capazes de incapacitar até o mais focado e agressivo dos combatentes. A empresa chamou a nova tecnologia de tecnologia INM (Incapacitação Neuromuscular). Mais um sistema foi incluído no equipamento, um *chip* que, através de um *dataport*, poderia passar vários dados de utilização da arma para um programa de computador, identificando o dia, horário e duração dos disparos, além da temperatura interna da arma.

No final dos anos 1990, a empresa mudou de nome para TASER International, Inc. Os TASER M26 passaram a fazer parte do dia a dia de milhares de policiais no mundo todo a partir de então.

Em maio de 2003 é lançado o X26, uma versão compacta que implementou uma tecnologia de estímulo elétrico mais eficiente, denominada "*Shaped-Pulse*". Esta nova tecnologia permitiu reduzir as dimensões do X26 cerca de 60% em relação ao M26, sendo também 60% mais leve. As contrações musculares, entretanto, são 5% maiores no X26.

Figura 2: Taser X26. Fonte: <www.taser.com>.

Legislação Nacional

O Decreto 3665 de 20 de novembro de 2000, mais conhecido como R-105, o Regulamento para a Fiscalização de Produtos Controlados do DFPC (Diretoria de Fiscalização de Produtos Controlados – Ministério da Defesa, Exército Brasileiro, Comando Logístico), inicialmente classificou todas as versões e modelos TASER como produtos controlados, somente podendo ser comercializados para Instituições de Segurança Pública. Sua classificação no Anexo I do R-105 consta da seguinte forma:

- Número de Ordem: 290;
- Categoria de Controle: 1;
- Grupo: Ar (significa que foi classificado como arma);
- Nomenclatura do Produto: Arma de Pressão por Ação de Gás Comprimido.

De acordo com informações obtidas no sítio eletrônico de uma das empresas representantes da TASER no Brasil (<www.centrodorio.com.br>, em 16/07/2010):

> *A aquisição de produtos TASER por parte dos Órgãos Públicos depende da prévia autorização emitida pela DFPC e da autorização do Governo Norte-Americano. A aquisição de produtos TASER por parte das Empresas de Vigilância Armada depende de prévias autorizações governamentais, emitidas pelo DPF (Departamento de Polícia Federal) e pela DFPC e da autorização do Governo Norte-Americano. As autorizações governamentais no Brasil (DPF e DFPC) devem ser obtidas pela Entidade interessada, e a autorização do governo Norte-Americano será providenciada pelo fornecedor.*

A Portaria número 001 de 5 de janeiro de 2009, do Departamento Logístico do Exército Brasileiro, em conformidade com o inciso IX do R-128 aprovado pela Portaria número 201 de 2 de maio de 2001, em seu Artigo 1º, estabelece que o DPFC:

> **Art 1º.** *Autoriza a aquisição, diretamente no fabricante, do armamento e munição não letais listados, de uso restrito, para uso nas atividades de segurança privada, praticada por empresas especializadas ou por aquelas que possuam serviço orgânico de segurança:*
> *a) máscara contra gases lacrimogêneos (OC ou CS) e fumígenos;*
> *b) lançador de munição não letal no calibre 12;*
> *c) arma de choque elétrico ("air taser");*
> *d) espargidor (spray) de gás pimenta;*
> *e) granadas lacrimogêneas (OC ou CS) e fumígenas;*
> *f) munições lacrimogêneas (OC ou CS) e fumígenas.*

Parágrafo único. *As autorizações das aquisições previstas no presente artigo, por parte de empresas cuja atividade seja fiscalizada pelo Departamento de Polícia Federal, ficam condicionadas à comprovação, pela interessada, da anuência daquele órgão na aquisição pretendida.*

Neste sentido, acompanhando a legislação supracitada, a Polícia Federal editou as Portarias 358 de 19 de junho de 2009 e 781 de 19 de janeiro de 2010, alterando a Portaria 387/2006, que, no seu artigo 71, passa a vigorar com a seguinte redação:

Art. 71. As empresas de segurança especializadas e as que possuem serviço orgânico de segurança somente serão autorizadas a adquirir armas, munições, coletes à prova de bala e outros produtos controlados se estiverem com a autorização de funcionamento e o certificado de segurança válidos.

§ 2º. No caso de empresas de transporte de valores e de empresas com serviço orgânico de transporte de valores, somente serão autorizadas as aquisições de armas, munições e coletes à prova de balas para uso em veículos especiais se os certificados de vistoria correspondentes estiverem válidos.

§ 3º. Quanto às armas e munições não letais e outros produtos controlados, a empresa poderá ser autorizada a adquirir:

I – espargidor de agente químico lacrimogêneo (CS ou OC) e arma de choque elétrico em quantidade igual à de seus vigilantes;

II – 2 (duas) granadas fumígenas lacrimogêneas (Cpapsaicina-OC ou Ortoclorobenzalmalononitrilo-CS) e 2 (duas) granadas fumígenas de sinalização, por veículo utilizado em transporte de valores ou escolta armada;

III – munições calibre 12 (doze) lacrimogêneas de jato direto (OC ou CS) e munições calibre 12 (doze) com projéteis de borracha ou plástico em quantidade igual à de munição comum que poderia adquirir;

IV – 1 (um) lançador de munição não letal no calibre 12, por veículo utilizado em transporte de valores ou escolta armada; e

V – 4 (quatro) máscaras de proteção respiratória facial, por veículo utilizado no transporte de valores ou escolta armada.

§ 4º. Para uso de armas e munições não letais, o vigilante deve possuir curso de extensão específico.

De acordo com Gabriel Inellas[182], "o Ministério do Exército, por meio do Ofício número 095/S/1-DFPC, não considera o Air Taser como produto controlado".

Uso do marca-passo

Segundo informações disponibilizadas pela empresa, a amplitude e a largura dos pulsos gerados pelo TASER não são suficientes para inibir ou alterar o funcionamento destes aparelhos. As correntes elétricas envolvidas não são suficientes para estimular o coração e fazê-lo contrair-se, pois a largura do pulso é extremamente curta com baixíssima amperagem, o que não interfere sobre a contração cardíaca: "A fibrilação ventricular, que é a arritmia mais grave, pois leva geralmente à morte, só começa a ser induzida com cargas de pelo menos dez vezes maiores que as propostas pelo TASER".

2.2.2. Stinger

Descrito pela empresa fabricante como um Equipamento de Incapacitação Eletrônica (EIC – *Eletronic Incapacitation Device*), possui objetivos semelhantes aos que levaram ao desenvolvimento do Taser. O lema da empresa: "Dedicado à segurança dos policiais e do público" demonstra o viés da doutrina fundada na utilização de instrumentos que sirvam como alternativa ao uso da arma letal. Fundada no ano de 2000, seu foco é o fornecimento de equipamentos de incapacitação eletrônica para forças de segurança, militares e policiais. A "Stinger Systems, Inc" é uma empresa aberta, com comercialização de ativos no mercado de ações.

De acordo com a empresa (www.stingersystems.com):

> *A mente tem uma habilidade limitada de se focar em um objetivo ou tarefa. Com o objetivo de alcançar uma meta, o corpo e a mente devem trabalhar juntos como um time. O esforço individual*

---

[182] INELLAS, Gabriel Cesar Z. De. *Legislação Sobre Armas e Calibres Permitidos e Proibidos*. Fonte: <www.apmp.com.br>. O autor é Promotor de Justiça do Estado de São Paulo.

em empreender uma fuga ou uma tentativa de ataque requer foco e provoca uma descarga de adrenalina muito forte. O objetivo dos equipamentos desenvolvidos pela Stinger é destruir esta capacidade de se manter focado.

Da mesma maneira que a Taser, a empresa fabricante utiliza o discurso de que se trata de "um revolucionário desenho que opera, de certo modo, de maneira oposta ao padrão de funcionamento das tecnologias antigas de armas eletrônicas". No caso do equipamento S-200 AT EID (Figura 3), a voltagem é de 51KV, o alcance do cartucho é de 22 pés, ou aproximadamente 7 metros e a massa é de 278 gramas.

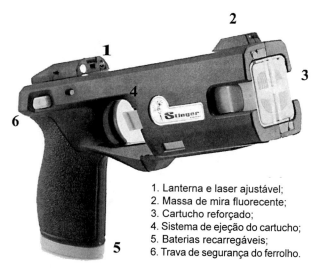

1. Lanterna e laser ajustável;
2. Massa de mira fluorecente;
3. Cartucho reforçado;
4. Sistema de ejeção do cartucho;
5. Baterias recarregáveis;
6. Trava de segurança do ferrolho.

Figura 3: Stinger S-200 AT EID. Fonte: <stingersystems.com>.

A empresa fabrica ainda outros produtos, como os escudos antitumulto energizados, o equipamento de gravação de vídeo adaptado à arma, semelhante à Taser Cam, e o "Limitador para prisioneiros band-it", que consiste em uma "pulseira" universal que pode ser presa às pernas ou braços do prisioneiro, e ele poderá receber uma descarga de eletricidade caso tente atacar alguém, ou mesmo em caso de tentativa de fuga.

Em uma rápida consulta na internet, em *sites* de busca, podemos observar que o desenvolvimento de equipamentos que utilizam o conceito da incapacitação neuromuscular vem crescendo vertiginosamente. Cabe aos operadores de segurança pública e integrantes do judiciário a avaliação técnica sobre a viabilidade de tais instrumentos, assim como sua aplicabilidade e consequências legais de sua utilização.

2.2.3. Raysun

Descrita pela empresa como a única arma não letal multifuncional. Acreditamos, contudo, que se trata de uma afirmação que não corresponde à realidade.

A empresa Jiun-Na Techonology Co., Ltd., sediada em Taipei, Taiwan, fabrica uma série de equipamentos que não passam de cópias de segunda linha de produtos de qualidade. Lanternas táticas, armas do tipo "soft gun" e o próprio Raysun dividem os catálogos da empresa com comunicadores velados, lunetas, equipamentos de visão noturna, detectores de metal, entre outros. O equipamento denominado Raysun pode ser equipado com, pelo menos, seis diferentes cartuchos. São eles: cartucho elétrico (similar aos cartuchos do Stinger ou do Taser); cartucho com pó de pimenta (OC) do tipo jato direto; cartucho com projétil plástico contendo pó de pimenta (OC); cartucho contendo projétil plástico contendo tinta verde com objetivo de marcação de alvo; cartucho contendo projétil de borracha (MIC – Munição de Impacto Controlado); cartucho contendo sinal de SOS luminoso.

Como itens opcionais, ainda, podemos contar com a mira *laser*, o coldre de perna e o bastão extensor. Trata-se daquele tipo de instrumento semelhante àqueles aparelhos de ginástica vendidos em alguns canais de TV a cabo, onde se promete de tudo, com o objetivo de abarcar a maior quantidade de consumidores ávidos por vantagens. Contudo, qualquer pessoa com a mínima experiência na prática de atividades físicas sabe que tais aparelhos não possuem qualquer serventia. Classificamos este tipo de aparelho como "patos". De modo grosseiro, sem querer ser injusto com o simpático animal, um pato não nada bem, não corre bem e não voa bem. Faz tudo "meia-boca". São como estes equipamentos que se propõem a todo um espectro de utilização, sem, contudo, dar conta de executar uma única tarefa com qualidade. Por isso dizemos que temos pessoas "patos", policiais "patos", maridos "patos" e também equipamentos "patos", como é o caso deste, na nossa opinião, é lógico. Entretanto, como gosto não se discute, existem aqueles que gostam de "patos" e irão defendê-los dos nossos comentários. Particularmente, penso que a noção de policiamento moderno, ensinada por David Bayley, segundo a qual as características definidoras de tal instituição são o profissionalismo e a especialização, não nos permite sermos muito coniventes com a doutrina do "pato".

Figura 4: Equipamento Raysun X-1. Fonte: <www.jiunan.com.tw>.

Apesar de não gostar da ideia do equipamento, nunca realizei testes efetivos com ele. Para dizer a verdade, a única vez que estive com um desses nas mãos foi no Paraguai, em uma loja de armamento e munições em Ciudad Del Leste, cidade que faz fronteira com Foz do Iguaçu, no Paraná. A impressão que eu tive sobre o equipamento foi descrita acima. Nada impede, contudo, que no futuro, após algumas melhorias, mudanças e adaptações, eu mude de opinião a respeito do item. Como um livro é algo perene, apesar de ser sempre possível se corrigir erros e realizar mudanças por meio de uma nova edição, gostaria de deixar registrada a minha intenção de continuar pesquisando e até mesmo me submetendo a testes com estes equipamentos, com o objetivo de acompanhar as mudanças e passar ao leitor a realidade da época.

2.2.4. Spark

Segundo dados do fabricante, o dispositivo consiste em uma fonte de energia que conduz ao corpo humano pulsos elétricos capazes de causar fortes contrações musculares e consequentemente a incapacitação temporária do indivíduo com a produção de tensão de 50.000 Volts em circuito aberto.

A corrente elétrica empregada no pulso do equipamento é de 0,0028 A, cerca de 40 vezes menor do que a corrente elétrica necessária para causar o efeito Joule suficiente para queimar o tecido humano. O pulso consiste em uma senoide amortecida com frequência de 18Hz±2Hz (18 vezes por segundo), taxa de repetição suficiente para não entregar mais energia do que o suficiente para a imobilização.

Constituída em polímero de alta resistência mecânica e elétrica, aprovado pelo exército brasileiro em testes de queda e resistência e sistema de ejeção rápida de cartucho (Ambidestro), que além de mais ágil, pois torna o processo de substituição de cartucho prático, é mais seguro, visto que a primeira ação a ser realizada ao se ejetar o cartucho é retirar o dedo do gatilho para acionar a tecla ejetora, além do fato de que com apenas uma mão o processo de ejeção é realizado, deixando a outra disponível para selecionar outro cartucho. Utiliza baterias recarregáveis com autonomia de 100 disparos.

Todos os controles de interface com o equipamento são ambidestros. São eles teclas ON/OFF, teclas de ejeção e indicação de funcionamento lateral. Possui *display* digital, que apresenta informações de data e hora local, nível de bateria e temperatura do dispositivo e memória interna que armazena os últimos 1.000 disparos e indica o momento em que ocorreram, assim como o tempo de duração de cada evento, diferencial que pode evidenciar o real tempo de exposição ao choque.

Equipado com sistema de gatilho de ação progressivo, onde o operador tem o controle e a consciência de quando está acionando o dispositivo, com Leds (Luzes) indicadores de funcionamento na lateral do dispositivo (Ambidestro), que servem para informar aos outros elementos da equipe que o operador da Spark está preparado para o combate.

Possui também um sistema neutralizador, que em situações de conflito, caso o ECE seja arrancado da mão do operador, um dispositivo ligado ao cinto do portador é retirado automaticamente do equipamento, inutilizando instantaneamente. A nosso ver este é um item totalmente dispensável no equipamento que, além de tornar o manuseio mais dificultoso, pode provocar incidentes não desejáveis em situações de estresse. Melhor seria a empresa repensar sobre a necessidade real deste item.

O Spark vem marcado com número de série digital, mesmo que a identificação visual seja adulterada, a rastreabilidade do dispositivo é garantida pela informação eletrônica contida na memória do equipamento.

Pode ser utilizada tanto a distância como em contato, possuindo três modos de operação:
1. A distância, por meio de cartucho de 6 ou 8 metros, que dispara par de dardos conectados a condutores elétricos e levam os pulsos do equipamento até o oponente;
2. Pelo fechamento manual de circuito, quando o operador erra um dos dardos pode completar o circuito encostando a região posterior do equipamento no oponente;
3. Por contato, que deve ser utilizado em último caso.

Dos três métodos, o primeiro é o que proporciona o efeito mais desejável quanto à imobilização (neutralização) do agressor, oferecendo ainda os menores riscos de ferimentos indesejáveis pela eletrocução, como, por exemplo, as queimaduras na pele.

Quanto às munições, consistem em um par de dardos propelidos por N2 – o que descaracteriza a SPARK como arma de fogo já que não usa pólvora para projetar a munição – conectados a condutores elétricos com comprimentos que podem variar de 6 a 8 metros.

Figura 5: Equipamento de condutividade elétrica SPARK. Fonte: Condor não letais.

2.2.5. Dispositivo de choque periférico

Este tipo de instrumento consiste nas primeiras formas de utilização da energia elétrica em equipamentos. Sua ação, como descrito anteriormente, consiste basicamente no estímulo doloroso provocado pelo choque elétrico ao sistema nervoso periférico do indivíduo. Atualmente seu emprego por policiais vem se reduzindo drasticamente por se tratar de equipamento limitado, pois não provoca a incapacitação do indivíduo. Além do mais, pode provocar graves acidentes caso seja utilizado após a aplicação de agentes químicos na forma de aerossol (espargidores) que utilizem álcool como veículo, ao invés da água. A condição de inflamabilidade neste tipo de instrumento é fonte de preocupação constante, principalmente quando existe a possibilidade de se utilizar algum equipamento elétrico (produção de fagulha).

CURSO DE USO DIFERENCIADO DA FORÇA **249**

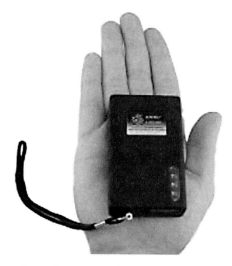

Figura 5: Equipamento de condutividade elétrica de 3.000 KVolts. Fonte: <www.defensedevices.com>.

Atualmente, empresas como a Taser investem, cada vez mais, na confecção de equipamentos, dotados da tecnologia INM, mas seguindo o conceito de portabilidade de equipamentos como o presente na Figura 3. No caso da Taser, trata-se do C2, um dispositivo de uso civil que será abordado no próximo item.

2.2.6. Outros dispositivos

Atualmente existe uma gama de produtos do tipo ECE disponíveis no mercado internacional. O objetivo deste tópico é simplesmente atualizar o leitor. Contudo, como se trata de um mercado em franca expansão, recomendamos o monitoramento em *sites* especializados e revistas, entre outros.

2.2.6.1. Taser X3

Equipamento de Controle Eletrônico (ECE) lançado recentemente pela Taser com algumas melhorias técnicas, sendo a principal a capacidade de realizar múltiplos disparos. A capacidade de executar somente um disparo sempre consistiu em um poderoso limitador de ordem tática deste tipo de equipamento. De acordo com o fabricante, o X3 tem a capacidade operacional de executar até 3 (três) disparos simultâneos, incapacitando até 3 (três) suspeitos ao mesmo tempo. O equipamento ficou mais seguro com o uso do Sistema de Calibragem do Pulso (PCS – *Pulse Calibration System*) e com o novo desenho dos Dardos de Difusão de Carga (*Charge Diffusion Probe*) que "consiste no monitoramento e na calibragem elétrica constantes para proporcionar um Pulso Preciso (*Precision Shaped Pulse*), permitindo efeitos mais consistentes no alvo, com maior segurança". O equipamento ganhou ainda em rusticidade e maior resistência aos fatores ambientais, como umidade; sistema de ajuste de distâncias da mira *laser* e os sensores "Trilogy Log", que controlam a duração do estímulo.

Apesar de não conhecermos o sistema pessoalmente, as características descritas pelo fabricante tornam o X3 um equipamento atrativo para as forças de segurança. Como sempre, as inovações tecnológicas vêm acompanhadas de um elevado custo inicial, principalmente quando comparados com modelos anteriores, como o M26 ou mesmo o compacto X26.

Figura 6: Taser X3. Fonte: <www.taser.com>.

De toda sorte aguardamos a oportunidade de testarmos o equipamento para, no futuro, podermos emitir opinião mais consistente a respeito.

2.2.6.2. Taser XREP

O Taser XREP (eXtended Range Eletronic Projectile – Projétil Eletrônico de Longa Distância) foi desenvolvido a partir de uma solicitação da Marinha Norte-Americana. Trata-se de um projétil eletrônico para ser utilizado em espingardas calibre 12 do tipo *pump*. O princípio de ação do XREP é o mesmo dos outros equipamentos, tais como o M26 e o X26, ou seja, a Incapacitação Neuromuscular. A grande vantagem, contudo, fica por conta do alcance efetivo, da ordem de 30 metros (aproximadamente 100 pés). A bateria é integrada ao chassi do projétil, não sendo necessário qualquer cabeamento, tratando-se, pois, de tecnologia "sem fio" (*wireless*).

O XREP é o projétil mais avançado tecnologicamente passível de ser utilizado em uma espingarda calibre 12. De acordo com o fabricante, "na parte frontal do projétil estão localizados os eletrodos. Com o impacto no alvo, a parte frontal dos eletrodos se conecta ao corpo do indivíduo". A energia do impacto quebra uma série de "pinos de fratura" que liberam o chassi principal do XREP que continua conectado ao conjunto de eletrodos frontais por meio de um cabo, o que proporciona o fechamento do circuito e do arco voltaico. O XREP possui autonomia para gerar a INM por 20 segundos, de maneira contínua.

Figura 6: Taser X3. Fonte: <www.taser.com>.

O projétil possui a massa de 18 (dezoito) gramas – o sistema todo do XREP possui 25 gramas e pode ser disparado a partir de qualquer espingarda calibre 12 com ação do tipo *pump*.

2.2.6.3. Taser X12

A Taser X12 LLS (Espingarda Menos Letal – *Less Lethal Shotgun*) é uma espingarda calibre 12 convencional customizada com alguns itens, transformando uma espingarda 12 Gauge convencional em uma arma de menor potencial ofensivo. Trata-se, na realidade, de uma Mosberg 500 ação *pump* reestilizada e adaptada para funcionar exclusivamente com munição do tipo XREP (Tecnologia Radial de Bloqueio de Munição – *Radial Ammunition Key Technology*), com o objetivo de evitar o disparo acidental de munições letais em situações de estresse. Acreditamos, contudo, que este é um problema passível de se resolver com o treinamento e a utilização de Procedimentos Operacionais Padronizados (POPs) adequados.

O cano da X12 é projetado para, diferentemente das demais espingardas calibre 12, de alma lisa, proporcionar giro ao projétil, que passa a se comportar de maneira mais precisa por ter aumentada a estabilidade.

Figura 7: Espingarda Taser X12. Fonte: <www.taser.com>.

A arma conta ainda com uma "plataforma integrada", consistente em um trilho Picatinny abaixo do guarda-mão, onde pode ser instalado um equipamento do tipo M26, X26 ou X3.

2.2.6.4. Taser Shockwave

O sistema Taser *Shockwave* utiliza a tecnologia INM agregando o conceito TRAD (*Taser Remote Area Denial* – Controle Remoto de Área Taser). É um sistema modular, o que permite completa flexibilidade para a montagem de acordo com a necessidade tática. Pode ser disposto de maneira horizontal, aumentando a área coberta, verticalmente, permitindo o engajamento de alvos múltiplos em uma mesma área ou em forma de arco, conferindo maior angulação de área protegida.

Figura 8: Taser TRAD. Fonte: <www.taser.com>.

O sistema permite o acionamento remoto, a distâncias superiores a 100 metros, por meio de um botão da Caixa de Controle, aumentando a segurança do operador. O equipamento pode ser utilizado com os cartuchos que atingem distâncias variadas, de até 25 pés (7,6 metros aproximadamente).

Figura 9: Taser Shockwave. Fonte: <www.taser.com>.

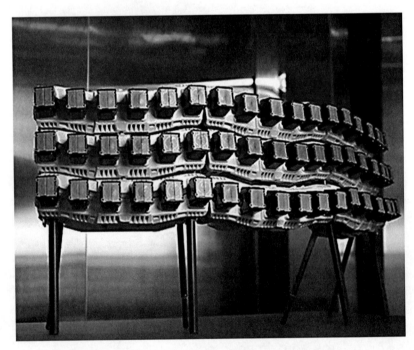

Figura 10: Taser Shockwave. Fonte: <www.taser.com>.

3. Uso da Luz

Este capítulo é parte do livro *Lanterna Tática – atividade policial em situações de baixa visibilidade*, de nossa autoria. Por acharmos conexos os temas e relevante a abordagem, tomamos a liberdade de reproduzir, na íntegra, com algumas pequenas alterações, o texto contido naquela obra. O capítulo "A Lanterna Tática e o Uso Diferenciado da Força" começa com a seguinte reflexão:

> *Concluímos, portanto, acerca deste breve estudo, que o uso de meios alternativos às armas de fogo é tendência reconhecida e incentivada, tanto internamente no ambiente policial, quanto externamente, estando previstas inclusive em atividades de segurança privada e presentes nas Resoluções 34/169 e 39/165 da ONU, ou seja, o Código de Conduta dos Encarregados da Aplicação da Lei (CCEAL, 1979) e os Princípios Básicos do Uso da Força e Armas de Fogo (PBUFAF, 1990), dos quais o Brasil é signatário. Ainda no escopo deste trabalho, observamos a importância de reconhecermos o uso de lanterna tática como um dos recursos de uso de força não letal pelas forças policiais, estando previsto na doutrina de forma geral, dentro do conceito de Uso Diferenciado da Força, e de maneira especial no 5º Princípio do Combate em Baixa Luminosidade adotado neste trabalho.*

No livro *Vencendo a Guerra: armas avançadas, estratégias e conceitos para um mundo pós 11 de setembro*, John Alexander afirma que:

> *Entre as armas não letais mais comuns estão as luzes brilhantes. Tanto o Departamento de Defesa quanto as agências da manutenção da lei precisam de sistemas simples e eficientes, e as luzes servem a propósitos múltiplos.*

Em outro livro do mesmo autor, denominado *Armas Não Letais: alternativas para os conflitos do século XXI*, o mesmo autor sugere que:

> Com o desenvolvimento de baterias, luzes portáteis agora têm poder suficiente para ofuscar ou temporariamente cegar uma pessoa. Quando a luz atinge o olho, ele se fecha por reflexo e a saturação das células de visão pode provocar a perda da capacidade de perceber contrastes. À noite, quando a pupila está mais dilatada, os efeitos são muito fortes (...). Luzes estroboscópicas também têm sua utilização, elas podem ser empregadas para desorientar pessoal e infligir um efeito de ofuscamento temporário (...). Outra abordagem inovadora é alternar as cores das luzes utilizadas. Em circunstâncias normais, os olhos se ajustam à luz existente. A luz vermelha está no limite inferior do espectro visual, enquanto a azul está em uma frequência muito maior. Esta concepção, desenvolvida para aplicações policiais, consiste na simples irradiação alternada de luzes vermelhas e azuis. Esta alteração obriga o olho a tentar rapidamente adaptar-se de uma extremidade a outra. O resultado são mensagens conflitantes para o cérebro, fazendo com que o indivíduo se sinta muito confuso e instável, possibilitando que o policial o tome sob custódia, sem causar-lhe dano físico. Naturalmente contramedidas podem funcionar, mas poucos criminosos estão preparados para um ataque de luz.

3.1. Especificações da lanterna

Para auxiliar no seu trabalho, o policial deve sempre trazer consigo dois tipos de lanterna, a tática e a velada. A primeira deve apresentar algumas características desejáveis, como foco dirigido e uma quantidade de lumens acima de 80, de preferência na faixa de 130 ou mais, tamanho reduzido, botão de acionamento traseiro e presença de anel de borracha que possibilite empunhadura tipo cigarro. Já a lanterna velada deve ser discreta e pode ser, inclusive, obtida através de meios de fortuna e improvisação, como lanternas cobertas com papel *contact* preto com um pequeno orifício para possibilitar a passagem de um pequeno e discreto feixe de luz. Existem modelos de lanterna mais recentes que aliam três pontos interessantes no mesmo equipamento, como, por exemplo, a lanterna PD20, da marca Fênix. Ela possui uma regulagem que permite ao policial regular a intensidade luminosa num espectro que varia de 9 a 180 lumens, além de permitir o uso do estroboscópio, um recurso interessante em determinadas situações, que serão estudadas amiúde mais adiante. É importante que o policial tenha em mente a necessidade de sempre dobrar os meios a sua disposição. Para este princípio existe uma frase que diz: "quem tem dois tem um, e quem tem um não tem nenhum". Portanto, devemos ter sempre conosco uma lanterna sobressalente, além de baterias ou pilhas também.

3.2. Domínio com a luz

O princípio de utilizar a luz como método de domínio, de modo a somar mais uma opção ao cabedal de técnicas utilizadas dentro do conceito de Uso Diferenciado da Força, está descrito como o 5º princípio do combate em baixa visibilidadade. Entre os dez princípios por nós utilizados, este é o que mais está sendo discutido na atualidade. Isto porque a aplicação deste princípio apresenta dois pontos interessantes. O primeiro é que o ofuscamento produzido no agressor proporciona ao policial tempo suficiente para reagir, efetuando o saque da sua pistola e disparando, se for o caso. O segundo é justamente o fato do que este ofuscamento momentâneo e esta confusão mental pode provocar, o que favorece a utilização de técnicas não letais em detrimento do uso exclusivo da arma de fogo. Este é o principal motivo pelo qual inserimos a lanterna tática no rol dos instrumentos de menor potencial ofensivo. Além do que, estrategicamente, é uma maneira de se conseguir induzir, por intermédio de políticas públicas, a aquisição deste tipo de equipamento por parte das instituições policiais. Por incrível que pareça é bem mais fácil você utilizar um argumento que diz que tal ou qual equipamento é necessário para a atividade policial, pois irá reduzir a letalidade nas ações policiais do que dizer que é importante porque vai reduzir a letalidade dos policiais em ação. Não tenho receio de dizer que existem bem mais entidades não governamentais pressionando e preocupadas com o primeiro problema, qual seja, a letalidade nas ações policiais. Contudo, a vantagem de se dispor de argumentos técnicos é justamente essa, poder alcançar os fins lícitos por mais de um meio. A isto costumo chamar de autonomia intelectual.

Os efeitos fisiológicos da luz e o atordoamento provocado por técnicas como o uso do estroboscópio foram descritos no capítulo referente à fisiologia da visão. Porém, não é em vão lembrar que em condições de baixa luminosidade ocorre dilatação da pupila, proporcionando maior aproveitamento da luz ambiente pela retina. A produção de rodopsina aumenta também e o corpo tenta rapidamente se adaptar à condição de pouca luminosidade. Acontece que, caso você propicie uma repentina exposição dos olhos a uma grande quantidade de luz, não há tempo para o organismo se adaptar e há uma grande "passagem" de energia luminosa pelo nervo ótico, o que o deixa "sobrecarregado", provocando dor e impossibilitando o agente de manter seus olhos abertos. É o que chamamos de ofuscamento da visão, que proporciona um gradiente de tempo no qual o agressor fica incapacitado de agir de maneira organizada. Muitas vezes este gradiente de tempo é tudo o que o policial necessita para reagir, seja com força letal, seja com força abaixo do limiar da letalidade. Portanto, utilize a luz a seu favor, procurando sempre manter a lanterna focada nos olhos do cidadão infrator.

CURSO DE USO DIFERENCIADO DA FORÇA **259**

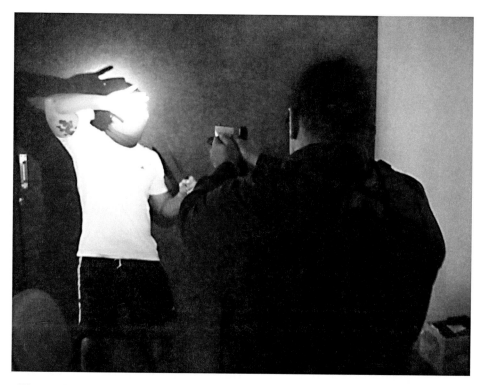

Figura 11: O policial aciona sua lanterna tática contra a face do agressor com faca, que fica momentaneamente debilitado na sua capacidade de agir.

Perceba que há uma preocupação em se alinhar o foco da lanterna contra os olhos do agressor, enquanto a pistola permanece apontada para a região torácica deste.

Figura 12: O policial utiliza seu bastão retrátil combinado com sua lanterna tática, o que potencializa a ação dos dois instrumentos, obtendo-se uma fórmula em que a soma de 1 mais 1 proporciona um resultado maior do que 2.

O uso da lanterna tática pelos profissionais de segurança deve ser cada vez mais estimulado. Trata-se de um equipamento fundamental para a segurança do profissional, além de proporcionar várias combinações táticas para uso com os mais diversos tipos de instrumentos, sejam estes letais ou de "menor potencial ofensivo".

4. Outros Instrumentos, técnicas e tecnologias de MPO

Este capítulo é uma tentativa de mostrar ao leitor parte do esforço que vem sendo empreendido no sentido de se desenvolver sistemas que proporcionem alternativas ao uso da arma de fogo, com consequente preservação de vidas e redução na letalidade das ações dos agentes da lei, sempre que possível. De imediato nos salta aos olhos a carência de pesquisas que proporcionem o desejável desenvolvimento científico na área.

Se buscarmos o exemplo da agricultura e a verdadeira revolução verde que ocorreu em nosso país com o aumento da produção de alimentos devido basicamente ao desenvolvimento científico e à adoção de técnicas produzidas por meio da Embrapa e de nossas Universidades públicas, podemos vislumbrar o potencial de nossos pesquisadores, após serem estimulados e devidamente induzidos por políticas públicas a desenvolver instrumentos e tecnologias de menor potencial ofensivo que sejam adaptados a nossa realidade e com baixo custo. E quando nos referimos a estímulos, estamos tratando de temas que vão desde a disponibilização de linhas de financiamento para pesquisa científica relacionada ao tema "ciências policiais", por intermédio de instituições como, por exemplo, a CAPES[183] e o

---

[183] Coordenação de Aperfeiçoamento de Pessoal de Nível Superior. A CAPES desempenha papel fundamental na expansão e na consolidação da pós-graduação *stricto sensu* (mestrado e doutorado) em todos os estados da Federação. Para mais informações, consultar: <www.capes.gov.br>.

CNPq[184] ao reconhecimento das ciências policiais como um eixo temático a tomar seu lugar no ambiente acadêmico. O caminho inverso também é desejável, ou seja, a transformação de academias policiais em verdadeiras universidades atuando na formação de novos policiais e agregando conhecimento teórico-doutrinário em seus quadros pela pesquisa científica e transversalidade entre as diversas áreas do conhecimento relacionadas com o tema segurança pública. Neste sentido, a Academia Nacional de Polícia surge como modelo a ser observado.

Com a inclusão do tema Segurança Pública como eixo temático do MEC (Ministério da Educação e Cultura), as ciências policiais passam a ocupar posição de destaque nos ambientes acadêmicos. O gênero Ciências Policiais pode ser dividido em duas espécies, as Ciências Policiais Investigativas e as Operacionais e, em relação a esta última, levando-se em conta os princípios que a regem, destaca-se a necessidade de transparência das metodologias, sobretudo aquelas que digam respeito aos Direitos Humanos. Neste sentido, é de suma importância o estímulo da pesquisa em toda a rede ligada à segurança pública, sempre colocando como objetivo a capacitação e profissionalização do sujeito de todo o processo, ou seja, o agente da lei. Sobre o tema acreditamos ser irretocável a postulação das quatro primeiras considerações de Ricardo Balestreri em seu festejado *Direitos Humanos:* Coisa de Polícia[185]:

> 1º. *O policial é, antes de tudo, um cidadão, e na cidadania deve nutrir sua razão de ser. Irmana-se, assim, a todos os membros da comunidade em direitos e deveres. Sua condição de cidadania é, portanto, condição primeira, tornando-se bizarra qualquer reflexão fundada sobre suposta dualidade ou antagonismo entre uma "sociedade civil" e outra "sociedade policial" (...).*

---

[184] Conselho Nacional de Desenvolvimento Científico e Tecnológico. O CNPq é uma agência do Ministério da Ciência e Tecnologia destinada ao fomento da pesquisa científica e tecnológica e à formação de recursos humanos para a pesquisa no país. Fonte: <www.cnpq.br>.

[185] BALESTRERI, Ricardo. *Direitos Humanos:* Coisa de Polícia. Passo Fundo, Rio Grande do Sul: CAPEC. Paster Editora, 1998.

2º. *O agente de Segurança Pública é, contudo, um cidadão qualificado: emblematiza o Estado, em seu contato mais imediato com a população. Sendo a autoridade mais comumente encontrada tem, portanto, a missão de ser uma espécie de porta-voz popular do conjunto de autoridades das diversas áreas do poder. Além disso, porta a singular permissão para o uso da força e das armas, no âmbito da lei, o que lhe confere natural e destacada autoridade para a construção social ou para sua devastação. O impacto sobre a vida de indivíduos e comunidades, exercido por esse cidadão qualificado é, pois, sempre um impacto extremado e simbolicamente referencial para o bem ou para o mal-estar da sociedade.*

3º. *Há, assim, uma dimensão pedagógica no agir policial que, como em outras profissões de suporte público, antecede as próprias especificidades de sua especialidade.*

Os paradigmas contemporâneos na área da educação nos obrigam a repensar o agente educacional de forma mais includente. No passado, esse papel estava reservado únicamente aos pais, professores e especialistas em educação. Hoje é preciso incluir com primazia no rol pedagógico também outras profissões irrecusavelmente formadoras de opinião: médicos, advogados, jornalistas e policiais, por exemplo.

O policial assim, à luz desses paradigmas educacionais mais abrangentes, é um pleno e legítimo educador. Essa dimensão é inabdicável e reveste de profunda nobreza a função policial, quando conscientemente explicitada por meio de comportamentos e atitudes.

4º. *O reconhecimento dessa "dimensão pedagógica" é, seguramente, o caminho mais rápido e eficaz para a reconquista da abalada autoestima policial. Note-se que os vínculos de respeito e solidariedade só podem constituir-se sobre uma boa base de autoestima (...).*

Em nível pessoal, é fundamental que o cidadão policial sinta-se motivado e orgulhoso de sua profissão.

O desenvolvimento de técnicas, tecnologias e instrumentos de MPO deve, portanto, ser parte de um movimento que busca a valorização do profissional de segurança pública, assim como a prestação de um serviço de qualidade para a sociedade. Ao policial, portanto, devem ser fornecidas as ferramentas necessárias para o bom desempenho das suas funções, assim como ter supridas suas carências no sentido de que a ele seja proporcionada, nos dizeres de Balestreri, "autonomia moral e intelectual" por meio da adoção de "um bom currículo e professores habilitados não apenas nos conhecimentos técnicos, mas igualmente nas artes didáticas e no relacionamento interpessoal".

Chamar o policial ao ambiente acadêmico, proporcionar a ele a participação e composição dos corpos docentes e discentes de cursos relacionados ao mister que desenvolvem, é uma excelente maneira de estimular e colocar em prática a teoria do "policial cidadão", em íntima relação com o conceito de "segurança cidadã".

Grande parte das informações abaixo foram retiradas do livro do Cel. John Alexander[186], da Reserva do Exército dos Estados Unidos da América. Trata-se de obra de referência sobre o tema e que congrega informações obtidas durante vários anos no campo dos armamentos não letais. Falamos de um especialista com extensa experiência militar, na área de segurança pública, no campo das políticas públicas e no desenvolvimento tecnológico de instrumentos de menor potencial ofensivo.

4.1. Tecnologia antimaterial

Via de regra, quando ouvimos falar em Instrumentos de Menor Potencial Ofensivo (IMPO) rapidamente nos vêm à mente imagens de instrumentos para utilização em seres humanos, o que pode ser facilmente comprovado por meio da análise da bibliografia disponível a respeito do tema, como, por exemplo, o Manual de Procedimentos do Departamento de Polícia de Brattleboro[187], EUA:

---

[186] ALEXANDER, John B. *Armas Não Letais: alternativas para os conflitos do século XXI*. Rio de Janeiro: Editora Lidador, 2003.

[187] *Polícia, procedimentos e regras*. Departamento de Polícia de Brattleboro. Número 601. 2008.

A Força Não Letal é definida como "qualquer nível de força aplicado, através do qual não se deseja nem se possui a intenção de causar morte ou sérias injúrias físicas. A esta definição se incluem qualquer dispositivo físico utilizado para controlar ou restringir a ação humana, ou para reduzir a resistência ou imobilizar um agente.

Ocorre que o desenvolvimento da doutrina a respeito do tema Uso Diferenciado da Força estranhamente acaba focando suas ações contra os seres humanos, "economizando" ações que visem, em vez de incapacitar, tornar impróprios para o uso equipamentos, veículos, armas e acessórios, modificando o foco da ação, que passa a ser contra a coisa e não contra a pessoa. Há um pensamento oriundo da filosofia chinesa que diz não haver instrumento justo na mão de uma pessoa injusta, nem instrumento injusto na mão de uma pessoa justa. O instrumento, a coisa, o bem, são meros objetos de direitos, inanimados, desprovidos de personalidade e de capacidade inata, seja para o bem, seja para o mau. O ser humano, ao contrário, é dono de consciência, inteligência e capacidade para titularizar direitos e exprimir vontades, intenções, sendo, pois, o responsável pelo uso dos instrumentos. Trata-se do livre-arbítrio, exercido por meio do discernimento e do sentimento moral presente em cada um de nós. O objetivo deste item é simplesmente chamar a atenção para a possibilidade de, sempre que possível, mudar o foco das ações nas quais nos valemos do uso da força, direcionadas contra seres humanos, para a possibilidade de criar meios e desenvolver a cultura de, sempre que possível, estimular que o uso da força ocorra preferencialmente contra coisas, em vez de pessoas.

4.1.1. Agentes Químicos Antimateriais

Segundo John Alexander, "existem tantos agentes químicos antimateriais, que apenas um único documento não poderia abranger todos eles". O autor ainda divide os sistemas em categorias, de acordo com o objeto alvo do agente, tais como: pneus, motores, combustíveis e lubrificantes, tubulações e vedações, tração, ótica e outros.

- **Pneus:** podem ser atacados com ácidos ou agentes catalisadores de despolimerização injetados através de dardos, sistemas do tipo "boca de jacaré" ou "ouriços" modificados para a inoculação da substância corrosiva no pneu.

- **Motores:** um dos sistemas mais vulneráveis do motor são suas entradas de ar (comburente), ou seja, partes como os filtros. Bloqueadores químicos de filtros, como películas finas de polímeros de cadeia longa, impedem o ar de passar dos filtros para o motor, impedindo o funcionamento deste. A destruição ou incapacitação de um motor pode ainda ser obtida pela introdução de material extremamente abrasivo nas partes móveis deste, como, por exemplo, cerâmicas e compostos de alta resistência que aumentam a abrasão e acabam por provocar o emperramento de engrenagens e demais partes móveis.

- **Combustíveis:** agentes provocadores de viscosidade podem ser adicionados ao combustível, impedindo-o de ser nebulizado no motor.

- **Superdetergentes:** substâncias como o aerossol de *Teflon* e sabão de potássio podem ser utilizados para impedir a tração entre os pneus dos veículos e a superfície, dificultando ou impossibilitando sua mobilidade.

4.1.2. Sistemas de Bloqueio Físico (Redes, etc.)

Há alguns anos, durante uma instrução de abordagem veicular com policiais do Grupo de Operações Especiais da Polícia Federal Alemã, o GSG-9, nos foi apresentada uma rede que poderia ser montada em uma via com o objetivo de parar um veículo. Trata-se de um excelente método de se bloquear a movimentação de um veículo. O único inconveniente é que tal método demanda o conhecimento prévio da polícia em relação ao local por onde os criminosos irão transitar e que, a partir do momento em que a rede é armada, não há como separar ou escolher qual veículo será bloqueado. A rede pode ser armada por somente um policial, demandando, para tal, um curtíssimo intervalo de tempo. Contudo, depois de pronta, a rede demanda mais tempo para ser desarmada.

4.1.3. Guerra da informação

O termo Guerra da Informação (*IW – Information War*) foi desenvolvido pelo General Fogelman, do Exército dos EUA, e nos parece mais adequado, em relação ao tradicional "Guerra Eletrônica", ao menos para os fins relacionados à Segurança Pública. Na realidade pensamos que este acaba sendo espécie, e aquele é o gênero.

4.2. Tecnologia antipessoal

Quando tratamos no início deste capítulo do tema "Tecnologia antimaterial", justificamos a filosofia orientadora de termos dado prioridade para a utilização e adoção daqueles meios em relação a estes. Tal destaque é intuitivamente percebido por meio da localização topográfica dos temas no texto. Na realidade, trata-se de uma maneira de tentarmos justiçar a orientação que tradicionalmente as forças de segurança possuem de concentrar sua atuação no ser humano. Entretanto, da mesma maneira que não podemos nos esquecer dos instrumentos e armas letais, indispensáveis ao trabalho policial, devemos ter sempre em mente que o uso de Instrumentos de Menor Potencial Ofensivo (IMPO) antipessoais é de suma importância. Quando dizemos que deve ser dada prioridade aos meios antimateriais, estamos tentando corrigir uma "injustiça histórica" e promover a igualdade de meios entre ambos, facilmente comprovada pela deficiência de meios antimateriais encontrados em nossas forças de aplicação da lei.

4.2.1. Lasers

O *laser* tem uma gama de utilização ampla em diversas áreas do conhecimento humano. No campo dos instrumentos de menor potencial ofensivo, esta realidade não é distinta. A simples utilização de artefatos como as miras do tipo "*laser point*" em armas letais ou em ECE como o Taser demonstram esta realidade. No jargão militar, costuma-se dizer que "colocar uma pessoa na mira é uma excelente forma de dissuasão". Mas existem outros equipamentos, como o *Laser* atordoante. De acordo com o Cel. Wilquerson Felizardo[188]:

> O Laser *Atordoante* utiliza luzes brilhantes que ofuscam a visão temporariamente na direção geral do laser iluminado. A aplicação original visa perturbar e desorientar suspeitos a cerca de 17 metros. O equipamento ainda está restrito ao uso militar.

A tendência é que, com o tempo, as dimensões do equipamento sejam reduzidas e que ele também seja aperfeiçoado para ser utilizado pelas forças de segurança pública ou privada.

Figura 13: IMPO de *laser* atordoante (PHaSR).
Fonte: *Personnel Halting and Stimulation Response (PHaSR).*
Fact Sheet. United States Air Force Research Laboratory.

---

[188] SANDES, W. Felizardo. *Uso não letal da força na ação policial: inteligência, pesquisa, tecnologia e intervenção socioeducativa.* Cuiabá. 2007. Fonte: <www.forumseguranca.org.br>.

Segundo o laboratório de pesquisa da Força Aérea dos EUA, o *PHaSER* (pronuncia-se "feizer") consiste em um armamento *laser* customizado na forma de um rifle que usa dois tipos de *laser* não letal com diferentes comprimentos de onda com o objetivo de deter, prevenir e controlar a ação de possíveis agressores. O *laser* gerado pelo instrumento ilumina ou atordoa pessoas, incapacitando-os temporariamente e deixando-os inaptos a utilizar o sentido da visão. É o primeiro de uma geração de equipamentos que pode ser utilizado por um único operador, principalmente por dispor de baterias modernas como fonte de energia, resolvendo parcialmente a principal questão colocada por John Alexander[189]:

> *Atualmente existem vários engenhos portáteis a laser disponíveis. Sua desvantagem é o peso, uma vez que esses sistemas pesam mais de 18 kg, a maior parte devido à bateria. Para que possa utilizar o laser, o soldado precisa abrir mão de sua arma letal principal.*

O *PHaSER* foi desenvolvido para aplicações militares e também para as forças de aplicação da lei pela *ScorpWorks*, uma unidade de pesquisa da "Divisão Laser" do Laboratório da Força Aérea dos EUA, na Base do Novo México.

4.2.2. Espuma aderente

Trata-se de uma espuma de grande viscosidade (Figura 14) que tem como objetivo imobilizar um potencial agressor. De acordo com Donnely[190], as espumas aderentes foram estudadas inicialmente no Laboratório Nacional Sandia (EUA, SNL – Sandia National Laboratories). O pesquisador responsável pelo projeto foi Peter Rand. Trata-se de um polímero armazenado sob pressão que, quando

---

[189] ALEXANDER, John B. *Armas Não Letais:* alternativas para os conflitos do século XXI. Rio de Janeiro: Editora Lidador, 2003.

[190] DONNELLY, T. *Less Lethal Technologies:* Initial Prioritisation and Evaluation. White Crescent Press. Luton. 2001.

exposto às condições atmosféricas se expande mais de 30 vezes em relação ao volume original. Com o tempo a espuma se torna enrijecida. Os experimentos conduzidos em Sandia objetivavam, inicialmente, a proteção a instalações de alto risco, como usinas nucleares e bases militares. Com o tempo passaram a prever também o uso por forças responsáveis pela aplicação da lei e em recintos carcerários. Contudo, sua aplicação neste viés tem sido limitada por problemas nas questões relativas à descontaminação e limpeza, assim como pelo perigo de sufocação.

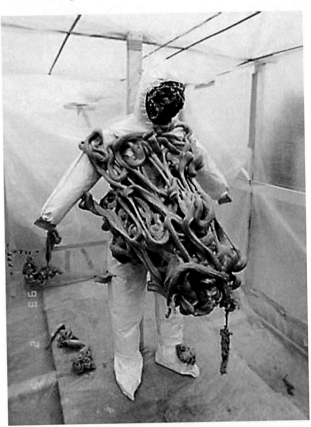

Figura 14: Espuma aderente. Fonte: <www.gismodo.com.au>.

4.2.3. "Malodorantes"

No mesmo trabalho acima mencionado, Donnelly afirma que um "malodorante" é um composto com mau cheiro fortíssimo. São odores que provocam repulsa, náuseas e vômitos, como a putrecina e a cadaverina, além daqueles denominados "malodores dos banheiros", que lembram o odor de fezes, por exemplo.

De acordo com Donnelly:

> *Existe um grande número de empresas cuja especialidade é criar compostos químicos com odor e sabor agradáveis, seja para servirem na indústria alimentícia, seja na indústria de perfumes e cosméticos. Estas mesmas indústrias podem se capacitar no desenvolvimento de odores passíveis de serem utilizados como malodorantes, pois os princípios são parecidos e a tecnologia utilizada na produção destes pode ser utilizada na confecção daqueles.*

O ideal é que este tipo de composto seja passível de ser aplicado como, por exemplo, o CS ou o OC, ou seja, por meio de espargidores, granadas ou ampolas, tornando sua utilização mais simples e aplicável.

4.2.4. Sistemas acústicos

O gênero sistemas acústicos pode ser dividido em três espécies: Infrassom (menos de 20Hz), abaixo da percepção auditiva; Audível (20Hz a 20kHz) e Instrumentos de Onda de Choque Acústico (IOCA). Existem alguns informes dando conta de que pessoas sofreram efeitos físicos do som a distâncias maiores de 100 metros. Contudo, a distância efetiva para uso do som está na faixa de 10 metros ou menos. Outro problema encontrado é a dimensão dos equipamentos disponíveis, necessitando, em regra, serem transportados em dispositivos semiportáteis ou montados em viaturas.

A) Instrumentos de infrassom

A quantidade de artigos científicos que trata do assunto é muito pequena, ou simplesmente não é disponibilizada para o conhecimento geral. As respostas à exposição ao infrassom variam de organismo para organismo, podendo, inclusive, causar danos estruturais em edificações. Outra questão preocupante é a possibilidade de provocar danos aos operadores e a terceiros, já que não se trata de um dispositivo seletivo, atuando da mesma maneira nos cidadãos infratores, agentes da lei e cidadãos em geral.

De acordo com Vassilatos[191]:

> *Existe muita especulação sobre a efetividade dos Instrumentos de Infrassom. Frequências de 19 Hz tem sido responsáveis por causar sintomas incômodos em locais confinados. Náuseas violentas têm sido reportadas em frequências abaixo de 12 Hz. As frequências de 3 a 7Hz são as causas de morte por ressonância nos órgãos internos.*

Outra questão que deve ser estudada são os efeitos colaterais, pois, como afirmou Donnally, "frequências de 7 a 20Hz podem causar efeitos secundários, em órgãos internos e nos olhos, por exemplo".

B) Instrumentos acústicos de onda de choque

O processo que produz este tipo de ondas de choque acústico é descrito como sendo mais facilmente direcionado e seletivo em relação ao sistema descrito no item anterior. Existem relatos dando conta de que alguns destes dispositivos são capazes de produzir "discos Mach" (pulsos ou pacotes de energia sonora) com poder suficiente para levar ao solo um alvo (Donnelly, 2001). Normalmente um instrumento com tal poder necessitará ser transportado em viaturas. De acordo com o mesmo autor não se trata, contudo, de uma

---

[191] VASSILATOS, G. *The sonic weapon of Vladimir Gavreau.* Borderland Sciences Research Foundation. 1997.

tecnologia com um nível de maturidade consistente com seu uso na segurança pública, por se tratar de tecnologia com baixa efetividade e com níveis de risco inaceitáveis, até o presente momento.

C) Instrumentos de ondas eletromagnéticas

O Laboratório de Pesquisa da Força Aérea dos EUA desenvolveu um equipamento que proporciona um efeito de calor na pele utilizando um determinado comprimento de onda de alta frequência (95GHz), o que o deixa muito próximo de uma radiação micro-ondas. De acordo com Donnelly (2001), o artefato foi fabricado visando ao uso como um dispositivo de controle de área, restringindo pessoal e isolando perímetros. Tanto um equipamento fixo quanto um montado em viaturas vêm sendo testados e desenvolvidos. A radiação gera uma **sensação** de queima no alvo semelhante ao contato da pele com água fervente, o que causa a repulsa. A radiação possui a capacidade de penetrar as roupas, mas não tem capacidade de penetrar mais do que 0,4 milímetro pele adentro. Os instrumentos são desenvolvidos para atuar em "rajadas" curtas de 2 segundos e podem atingir distâncias da ordem de 640 metros. Contudo, existe a possibilidade de que ações simples como a presença de umidade, o uso de roupas pesadas e a utilização de escudos do tipo refratários e equipamentos revestidos com alumínio sejam contramedidas suficientes contra o sistema.

6. Considerações finais

O projeto inicial do livro comportava ainda mais dois capítulos. Seriam os seguintes: Agentes Químicos e Munições de Impacto Controlado e Doutrina de Combate Corpo a Corpo. Contudo, dada a especificidade dos temas e a quantidade de informação constante em cada um, resolvemos dividir o projeto inicial em dois volumes, de forma a proporcionar ao leitor a escolha dos temas de maior interesse, assim como reduzir os custos de aquisição do material, tornando-o mais acessível e em um menor espaço de tempo.

Para aqueles que se interessam pelos temas, recomendamos a busca de informações por meio de cursos oficiais, assim como nas instituições de segurança pública que são referência no ensino das disciplinas, como, por exemplo, o BOPE da PMDF no caso dos Agentes Químicos e Munições de Impacto Controlado, e a Coordenação de Aviação Operacional (CAOP) e a Academia Nacional de Polícia da Polícia Federal, no caso do Combate Corpo a Corpo.

Esperamos, de qualquer maneira, disponibilizar em breve o Volume II consolidando o Curso de Uso Diferenciado da Força na sua integralidade.

Anexo I

CÓDIGO DE CONDUTA PARA OS FUNCIONÁRIOS RESPONSÁVEIS PELA APLICAÇÃO DA LEI[192]

A Assembleia Geral,

Considerando que um dos objetivos proclamados na Carta das Nações Unidas é o da realização da cooperação internacional para o desenvolvimento e encorajamento do respeito pelos direitos do homem e das liberdades fundamentais para todos, sem distinção de raça, sexo, língua ou religião,

Lembrando, em particular, a Declaração Universal dos Direitos do Homem 108 e os Pactos Internacionais sobre os direitos do homem 109,

Lembrando igualmente a Declaração sobre a Proteção de Todas as Pessoas contra a Tortura e Outras Penas ou Tratamentos Cruéis, Desumanos ou Degradantes, adotada pela Assembleia Geral na sua resolução 3452 de 9 de Dezembro de 1975,

Consciente de que a natureza das funções de aplicação da lei para defesa da ordem pública e a forma como essas funções são exercidas, têm uma incidência direta sobre a qualidade de vida dos indivíduos e da sociedade no seu conjunto,

Consciente das importantes tarefas que os funcionários responsáveis pela aplicação da lei levam a cabo, com diligência e dignidade, em conformidade com os princípios dos direitos do homem,

Consciente, no entanto, das possibilidades de abuso que o exercício destas tarefas proporciona,

---

[192] Extraído do *site* <www.lgdh.org>, em 18 de novembro de 2011.

Reconhecendo que a elaboração de um Código de Conduta para os Funcionários Responsáveis pela Aplicação da Lei é apenas uma das várias medidas importantes para garantir a Proteção de todos os direitos e interesses dos cidadãos servidos pelos referidos funcionários,

Consciente de que existem outros importantes princípios e condições prévias ao desempenho humanitário das funções de aplicação da lei, nomeadamente:

a) Que, como qualquer órgão do sistema de justiça penal, todos os órgãos de aplicação da lei devem ser representativos da comunidade no seu conjunto, responder às suas necessidades e ser responsáveis perante ela,

b) Que o respeito efetivo de normas éticas pelos funcionários responsáveis pela aplicação da lei depende da existência de um sistema jurídico bem concebido, aceito pela população e de caráter humano,

c) Que qualquer funcionário responsável pela aplicação da lei é um elemento do sistema de justiça penal, cujo objetivo consiste em prevenir o crime e lutar contra a delinquência, e que a conduta de cada funcionário do sistema tem uma incidência sobre o sistema no seu conjunto,

d) Que qualquer órgão encarregado da aplicação da lei, em cumprimento da primeira norma de qualquer profissão, tem o dever de autodisciplina, em plena conformidade com os princípios e normas aqui previstos, e que os atos dos funcionários responsáveis pela aplicação da lei devem estar sujeitos ao escrutínio público, exercido por uma comissão de controle, um ministério, um procurador-geral, pela magistratura, por um provedor, uma comissão de cidadãos, ou por vários destes órgãos, ou ainda por um outro organismo de controle,

e) Que as normas, enquanto tais, carecem de valor prático, a menos que o seu conteúdo e significado seja inculcado em todos os funcionários responsáveis pela aplicação da lei, mediante educação, formação e controle,

Adota o Código de Conduta para os Funcionários Responsáveis pela Aplicação da Lei, que figura em anexo à presente resolução e decide transmiti-lo aos Governos, recomendando que encarem favoravelmente a sua utilização no quadro da legislação e prática nacionais como conjunto de princípios que deverão ser observados pelos funcionários responsáveis pela aplicação da lei.

106.ª sessão plenária

17 de dezembro de 1979

Código de Conduta para os Funcionários Responsáveis pela Aplicação da Lei

Artigo 1º

Os funcionários responsáveis pela aplicação da lei devem cumprir, a todo o momento, o dever que a lei lhes impõe, servindo a comunidade e protegendo todas as pessoas contra atos ilegais, em conformidade com o elevado grau de responsabilidade que a sua profissão requer.

Comentário:

a) A expressão "funcionários responsáveis pela aplicação da lei" inclui todos os agentes da lei, quer nomeados, quer eleitos, que exerçam poderes de polícia, especialmente poderes de prisão ou detenção.

b) Nos países onde os poderes policiais são exercidos por autoridades militares, quer em uniforme, quer não, ou por forças de segurança do Estado, a definição dos funcionários responsáveis pela aplicação da lei incluirá os funcionários de tais serviços.

c) O serviço à comunidade deve incluir, em particular, a prestação de serviços de assistência aos membros da comunidade que, por razões de ordem pessoal, econômica, social e outras emergências, necessitam de ajuda imediata.

d) A presente disposição visa, não só todos os atos violentos, destruidores e prejudiciais, mas também a totalidade dos atos proibidos pela legislação penal. É igualmente aplicável à conduta de pessoas não susceptíveis de incorrerem em responsabilidade criminal.

Artigo 2º

No cumprimento do seu dever, os funcionários responsáveis pela aplicação da lei devem respeitar e proteger a dignidade humana, manter e apoiar os direitos fundamentais de todas as pessoas.

Comentário:

a) Os direitos do homem em questão são identificados e protegidos pelo direito nacional e internacional. Dentre os instrumentos internacionais relevantes contam-se a Declaração Universal dos Direitos do Homem, o Pacto Internacional sobre os Direitos Civis e Políticos, a Declaração sobre a Proteção de Todas as Pessoas contra a Tortura e Outras Penas ou Tratamentos Cruéis, Desumanos ou Degradantes, a Declaração das Nações Unidas sobre a Eliminação de Todas as Formas de Discriminação Racial, a Convenção Internacional sobre a Supressão e Punição do Crime de Apartheid, a Convenção sobre a Prevenção e Punição do Crime de Genocídio, as Regras Mínimas para o Tratamento de Reclusos e a Convenção de Viena sobre Relações Consulares.

b) Os comentários nacionais a esta cláusula devem indicar as provisões regionais ou nacionais que definem e protegem estes direitos.

Artigo 3º

Os funcionários responsáveis pela aplicação da lei só podem empregar a força quando tal se afigure estritamente necessário e na medida exigida para o cumprimento do seu dever.

Comentário:

a) Esta disposição salienta que o emprego da força por parte dos funcionários responsáveis pela aplicação da lei deve ser excepcional. Embora admita que estes funcionários possam estar autorizados a utilizar a força na medida em que tal seja razoavelmente considerado como necessário, tendo em conta as circunstâncias, para a prevenção de um crime ou para deter ou ajudar na detenção legal de delinquentes ou de suspeitos, qualquer uso da força fora deste contexto não é permitido.

b) A lei nacional restringe normalmente o emprego da força pelos funcionários responsáveis pela aplicação da lei, de acordo com o princípio da proporcionalidade. Deve-se entender que tais princípios nacionais de proporcionalidade devem ser respeitados na interpretação desta disposição. A presente disposição não deve ser, em nenhum caso, interpretada no sentido da autorização do emprego da força em desproporção com o legítimo objetivo a atingir.

c) O emprego de armas de fogo é considerado uma medida extrema. Devem fazer-se todos os esforços no sentido de excluir a utilização de armas de fogo, especialmente contra as crianças. Em geral, não deverão utilizar-se armas de fogo, exceto quando um suspeito ofereça resistência armada, ou quando, de qualquer forma coloque em perigo vidas alheias e não haja medidas suficientes e menos extremas para o dominar ou deter. Cada vez que uma arma de fogo for disparada, deverá informar-se prontamente as autoridades competentes.

Artigo 4º

As informações de natureza confidencial em poder dos funcionários responsáveis pela aplicação da lei devem ser mantidas em segredo, a não ser que o cumprimento do dever ou as necessidades da justiça estritamente exijam outro comportamento.

Comentário:

Devido à natureza dos seus deveres, os funcionários responsáveis pela aplicação da lei obtêm informações que podem relacionar-se com a vida particular de outras pessoas ou ser potencialmente prejudiciais aos seus interesses e especialmente à sua reputação. Deve-se ter a máxima cautela na salvaguarda e utilização dessas informações as quais só devem ser divulgadas no desempenho do dever ou no interesse. Qualquer divulgação dessas informações para outros fins é totalmente abusiva.

Artigo 5°

Nenhum funcionário responsável pela aplicação da lei pode infligir, instigar ou tolerar qualquer ato de tortura ou qualquer outra pena ou tratamento cruel, desumano ou degradante, nem invocar ordens superiores ou circunstanciais excepcionais, tais como o estado de guerra ou uma ameaça à segurança nacional, instabilidade política interna ou qualquer outra emergência pública como justificação para torturas ou outras penas, ou tratamentos cruéis, desumanos ou degradantes.

Comentário:

a) Esta proibição decorre da Declaração sobre a Proteção de Todas as Pessoas contra a Tortura e outras Penas ou Tratamentos Cruéis, Desumanos ou Degradantes, adotada pela Assembleia Geral, de acordo com a qual:

tal ato é uma ofensa contra a dignidade humana e será condenado como uma negação aos propósitos da Carta das Nações Unidas e como uma violação aos direitos e liberdades fundamentais afirmados na Declaração Universal dos Direitos do Homem (e noutros instrumentos internacionais sobre os direitos do homem).

b) A Declaração define tortura da seguinte forma:

Tortura significa qualquer ato pelo qual uma dor violenta ou sofrimento físico ou mental é imposto intencionalmente a uma pessoa por um funcionário público, ou por sua instigação, com objetivos tais como obter dela ou de uma terceira pessoa informação ou confissão, puni-la por um ato que tenha cometido ou se supõe tenha cometido, ou intimidá-la a ela ou a outras pessoas. Não se considera tortura a dor ou sofrimento apenas resultante, inerente ou consequência de sanções legítimas, na medida em que sejam compatíveis com as Regras Mínimas para o Tratamento de Reclusos.

c) A expressão "penas ou tratamento cruéis, desumanos ou degradantes" não foi definida pela Assembleia Geral, mas deve ser interpretada de forma a abranger uma Proteção tão ampla quanto possível contra abusos, quer físicos, quer mentais.

Artigo 6º

Os funcionários responsáveis pela aplicação da lei devem assegurar a Proteção da saúde das pessoas à sua guarda e, em especial, devem tomar medidas imediatas para assegurar a prestação de cuidados médicos sempre que tal seja necessário.

Comentário:

a) "Cuidados Médicos", significando serviços prestados por qualquer pessoal médico, incluindo médicos diplomados e paramédicos, devem ser assegurados quando necessários ou solicitados.

b) Embora o pessoal médico esteja geralmente adstrito aos serviços de aplicação da lei, os funcionários responsáveis pela aplicação da lei devem tomar em consideração a opinião de tal pessoal, quando este recomendar que deve proporcionar-se à pessoa detida tratamento adequado, por intermédio ou em colaboração com pessoal médico não adstrito aos serviços de aplicação da lei.

c) Subentende-se que os funcionários responsáveis pela aplicação da lei devem assegurar também cuidados médicos às vítimas de violação da lei ou de acidentes que dela decorram.

Artigo 7º

Os funcionários responsáveis pela aplicação da lei não devem cometer qualquer ato de corrupção. Devem, igualmente, opor-se rigorosamente e combater todos os atos desta índole.

Comentário:

a) Qualquer ato de corrupção, tal como qualquer outro abuso de autoridade, é incompatível com a profissão de funcionário responsável pela aplicação da lei. A lei deve ser aplicada na íntegra em relação a qualquer funcionário que cometa um ato de corrupção, dado que os Governos não podem esperar aplicar a lei aos cidadãos se não a puderem ou quiserem aplicar aos seus próprios agentes e dentro dos seus próprios organismos.

b) Embora a definição de corrupção deva estar sujeita à legislação nacional, deve entender-se como incluindo tanto a execução ou a omissão de um ato, praticada pelo responsável, no desempenho das suas funções ou com estas relacionado, em virtude de ofertas, promessas ou vantagens, pedidas ou aceites, como a aceitação ilícita destas, uma vez a ação cometida ou omitida.

c) A expressão "ato de corrupção", anteriormente referida, deve ser entendida no sentido de abranger tentativas de corrupção.

Artigo 8º

Os funcionários responsáveis pela aplicação da lei devem respeitar a lei e o presente Código. Devem, também, na medida das suas possibilidades, evitar e opor-se vigorosamente a quaisquer violações da lei ou do Código.

Os funcionários responsáveis pela aplicação da lei que tiverem motivos para acreditar que se produziu ou irá produzir uma violação deste Código devem comunicar o fato aos seus superiores e, se necessário, a outras autoridades com poderes de controle ou de reparação competentes.

Comentário:

a) Este Código será observado sempre que tenha sido incorporado na legislação ou na prática nacionais. Se a legislação ou a prática contiverem disposições mais limitativas do que as do atual Código, devem observar-se essas disposições mais limitativas.

b) O presente artigo procura preservar o equilíbrio entre a necessidade de disciplina interna do organismo do qual, em larga escala, depende a segurança pública, por um lado, e a necessidade de, por outro lado, tomar medidas em caso de violações dos Direitos Humanos básicos. Os funcionários responsáveis pela aplicação da lei devem informar das violações os seus superiores hierárquicos e tomar medidas legítimas sem respeitar a via hierárquica somente quando não houver outros meios disponíveis ou eficazes. Subentende-se que os funcionários responsáveis pela aplicação da lei não devem sofrer sanções administrativas ou de outra natureza pelo fato de terem comunicado que se produziu ou que está prestes a produzir-se uma violação deste Código.

c) A expressão "autoridade com poderes de controle e de reparação competentes" refere-se a qualquer autoridade ou organismo existente ao abrigo da legislação nacional, quer esteja integrado nos organismos de aplicação da lei, quer seja independente destes, com poderes estatutários, consuetudinários ou outros para examinarem reclamações e queixas resultantes de violações deste Código.

d) Em alguns países, pode considerar-se que os meios de comunicação social desempenham funções de controle, análogas às descritas na alínea anterior. Consequentemente, os funcionários responsáveis pela aplicação da lei poderão como último recurso e com respeito pelas leis e costumes do seu país e pelo disposto no artigo 4º do presente Código levar as violações à atenção da opinião pública pelos meios de comunicação social.

e) Os funcionários responsáveis pela aplicação da lei que cumpram as disposições deste Código merecem o respeito, o total apoio e a colaboração da comunidade em que exercem as suas funções, do organismo de aplicação da lei no qual servem e dos demais funcionários responsáveis pela aplicação da lei.

Anexo II

PRINCÍPIOS BÁSICOS SOBRE A UTILIZAÇÃO DA FORÇA E DE ARMAS DE FOGO PELOS FUNCIONÁRIOS RESPONSÁVEIS PELA APLICAÇÃO DA LEI

O Oitavo Congresso das Nações Unidas para a Prevenção do Crime e o Tratamento dos Delinquentes,

Recordando o Plano de Ação de Milão 130 adotado por consenso pelo Sétimo Congresso das Nações Unidas para a Prevenção do Crime e o Tratamento dos Delinquentes e aprovado pela Assembleia Geral na sua Resolução 40/32 de 29 de novembro de 1985,

Recordando também a Resolução 14 do Sétimo Congresso 131 na qual o Congresso solicitou ao Comitê para a Prevenção do Crime e a Luta contra a Delinquência que considerasse medidas adequadas para favorecerem a aplicação efetiva do Código de Conduta para os Funcionários Responsáveis pela Aplicação da Lei,

Tomando nota com satisfação dos trabalhos realizados em aplicação da Resolução 14 do Sétimo Congresso131 pelo Comitê, pela Reunião Preparatória Inter-regional do Oitavo Congresso das Nações Unidas para a Prevenção do Crime e o Tratamento dos Delinquentes consagrada às "Normas e Princípios Orientadores da Organização das Nações Unidas no domínio da prevenção do crime e da justiça penal e aplicação e prioridades tendo em vista a definição de novas normas" 132 e pelas reuniões preparatórias regionais do Oitavo Congresso,

1. Adota os Princípios Básicos sobre a Utilização da Força e de Armas de Fogo pelos Funcionários Responsáveis pela Aplicação da Lei, que figuram no anexo à presente resolução;

2. Recomenda os Princípios Básicos para ação e aplicação a nível nacional, regional e inter-regional, tendo em conta a situação e as tradições políticas, econômicas, sociais e culturais de cada país;

3. Convida os Estados membros a tomarem em consideração e a respeitarem os Princípios Básicos no quadro das respectivas legislação e prática nacionais;

4. Convida igualmente os Estados membros a submeterem os Princípios Básicos à atenção dos funcionários responsáveis pela aplicação da lei e de outros membros do poder executivo, de magistrados, advogados, órgãos legislativos e do público em geral;

5. Convida ainda os Estados membros a informarem o Secretário-Geral, de cinco em cinco anos a partir de 1992, dos progressos realizados na aplicação dos Princípios Básicos, incluindo a sua difusão, incorporação na legislação, práticas, procedimentos e políticas internas, problemas encontrados na sua aplicação em nível nacional e assistência que poderia ser necessária da parte da comunidade internacional e solicita ao Secretário-Geral que elabore um relatório sobre o assunto para o Nono Congresso das Nações Unidas para a Prevenção do Crime e o Tratamento dos Delinquentes;

6. Apela aos Governos para que promovam a organização, em nível nacional e regional, de seminários e cursos de formação sobre a função de aplicação da lei e sobre a necessidade de limitar a utilização da força e de armas de fogo pelos funcionários responsáveis pela aplicação da lei;

7. Solicita insistentemente às comissões regionais, aos institutos regionais e inter-regionais para a prevenção do crime e a justiça penal, às instituições especializadas e outros organismos do sistema das Nações Unidas, às outras organizações intergovernamentais interessadas e às organizações não governamentais dotadas de estatuto consultivo junto do Conselho Econômico e Social, que participem ativamente na aplicação dos Princípios Básicos e informem o Secretário-Geral dos esforços feitos para difundir e aplicar os Princípios Básicos, bem como da medida em que aqueles princípios são aplicados, e solicita ao Secretário-Geral que inclua essa informação no seu relatório para o Nono Congresso;

8. Convida o Comitê para a Prevenção do Crime e a Luta contra a Delinquência a examinar com prioridade os meios de garantir a aplicação efetiva da presente resolução;

9. Solicita ao Secretário-Geral que:

a) Tome as medidas adequadas para submeter a presente resolução à atenção dos Governos e de todos os organismos das Nações Unidas interessados e para assegurar a mais ampla difusão possível dos Princípios Básicos;

b) Inclua os Princípios Básicos na próxima edição da publicação das Nações Unidas intitulada Direitos do Homem: Compilação de Instrumentos Internacionais;

c) Forneça aos Governos, que o solicitem, os serviços de peritos e conselheiros regionais e inter-regionais para colaborarem na aplicação dos Princípios Básicos e informe o Nono Congresso sobre a assistência técnica e a formação efetivamente prestadas;

d) Elabore um relatório para a décima segunda sessão do Comitê, sobre as medidas tomadas para aplicação dos Princípios Básicos;

10. Solicita ao Nono Congresso e às respectivas reuniões preparatórias que apreciem os progressos realizados na aplicação dos Princípios Básicos.

Princípios básicos sobre a utilização da força e de armas de fogo pelos funcionários responsáveis pela aplicação da lei

Considerando que o trabalho dos funcionários responsáveis pela aplicação da lei 133 representa um serviço social de grande importância e que, consequentemente, há que manter e, se necessário, aperfeiçoar, as suas condições de trabalho e o seu estatuto,

Considerando que a ameaça à vida e à segurança dos funcionários responsáveis pela aplicação da lei deve ser considerada como uma ameaça à estabilidade da sociedade no seu todo,

Considerando que os funcionários responsáveis pela aplicação da lei têm um papel essencial na Proteção do direito à vida, à liberdade e à segurança da pessoa, tal como garantido pela Declaração Universal dos Direitos do Homem 134 e reafirmado no Pacto Internacional sobre os Direitos Civis e Políticos 135,

Considerando que as Regras Mínimas para o Tratamento de Reclusos preveem as circunstâncias em que os funcionários prisionais podem recorrer à força no exercício das suas funções,

Considerando que o artigo 3º do Código de Conduta para os Funcionários Responsáveis pela Aplicação da Lei 136 dispõe que esses funcionários só podem utilizar a força quando for estritamente necessário e somente na medida exigida para o desempenho das suas funções,

Considerando que a reunião preparatória inter-regional do Sétimo Congresso das Nações Unidas para a Prevenção do Crime e o Tratamento dos Delinquentes, que teve lugar em Varenna (Itália), acordou nos elementos que deveriam ser apreciados, no decurso dos trabalhos ulteriores, com relação às restrições à utilização da força e de armas de fogo pelos funcionários responsáveis pela aplicação da lei 137,

Considerando que o Sétimo Congresso, na sua resolução 14.138, sublinha, nomeadamente, que a utilização da força e de armas de fogo pelos funcionários responsáveis pela aplicação da lei deve ser conciliada com o respeito devido pelos Direitos do Homem,

Considerando que o Conselho Econômico e Social, na secção IX da sua Resolução 1986/10, de 21 de maio de 1986, convidou os Estados membros a concederem uma atenção particular, na aplicação do Código, à utilização da força e de armas de fogo pelos funcionários responsáveis pela aplicação da lei e que a Assembleia Geral, na sua Resolução 41/149, de 4 de dezembro de 1986, se congratula com esta recomendação do Conselho,

Considerando que é conveniente atender, tendo em devida conta as exigências de segurança pessoal, ao papel dos funcionários responsáveis pela aplicação da lei na administração da justiça, na

Proteção do direito à vida, à liberdade e à segurança das pessoas, bem como à responsabilidade destes na manutenção da segurança pública e da paz social e à importância das suas qualificações, formação e conduta,

Os Governos devem ter em conta os Princípios Básicos a seguir enunciados, que foram formulados tendo em vista auxiliar os Estados membros a garantirem e a promoverem o verdadeiro papel dos funcionários responsáveis pela aplicação da lei, a observá-los no quadro das respectivas legislação e prática nacionais e a submetê-los à atenção dos funcionários responsáveis pela aplicação da lei, bem como de outras pessoas como os juízes, os magistrados do Ministério Público, os advogados, os representantes do poder executivo e do poder legislativo e o público em geral.

Disposições gerais

1. Os Governos e os organismos de aplicação da lei devem adotar e aplicar regras sobre a utilização da força e de armas de fogo contra as pessoas, por parte dos funcionários responsáveis pela aplicação da lei. Ao elaborarem essas regras, os Governos e os organismos de aplicação da lei devem manter sob permanente avaliação as questões éticas ligadas à utilização da força e de armas de fogo.

2. Os Governos e os organismos de aplicação da lei devem desenvolver um leque de meios tão amplo quanto possível e habilitar os funcionários responsáveis pela aplicação da lei com diversos tipos de armas e de munições, que permitam uma utilização diferenciada da força e das armas de fogo. Para o efeito, deveriam ser desenvolvidas armas neutralizadoras não letais, para uso nas situações apropriadas, tendo em vista limitar de modo crescente o recurso a meios que possam causar a morte ou lesões corporais. Para o mesmo efeito, deveria também ser possível dotar os funcionários responsáveis pela aplicação da lei de equipamentos defensivos, tais como escudos, viseiras, coletes balísticos e veículos blindados, a fim de se reduzir a necessidade de utilização de qualquer tipo de armas.

3. O desenvolvimento e utilização de armas neutralizadoras não letais deveria ser objeto de uma avaliação cuidadosa, a fim de reduzir ao mínimo os riscos com relação a terceiros, e a utilização dessas armas deveria ser submetida a um controle estrito.

4. Os funcionários responsáveis pela aplicação da lei, no exercício das suas funções, devem, na medida do possível, recorrer a meios não violentos antes de utilizarem a força ou armas de fogo. Só poderão recorrer à força ou a armas de fogo se outros meios se mostrarem ineficazes ou não permitirem alcançar o resultado desejado.

5. Sempre que o uso legítimo da força ou de armas de fogo seja indispensável, os funcionários responsáveis pela aplicação da lei devem:

a) Utilizá-las com moderação e a sua ação deve ser proporcional à gravidade da infração e ao objetivo legítimo a alcançar;

b) Esforçar-se por reduzirem ao mínimo os danos e lesões e respeitarem e preservarem a vida humana;

c) Assegurar a prestação de assistência e socorros médicos às pessoas feridas ou afetadas, tão rapidamente quanto possível;

d) Assegurar a comunicação da ocorrência à família ou pessoas próximas da pessoa ferida ou afetada, tão rapidamente quanto possível.

6. Sempre que da utilização da força ou de armas de fogo pelos funcionários responsáveis pela aplicação da lei resultem lesões ou a morte, os responsáveis farão um relatório da ocorrência aos seus superiores, de acordo com o princípio 22.

7. Os Governos devem garantir que a utilização arbitrária ou abusiva da força ou de armas de fogo pelos funcionários responsáveis pela aplicação da lei seja punida como infração penal, nos termos da legislação nacional.

8. Nenhuma circunstância excepcional, tal como a instabilidade política interna ou o estado de emergência, pode ser invocada para justificar uma derrogação dos presentes Princípios Básicos.

Disposições especiais

9. Os funcionários responsáveis pela aplicação da lei não devem fazer uso de armas de fogo contra pessoas, salvo em caso de legítima defesa, defesa de terceiros contra perigo iminente de morte ou lesão grave, para prevenir um crime particularmente grave que ameace vidas humanas, para proceder à detenção de pessoa que represente essa ameaça e que resista à autoridade, ou impedir a sua fuga, e somente quando medidas menos extremas se mostrem insuficientes para alcançarem aqueles objetivos. Em qualquer caso, só devem recorrer intencionalmente à utilização letal de armas de fogo quando isso seja estritamente indispensável para proteger vidas humanas.

10. Nas circunstâncias referidas no princípio 9, os funcionários responsáveis pela aplicação da lei devem identificar-se como tal e fazer uma advertência clara da sua intenção de utilizarem armas de fogo, deixando um prazo suficiente para que o aviso possa ser respeitado, exceto se esse modo de proceder colocar indevidamente em risco a segurança daqueles responsáveis, implicar um perigo de morte ou lesão grave para outras pessoas ou se mostrar manifestamente inadequado ou inútil, tendo em conta as circunstâncias do caso.

11. As normas e regulamentações relativas à utilização de armas de fogo pelos funcionários responsáveis pela aplicação da lei devem incluir diretrizes que:

a) Especifiquem as circunstâncias nas quais os funcionários responsáveis pela aplicação da lei sejam autorizados a transportar armas de fogo e prescrevam os tipos de armas de fogo e munições autorizados;

b) Garantam que as armas de fogo sejam utilizadas apenas nas circunstâncias adequadas e de modo a reduzir ao mínimo o risco de danos inúteis;

c) Proíbam a utilização de armas de fogo e de munições que provoquem lesões desnecessárias ou representem um risco injustificado;

d) Regulamentem o controle, armazenamento e distribuição de armas de fogo e prevejam nomeadamente procedimentos de acordo com os quais os funcionários responsáveis pela aplicação da lei devam prestar contas de todas as armas e munições que lhes sejam distribuídas;

e) Prevejam as advertências a efetuar, sendo caso disso, se houver utilização de armas de fogo;

f) Prevejam um sistema de relatórios de ocorrência, sempre que os funcionários responsáveis pela aplicação da lei utilizem armas de fogo no exercício das suas funções.

Manutenção da ordem em caso de reuniões ilegais

12. Dado que a todos é garantido o direito de participação em reuniões lícitas e pacíficas, de acordo com os princípios enunciados na Declaração Universal dos Direitos do Homem e no Pacto Internacional sobre os Direitos Civis e Políticos, os Governos e os serviços e funcionários responsáveis pela aplicação da lei devem reconhecer que a força e as armas de fogo só podem ser utilizadas de acordo com os princípios 13 e 14.

13. Os funcionários responsáveis pela aplicação da lei devem esforçar-se por dispersar as reuniões ilegais, mas não violentas, sem recurso à força e, quando isso não for possível, limitar a utilização da força ao estritamente necessário.

14. Os funcionários responsáveis pela aplicação da lei só podem utilizar armas de fogo para dispersarem reuniões violentas se não for possível recorrer a meios menos perigosos, e somente nos limites do estritamente necessário. Os funcionários responsáveis pela aplicação da lei não devem utilizar armas de fogo nesses casos, salvo nas condições estipuladas no princípio 9.

Manutenção da ordem entre pessoas detidas ou presas

15. Os funcionários responsáveis pela aplicação da lei não devem utilizar a força na relação com pessoas detidas ou presas, exceto se isso for indispensável para a manutenção da segurança e da ordem nos estabelecimentos penitenciários, ou quando a segurança das pessoas esteja ameaçada.

16. Os funcionários responsáveis pela aplicação da lei não devem utilizar armas de fogo na relação com pessoas detidas ou presas, exceto em caso de legítima defesa ou para defesa de terceiros contra perigo iminente de morte ou lesão grave, ou quando essa utilização for indispensável para impedir a evasão de pessoa detida ou presa representando o risco referido no princípio 9.

17. Os princípios precedentes entendem-se sem prejuízo dos direitos, deveres e responsabilidades dos funcionários dos estabelecimentos penitenciários, tal como são enunciados nas Regras Mínimas para o Tratamento de Presos, em particular as regras 33, 34 e 54.

Habilitações, formação e aconselhamento

18. Os Governos e os organismos de aplicação da lei devem garantir que todos os funcionários responsáveis pela aplicação da lei sejam selecionados de acordo com procedimentos adequados, possuam as qualidades morais e aptidões psicológicas e físicas exigidas para o bom desempenho das suas funções e recebam uma formação profissional contínua e completa. Devem ser submetidos a reapreciação periódica a sua capacidade para continuarem a desempenhar essas funções.

19. Os Governos e os organismos de aplicação da lei devem garantir que todos os funcionários responsáveis pela aplicação da lei recebam formação e sejam submetidos a testes de acordo com normas de avaliação adequadas sobre a utilização da força. Os funcionários responsáveis pela aplicação da lei que devam transportar armas de fogo deveriam ser apenas autorizados a fazê-lo após recebimento de formação especial para a sua utilização.

20. Na formação dos funcionários responsáveis pela aplicação da lei, os Governos e os organismos de aplicação da lei devem conceder uma atenção particular às questões de ética policial e de direitos do homem, em particular no âmbito da investigação, aos meios de evitar a utilização da força ou de armas de fogo, incluindo a resolução pacífica de conflitos, ao conhecimento do comportamento de multidões e aos métodos de persuasão, de negociação e mediação, bem como aos meios técnicos, tendo em vista limitar a utilização da força ou de armas de fogo. Os organismos de aplicação da lei deveriam rever o seu programa de formação e procedimentos operacionais, em função de incidentes concretos.

21. Os Governos e os organismos de aplicação da lei devem garantir aconselhamento psicológico aos funcionários responsáveis pela aplicação da lei envolvidos em situações em que sejam utilizadas a força e armas de fogo.

Procedimentos de comunicação hierárquica e de inquérito

22. Os Governos e os organismos de aplicação da lei devem estabelecer procedimentos adequados de comunicação hierárquica e de inquérito para os incidentes referidos nos princípios 6 e 11 f. Para os incidentes que sejam objeto de relatório por força dos presentes Princípios, os Governos e os organismos de aplicação da lei devem garantir a possibilidade de um efetivo procedimento de controle e que autoridades independentes (administrativas ou do Ministério Público) possam exercer a sua jurisdição nas condições adequadas. Em caso de morte, lesão grave, ou outra consequência grave, deve ser enviado de imediato um relatório detalhado às autoridades competentes encarregadas do inquérito administrativo ou do controle judiciário.

23. As pessoas contra as quais sejam utilizadas a força ou armas de fogo ou os seus representantes autorizados devem ter acesso a um processo independente, em particular um processo judicial. Em caso de morte dessas pessoas, a presente disposição aplica-se às pessoas a seu cargo.

24. Os Governos e organismos de aplicação da lei devem garantir que os funcionários superiores sejam responsabilizados se, sabendo ou devendo saber que os funcionários sob as suas ordens utilizam ou utilizaram ilicitamente a força ou armas de fogo, não tomaram as medidas ao seu alcance para impedirem, fazerem cessar ou comunicarem este abuso.

25. Os Governos e organismos responsáveis pela aplicação da lei devem garantir que nenhuma sanção penal ou disciplinar seja tomada contra funcionários responsáveis pela aplicação da lei que, de acordo como o Código de Conduta para os Funcionários Responsáveis pela Aplicação da Lei e com os presentes Princípios Básicos, recusem cumprir uma ordem de utilização da força ou armas de fogo ou denunciem essa utilização por outros funcionários.

26. A obediência a ordens superiores não pode ser invocada como meio de defesa se os responsáveis pela aplicação da lei sabiam que a ordem de utilização da força ou de armas de fogo de que resultaram a morte ou lesões graves era manifestamente ilegal e se tinham uma possibilidade razoável de recusar cumpri-la. Em qualquer caso, também existe responsabilidade da parte do superior que proferiu a ordem ilegal.

Bibliografia

ALEXANDER, John B. *Armas Não Letais:* alternativas para os conflitos do século XXI. Rio de Janeiro: Editora Lidador, 2003.

ALEXANDER, John. B. *Vencendo a Guerra:* armas avançadas, estratégias e conceitos para um mundo pós 11 de setembro. Rio de Janeiro: Editora Lidador. 2005.

ARGYLE, M. *Bodily Communication.* 2nd Ed. New York. Methuen. 1988.

ARGYLE, M.; Salter, V.; NICHOLSON, H.; WILLIAMS, M.; BURGESS, P. The communication of inferior and superior attitudes by verbal and non--verbal signals. *British Journal of Social and Clinical Psychology.* 1970.

AYOOB, Massad. *The Gun Digest Book of Combat Handgunnery.* 6. Ed. New Hampshire: Gun Digest Books, 2007.

AYOOB, Massad. *The Semiautomatic Pistol in Police Service and Self--Defense.* 2. Ed. Police Bookshelf. 1987.

BALESTRERI, Ricardo. *Direitos Humanos:* Coisa de Polícia. Passo Fundo, Rio Grande do Sul: CAPEC. Paster Editora. 1998.

BARBOSA, Sérgio Antunes; ÂNGELO, Ubiratan de Oliveira. *Distúrbios Civis:* controle e uso da força pela polícia. Volume 5. Coleção Polícia Amanhã – textos fundamentais de polícia. Rio de Janeiro: Editora Freitas Bastos. 2001.

BARROSO, Luís Roberto. *Curso de Direito Constitucional Contemporâneo:* os conceitos fundamentais e a construção do novo modelo. São Paulo: Saraiva, 2009.

BARROSO, Luís Roberto. *Interpretação e aplicação da Constituição.* São Paulo: Saraiva, 2009, p. 143.

BATISTA, Nilo. *Introdução Crítica ao Direito Penal.* Rio de Janeiro: Renavan, 2010.

BELLI, Benoni. *Tolerância Zero e Democracia no Brasil:* visões da segurança pública na década de 90. São Paulo: Editora Perspectiva, 2004.

BETINI, Eduardo Maia. *Lanterna Tática – atividade policial em situações de baixa visibilidade*. Niterói: Editora Ímpetus, 2010.

BETINI, Eduardo Maia; TOMAZI, Fabiano. *Charlie Oscar Tango – Por Dentro do Grupo de Operações Especiais da Polícia Federal*. São Paulo: Ícone Editora, 2009.

BITENCOURT, Cezar Roberto. *Tratado de Direito Penal. Parte geral 1*. São Paulo: Saraiva, 2007.

BOBBIO, Norberto. *A era dos direitos*. Rio de Janeiro: Campus, 1992.

CARVALHO FILHO, José dos Santos. *Manual de Direito Administrativo*. 21. Ed. Rio de Janeiro: Lumen Juris, 2009, pp. 71-72.

CHESNAIS, Jean-Claude. *Histoire de La Violence*. Paris: Editions Robert Laffont. 1981, p. 12.

COMPARATO, Fábio Konder. *A afirmação histórica dos Direitos Humanos*. São Paulo: Saraiva, 2003, p. 166.

CUNHA, Rogério Sanches. *Direito Penal:* parte especial. São Paulo: Revista dos Tribunais, 2010.

DeGROOT, Morris H.; FIENBERG, Stephen E.; KADANE, Joseph B. *Statistics and the Law*. A Wiley-Interscience Publication. New York. 1994.

De PLÁCIDO e SILVA. *Vocabulário Jurídico*. 28. Ed. São Paulo: Editora Forense, 2008.

DESCARTES, René. *Discurso do Método*. São Paulo: Editora L&PM, 2009.

DE OLIVEIRA, Eugênio Pacelli. *Curso de Processo Penal*. Rio de Janeiro: Lumen Juris, 2010.

DONNELLY. T. *Less Lethal Technologies:* Initial Prioritisation and Evaluation. White Crescent Press. Luton, 2001.

FERNANDES, Bernardo Gonçalves. *Curso de Direito Constitucional*. Rio de Janeiro: Lumen Juris, 2010, p. 274.

FERRAJOLI, Luigi. *Direito e Razão*. 2. Ed. São Paulo: Revista dos Tribunais.

FARIAS, Cristiano Chaves e ROSENVALD, Nelson. *Direito Civil:* teoria geral. Rio de Janeiro: Lumen Juris, 2008, p. 140.

FERNANDES apud SAMPAIO, José Adércio Leite. *Curso de Direito Constitucional*. Rio de Janeiro: Lumen Juris, 2010, p. 239.

FERNANDES, Bernardo Gonçalves apud BANDEIRA DE MELLO, Celso Antônio. *Curso de Direito Constitucional*. Rio de Janeiro: Lumen Juris, 2010, p. 299.

GANDRA, Ives apud BASTOS, Celso Ribeiro. *O Estado do futuro*. São Paulo: Pioneira, 1998.

GILLESPIE, Thomas T. et al. *Police – Use of Force – A line Officer's Guide*. Shawnee Mission. Kansas, USA: Varro Press, 1998.

GILLIGAN, James. *Violence: reflections on a national epidemic*. New York: Vintage Books, 1996.

GRECO, Rogério. *Curso de Direito Penal:* parte especial. V. 2. Niterói: Ímpetus, 2009.

GRECO, Rogério. *Curso de Direito Penal:* parte geral. V. 1. Niterói: Impetus, 2010.

GRECO apud TOLEDO, Francisco de Assis. *Curso de Direito Penal*. Niterói: Impetus, 2010, p. 300.

GROSSMAN, Dave. *Matar! Um estudo sobre o ato de matar*. Rio de Janeiro: Biblioteca do Exército Editora, 2007.

KOMPARATO, Fábio Konder. *A Afirmação Histórica dos Direitos Humanos*. 3. Ed. São Paulo: Saraiva, 2003, p. 445

LENTZ, Susan A.; CHAIRES, Robert H. *The invention o Peel's principles: A study of policing "textbook" history*. Science Direct, 2007.

LODI, João Bosco. *"Administração por objetivos, uma crítica"* 1972. Editora Pioneira. Santa Catarina.

LORICHIO, João Demétrio. *Vítima!? Nunca mais*. 2. Ed. São Paulo: Mundo Maior Editora, 2004.

MAGALHÃES, L.C. *Análise Criminal e Mapeamento da Criminalidade – GIS – Anais do Fórum Internacional de Gabinetes de Gestão Integrada*, São Luís, Maranhão. Nov. 2007.

MASSON, Cleber. *Direito Penal Esquematizado*. São Paulo: Editora Método, 2010.

MASSON, Cleber. *Direito Penal*. Parte Especial. v. 2. São Paulo: Editora Método, 2010.

MELLO, Celso, A. B. de. *Curso de Direito Administrativo*. 27. Ed. São Paulo: Editora Malheiros, 2010.

MICHAUD, Yves. *A Violência*. São Paulo: Editora Ática, 1989.

MIRANDA, Ana Paula M.; GUEDES, Simoni L.; BEATO, Cláudio; SOUZA, Elenice de; TEIXEIRA, Paulo Augusto S. *A Análise Criminal e o Planejamento Operacional – Volume 1*. Rio de Janeiro, 2008. Coleção Instituto de Segurança Pública. Série Análise Criminal.

NOVELINO, Marcelo. *Direito Constitucional para concursos*. Rio de Janeiro: Forense, 2007.

NUCCI, Guilherme de Souza. *Manual de Processo Penal e Execução Penal*. São Paulo: Revista dos Tribunais, 2008.

PEREIRA, Eliude Gonçalves; MOREIRA, João Batista Gomes. *Administração Policial e Planejamento Operacional*. Brasília-DF: Cultura, 1985.

PIOVESAN, Flávia e outros. *Igualdade, Diferença e Direitos Humanos*. Rio de Janeiro: Lumen Juris, 2010.

PRADO, Luis Regis. *Curso de Direito Penal Brasileiro*. 10. Ed. São Paulo: Revista dos Tribunais, 2010.

REITH, Charlie. *The Blind Eye of History:* A Study of the Origins of the Present Police Era. Faber and Faber. Londres, 1952.

REMSBERG, Charles. *The Tactical Edge – Surviving High Risk*. Northbrook, IK, USA: Calibre Press, 1999.

ROTHER, Larry. *Deu no New York Times – O Brasil segundo a ótica de um repórter do jornal mais influente do mundo*. Rio de Janeiro: Editora Objetiva, 2008.

SANDES, W. Felizardo. *Uso não letal da força na ação policial:* inteligência, pesquisa, tecnologia e intervenção socioeducativa. Cuiabá, 2007. Fonte: <www.forumseguranca.org.br>.

SEASKATE Inc. *The Evolution and Development of Police Technology*. Wasington, DC. National Institute of Justice. US Department of Justice, 1998.

SENASP – Secretaria Nacional de Segurança Pública. Ministério da Justiça. *Apostila de Uso Legal da Força*. Curso de Uso Progressivo da Força. Sistema EAD. 2008.

SENASP – Secretaria Nacional de Segurança Pública, Ministério da Justiça. *Curso de Análise Criminal*. Sistema EAD (Ensino a Distância). 2010.

SILVA, Jorge da. *Violência Urbana e suas Vítimas*. Caderno de Polícia n. 20 – Polícia, Violência e Direitos Humanos. Polícia Militar do Estado do Rio de Janeiro. Rio de Janeiro, 1994.

VASSILATOS, G.. *The sonic weapon of Vladimir Gavreau*. Borderland Sciences Research Foundation, 1997.

WEBER, Max. *Ensaios de Sociologia*. Rio de Janeiro: Editora Guanabara, 1982.

Leitura recomendada:　　　　　　　　　　Ícone Editora　(11) 3392-7771

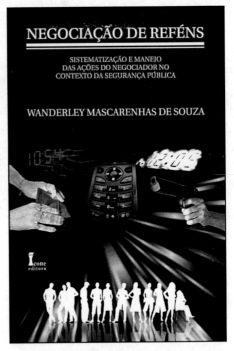
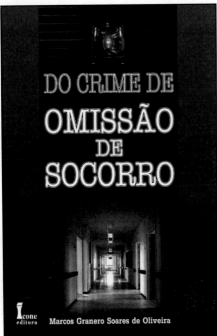

Conheça mais sobre o nosso catálogo em www.iconeeditora.com.br